世界不思議鬼影檔案

REAL GHOSTS, RESTLESS SPIRITS

布萊德·史泰格（Brad Steiger）◎著

楊瑞賓◎譯

好讀出版

contents

世界不思議鬼影檔案

前言——我們喜愛鬼故事的真正原因

蘇韻筑／譯

每當我們一家人在假期中相聚，最後（通常已是深夜）總會說到一九七三年夏天入住鬼屋的故事。儘管四個孩子現在都三、四十歲了，他們仍對那個想把我們趕出老農舍而使壞的幽靈，印象深刻。

當前任屋主的親戚說房子最適合我這種總是在全國各地追蹤幽靈的怪人時，其實已在預先警告我們鬧鬼的事了。他取笑我不需出門就能找到幽靈。

幽靈和我們一家人之間的問題始於房子翻新之際，我們更換了屋內水管、安裝現代化衛浴設備及各項電器。有天早晨我獨自在家，聽見屋內各處發出一連串莫名的悶響、重擊和碰撞聲；跑上閣樓查看時，雷鳴般的響聲便轉移到地下室。這種情況重複了許多次，直到我厭倦了在三層樓之間跑上跑下，於是乾脆決定忽視這些靈異現象。

幾個晚上之後，大兒子布萊恩受到類似的捉弄，當時他正在做作業，前門傳出的敲門聲轉移了他的注意力。由於他一個人在家，便走去應門，卻驚訝地發現門口一個人影也沒有。接著後門也傳出一連串敲門聲。這聲音在前後門間捉迷藏，最後連所有一樓的窗戶也同時騷動了起來。剛下過雪的地上沒有任何足跡，可見不是什麼人在跟他惡作劇。

小兒子史蒂芬課後打工之後，也怕得不敢回家，因為他的房間裡鬧鬼，搖椅會前後搖動，吱嘎

作響直到黎明。大女兒凱莉則是聽見閣樓裡有個聲音，耳語似地呼喚她的名字。孩子們的母親走到屋外時，經常發現自己被鎖在房子外頭；還有一次，她醒來時發現自己被一個老人的幽靈壓在床上，動彈不得。

家中年紀最小的茱莉，更成了奇怪靈異現象的受害者。幽靈一直等到她放學後獨自在家時，才開始折磨她。人聲與古怪音樂的混合噪音逐漸加大音量，直到她被趕出屋外，尋求鄰居庇護爲止。

至於我本人呢，也是在充滿超自然靈異現象的房子裡長大，約莫四歲時看到第一個幽靈，但我老家的那些靈體比較安靜，大部分還相當溫和。

我第一篇關於超自然現象的文章寫於一九五七年；第一本書《幽靈、惡鬼和其他異人》（*Ghost, Ghouls and Other Peculiar People*）在一九六五年出版，所以當我們一家在一九七三年搬進這棟鬼屋時，我個人已經歷了各種數不盡的靈異現象。有一次我激怒了某個幽靈，它不僅把門撞倒，還把研究伙伴和我一起舉到半空中。

我們一家人不時與看不見的力量對抗，與別人家的鬧鬼情形相比，可不能同論。我們經歷了長達數月之久的超自然攻擊，包括屋子內外都出現神祕的光線、在樓梯上上下下的腳步聲和各種喧鬧的敲打聲、鼓聲與啪嗒聲。最後，那「東西」似乎逐漸習慣我們的存在，或者它多多少少也累了，才跟我們和平共處。

有趣的是，四年前茱莉才把那段時間歸結爲她「生命中最恐怖的歲月」，而最近卻爲這神祕的折磨找到了些樂觀的解釋，

她說：「儘管有時真是嚇死人，但這番體驗，證明了人在經歷肉體死亡後仍會存活下一些東西。」茉莉的恐怖經驗，給了她所有鬼故事背後的理論根據：遭遇靈異事件或看到幽靈本身，就是生命在入土後仍延續下去的證據。無論靈異現象的報導有多麼可怕，至少它證明了靈魂在不同的空間繼續存活著，而人類正是包含心靈、身體與靈魂的多維實體。

＊　　　　　＊　　　　　＊

我在美國超自然研究與調查學會的同事布萊恩・史勒寫了一本書，標題是《幽靈的 DNA》（*The DNA of Ghosts*），也以科學用語說明人們體內的「靈魂」，在死後的存在方式。史勒指出每一個生命體都有以六十赫茲電力運轉的生物電循環。他說，這個循環使我們的心臟、大腦、中央神經系統能夠運作，並與生物體本身溝通。在熱力學的第一條定律下（這條定律說明能量不會新增或毀滅，只會轉換形式）檢驗這項醫學事實，可以看出我們三分之二的人生經驗存在於無形的心靈與精神（生命力、靈魂等）之內，另外三分之一則構成我們的肉體。如果我們全部的生存方式中，三分之二的形式是無形的能量，那在死了之後，這些能量又會變成什麼呢？

徵得史勒的同意後，我在此引用他的話：「當一個人死亡時，生物電的能量從身體釋放到當地環境裡，可能會做出一、兩個動作。無意識的能量可能消散在當地環境中，之後就不會有所謂的幽靈顯形。或者也可能通過共價鍵（covalent bonding）而留在當地環境裡，與這個人活著時就很喜愛的某些地方或物品連結，或與任何有電子繞射的地方（這是『反覆』鬧鬼的理論基礎）綁在一起。由於能量快速地從肉體中釋出（例如意外

死亡、悲慘的情況或快速的自然釋放等），可在很短的時間內，凝固在當地環境裡並積累到一定的程度，也許只需幾分鐘就夠了。身體裡原本比例較高的部分，如今成了身體外的自我意識。」意識的心理力量也可能觸發這類反應。當自我覺醒發生時，由於身體變成新的形式，成了純粹的能量而非肉體，通常會造成某種程度的困惑。

多年來，各種案例、調查及觀察，都詳細記錄了靈異事件通常有些令人印象深刻而無法忽視的共通點。

第一個共通點，是低層次的電磁場混亂。這種混亂通常在三到一百毫高斯（mG，電磁單位）之間，混亂的原因則是無形的動物磁場，也就是這種磁場造成幽靈現象。混亂的磁場也解釋了為什麼有時電子儀器會失靈。

紀錄在案的第二個共通點，是氣溫通常會驟降約攝氏五度至二十度。據說氣溫驟降是由於環境中的自由電子，非有意排的互相吸引與凝結，而凝聚起來的能量場域使得該地區暫時缺乏熱能。

第三個共通點是利用低於可視光標準的紅外線光譜發現的，似乎有最多幽靈在這個層級的電磁波譜內顯形。因為紅外線緊接著可視光（紅、橙、黃）光譜的較低部分，或許能解釋為何肉眼無法直視，只能從眼角瞥到隱約出現的靈體。周邊視覺所見到的幽靈顯形，也在無意之間取代理智，吸引了我們潛意識的注意力。當我們經歷不尋常的事情時，理智往往會傳遞受到社會限制及壓抑的恐懼。由於幽靈在電磁波譜內的定位，就能解釋為何照相機能照出幽靈、錄音機能錄下幽靈的聲音等等。

如想要徹底地討論「幽靈」這個題目，必須把瀕死經驗、

靈魂投影、喧鬧鬼、活人生靈、宗教人物顯靈、神祕惡靈上身、通靈過程、發光球體的超自然現象，和引起爭論的動物靈魂等，都包括在內。以上所有非物質的超自然現象，都包含了人類經驗中引人入勝的一面，也許有一天能幫助我們為靈魂下個最完整的定義。

＊　　　　　＊　　　　　＊

研究超自然現象五十多年後，最近我花了一點時間，把幽靈的成因理論化，接受了我們每個人都有永生不滅之靈魂核心的事實。我完全接受靈魂超自然現象的存在，也堅決主張這些超自然現象是極其多樣化的。我相信，為幽靈顯形明確區分其種類及目的是有一定難度的，但我認為真正的幽靈和不得安息的靈魂通常符合以下的分類：

一、心靈殘餘（Spirit Residue）：

若是你在家中聽見的奇怪噪音，不是來自閣樓裡的松鼠、叮噹作響的水管或過分活躍的想像力，那麼就有可能是我所謂的「心靈殘餘」造成的。我發現許多房屋結構上的靈異事件源自殘存的靈魂。在這些案例中，強而有力的人類情感如害怕、嫉妒、憎恨、痛苦等，都以某種方式在環境中留下深刻的痕跡。我的論點是，心靈敏銳的人可能會察覺靈異事件的聲音和景象，就像透過放映機一再重複播放的電影膠捲裡的影像一樣。對這類靈異事件有心靈感應能力的人無法與幽靈互動，就像人無法與電影或電視螢幕上的影像互動一樣。多年來有許多人目擊過的幽靈，可能真的會開始呈現獨立存在的樣子，彷彿心靈的懸絲傀儡，回應人類觀眾的恐懼和期待。

二、亡靈（Spirits of the Dead）：

許多年來，我武斷地假設所有的幽靈都是心靈殘餘的產物。我從幽靈的傳聞中，嚴格地區分靈魂在死後倖存的證據。然而，隨著我實地調查的次數越來越多，所遇到的幽靈顯形看來，無疑是可資識別的智慧化身，想要從另一邊傳遞訊息給深愛對象或利害關係者的結果。而其他靈異現象，似乎是由死者被俗世束縛住的靈魂所造成的，他們難與物質世界的人、地、物分離，而無法朝著更高層次的光前進。

三、喧鬧鬼（Poltergeists）：

一般而言，任何暴力而具破壞性的靈異事件都可說是由喧鬧鬼造成的，這種喧鬧的靈體會在房間裡把東西扔來扔去。根據許多心靈研究者的看法，這種靈異現象並非來自死者的靈魂，而是由於活著的人承受某種壓力、心靈上的巨變或艱鉅而戲劇性的心理調整所導致。這樣的人（通常大多是青少年）透過表現戲劇性的精神病爆發力（心靈凌駕物質），向他人表露潛意識的侵略性，例如翻轉家具、驅使物品在屋內移動等。我調查過的某些案例中，喧鬧鬼靈異現象與家中原本存在的幽靈顯形相互影響，從而產生激烈的破壞性負面能量。

四、寄生靈（Spirit Parasites）：

我以前就像任何現代調查研究者該有的樣子，固執己見地反對「超凡的支配力量」這個概念。多年研究遇到不怕羞的邪惡靈體使我深信，與謀殺或其他肢體暴力行為有所牽連的住宅，可能會成為無形的靈魂寄生蟲貯藏室，我喜歡稱之為「寄生靈」。這些東西長相極其醜惡而奇異，經常顯現為爬蟲動物似的樣子。當人類通過濫用藥物或酗酒、亂七八糟的性關係，和其他過度使用肉體的行為，而使自己的肉體和精神易遭攻擊

時，他們可能不會意識到精神寄生物在眼前出現，也不知道他們會被纏上並受到操縱。

五、偽裝靈（Spirit Masqueraders）：

在我看來，有些幽靈和靈魂的出現，與心靈殘餘、人類心靈遭受壓力爆發精神病或死後殘存的靈魂，都毫無關聯。我相信這些假冒的靈異現象是另一種生物的詭計，過去我們稱之為小精靈、小妖精或自然界的神祇。在近代，他們扮演著外星訪客，然事實上這些存在者已藉由綁架人類、在農田裡畫神祕的圈圈等欺瞞自己真實身分的手段，與人類相互影響了許多個世紀。這些生物是非物質的，不是有形體的東西。的確，他們可能是來自其他空間的精神物理性闖入者，他們是「兩者之間」的生物，有時冒充普通人類，掩藏他們實際上是鬼怪的事實。這些生物從某些鬧鬼的未知空間中顯形。在一些良性的事例中，他們會假扮天使來給予安慰、幫助和靈感。在某些比較恐怖的例子裡，他們還化身為墮落天使，意圖欺騙、說謊和控制這些可憐的人們。精於理論的自然科學家，如今不受拘束地談論著並行的宇宙；也許這些存在者不時從別的宇宙侵入我們的世界，那裡可說是我們世界的鏡像。又或者如同古代哲學家提出的一樣，幽靈的出現，證明我們是更高層智慧共同體的一部分，這個宇宙有著錯綜複雜的權力與靈力層級，同時在物質與非物質方面都有相關的物種。

現在，我誠摯地邀請您跟著我的腳步，探索許多黑暗幽深的小徑，這些小徑將引領我們與真正的幽靈、不得安息的靈魂和幽冥之地相遇。

——作者　布萊德・史泰格

神祕光球和發光鬼影

　　諸如光球和鬼影之類的奇特現象，從它們所表現的行為來看，就像蘊藏著神通智慧般，究竟它們是從哪兒冒出的呢？出現的目的又是為了什麼？兩千多年來，民間傳說一直將這些謎樣光球視為往生者的靈體，或者泛稱為「萬物之靈的生命體」，即所謂的「岱瓦」①、精靈和妖精。甚且連天使或守護神也以操控發光球體的方式來移動。的確，這些善意之靈在凡塵中顯現出其形體前，或會以光球的型態出現。在作者其他本的著作中，曾做過這樣的推測——這些光球本身具有不凡的智慧，會在每個目擊者所能理解的範圍內，用最適宜的外貌顯現。

　　這些發光鬼影甚至還會在太空中出沒。在約翰・葛倫中校完成單人繞行地球一周的壯舉後不久，他在一九六二年三月九號出刊的《生活》（Life）雜誌中發表：在太空首航中，當越過太平洋朝美國前進時，他遭遇到此生最奇異的景象。當時他正低頭確認儀表板狀態，在回過頭往窗外看後，還一度以為自己是以頭下腳上的方式飛行，因為眼前出現一群未曾見過的新星群。他再次低頭檢查儀表板確認是以正常狀態飛行後，再往窗外望去。

　　「在我舉目所及看到的是數以千計的發光小點，如同在暗空中的螢火蟲般閃爍，」葛倫說：「我緩緩地通過它們，這感覺就像走過一片草原時，有人揮舞著魔棒，讓所有螢火蟲靜止在原地不動，徐徐地閃耀著光芒。光是黃綠色的，每個光點間隔約六到十呎……我被它們團團圍住，那些最靠近駕駛艙的光點偶而會從窗邊經過，彷彿我打亂了它們的流動。我立刻把駕駛艙轉向，好讓我能正對著它們流動的方向。雖然太陽升起後，能看見的光點少了許多，但我能確定它們還在那邊。看著它們飛向我，我

非常肯定這絕非駕駛艙的反光現象……就我所知，這些小光點的真實身分依舊是個謎。」

問題依舊——我們所面對的，是與宗教、科學或超自然等不同領域的現象，抑或是與此相同，只不過披著特殊外衣的現象？人類究竟能否摒棄既有成見，以全新的角度去發掘這些現象背後真正的意涵為何嗎？

第一節　光球是靈魂的交通工具？

作家葛列格里・麥克在其《靈魂的顏色、網路的顏色》（*Colors of the Soul and Colors of the Web*）一書中指出，當人類遇上光球時，他們所看見的是往來次元間的車輛，也就是埃及人俗稱的「太陽船」，指的是《舊約》中的「摩卡巴」（Merkabah）。在包括「卡巴拉」②的猶太神祕學派中，「摩卡巴」（一做 Merkavah）指的是神的戰車或王位。在先知以西結的神祕經驗中曾經提到「摩卡巴」與天界的關係。以麥克的觀點看來，光球或「摩卡巴」是靈魂在其肉體、「形而上的生命」終止後，還能夠往來俗世的移動方式。

麥克說，我們可以感覺得到且聽得見這些光球。它們會發出一種超高頻率的聲響，超越一般人的聽覺能力，由腦內接收這些聲波。許多與光球接觸過的人，都曾有心電感應方式得到光球傳話的經驗。

根據麥克的理論，光球會

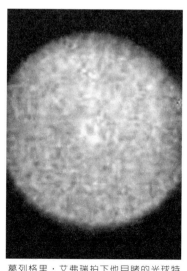

葛列格里・艾弗瑞拍下他目睹的光球特寫。©Gregory J. Avery

以許多外觀出現，包括球狀、水珠狀、光球狀和盤旋的圓球狀；發光的程度從明亮、閃爍後消失和微弱，到幾乎看不見都有。麥克指出，這些移動快速且飄忽不定的物體間，實存在著極大的差異性，有些可能是不同的生命型態或自然界的靈。他還指出，人類的靈魂或鬼魂的光球，通常出現在介於視線水平面到天花板高度之間，也經常被拍攝到出沒在墓地或鬧鬼之處。而人類靈魂類型的光球外觀，可能會比其他類型的光球稍大一點。

另一種類型的光球，則是與這些往來次元間的生命體與其所搭乘的電磁飛行器有關，被視為一種推進的方式。雖然偶而這些光球也會出現在視線水平面，但因為存在的次元層次較高，它們主要出現的地點是在高空中。

麥可也認為光球可以視為是地球之外的智慧生物以靈體方式出現，就像我們以人類靈體光球的形式出現一樣。這些光球的外觀通常較為精細而複雜，偶而會出現形體或臉孔，但較少出現在照片或攝影當中。

第二節　神祕光球現蹤

艾弗瑞的研究

發出不同色調的發光球體稱作「光球」。在沖印底片發明之前，不論是攝影師或接受實驗者都鮮少看過它們。但是光球卻常神祕地出現在民眾家中的節慶場合，如生日和訂婚宴會；在教堂莊嚴的聚會，如喪禮和紀念禮拜，或者墓園、鬼屋和聖地等，並透過所拍攝相片顯現。某些靈魂研究者宣稱這些光球正是靈體存在的證據，然而無神論者則駁斥這種說法，他們認為

所謂的「光球」只是塵埃、小水滴或地表自然的放電現象而已。

葛列格里・艾弗瑞自一九六九年起便以職業攝影師為業，截至一九九八年止，他已拍攝了數千張光球的相片。艾弗瑞說，雖然從便宜（附閃光燈）的即可拍相機到最高級的百萬畫素數位相機，都可拍下光球的影像，但多數捕捉到的光球影像都是用數位相機拍攝的，讓他得以運用電腦科技，更深入、更精確地研究這些影像。

「不論用傳統或數位相機，要拍攝光球影像時是少不了閃光燈的。」艾弗瑞說：「但我知道有個例外，就是最新的多點

墓地中經常可見到光球出現。不像出現在其他場合的光球總是那麼難以拍攝，這是艾弗瑞在墓地拍攝的光球相片中最清晰的一張。©Gregory J. Avery

CCD（光電荷半導體）數位攝影機。它不必用到閃光燈或其他外接照明，就可錄下白天光球飛過庭院的畫面。」

為了排除光球是灰塵、溼氣、雨滴和其他物品的可能性，艾弗瑞建議靈魂研究者用閃光燈連拍數張照片。如果這些光球真是上述自然現象產生的結果，第一張相片可能會清楚地出現一些漂浮在空氣中、無法解釋的物體，第二張相片出現的物體會更少，而極有可能第三張相片裡完全沒有物體出現。

「光球在遇到閃光燈時，不知為何，總是會飛快消失。」艾弗瑞說：「閃光燈效果不是會讓它們過亮，就是會掩蓋過它們，或是影響它們無法保持清晰。光球以比閃光燈更快的高速，朝不同方向移動。」

艾弗瑞還提到，拍照時他總是保持相機鏡頭的清潔，避免受到雨、霧氣或其他物質沾污而影響相片品質。他進行過無數次的實驗，目的是為了判定光球究竟是否為攝影效果、大氣現象或人為光學效果外的真實異常現象。

「灰塵會在空氣中揚起，」艾弗瑞解釋：「而水會濺散在空氣中。我們利用人工造霧機來拍攝激起的羽狀霧氣，我的未婚妻克莉斯汀甚至還在旁邊吹泡泡。進行這些實驗的目的，都是為了製造出在光球中發現的外觀、顏色和幾何形狀。結果顯示我們無法複製出光球的外觀，也無法拍攝出與光球出現時一模一樣、那令人驚嘆的幾何形狀。」

第三節　對於光球的奇想
澳洲研究者米契爾的看法

「首先呢，你們可能會透過我小妹薇樂麗所寄出關於光球的

照片，進而想起我是誰。我想告訴大家的是，這些現象似乎依舊發生在我們周遭，特別是薇樂麗身上。不管她去到哪兒，這些光球就跟到那兒。」

「薇樂麗最近跟我們共度了一個周末，讓我們得以一起研究光球現象。薇樂麗是個靈媒，在我們談話時她突然感到右手臂上一陣刺痛；她隨即判定這是種徵兆，有個更高層次的靈體加入了我們的對話。接著薇樂麗告訴我們，『它』此時就站在我臥室的兩扇門中間。當時我手上正好拿著數位相機，便立刻拍下那個角落的照片。沒錯，『它』就站在她所說的地方，這個位置讓我們確定這絕對不是反射作用，我們很清楚地看見門與門之間有顆光球。」

「其他的光球也加入了我們的談話，它們恰巧都停留在不會造成反射的位置，例如天花板橫梁、燈具和門板前，讓我能夠想拍幾張照片就拍幾張，其中甚至還有一顆綠色光球。為了捕捉它們移動的畫面，我隨後把相機固定在腳架上，拍了一連串的照片；前四張連續拍攝的相片顯示所有影像合而為一，但在第五張卻消失了，在第六張相片裡它們又出現在不同的位置。這個舉動像是要告訴我們，它們是具有智慧的

那維爾·米契爾在他的臥室拍攝的門口照片。他的妹妹薇樂麗告訴他有個物體站在那兒。
©Neville Mitchell

生命體，可以任意來去。我們的確與它們互通訊息，這真是太有趣了！」

「隔天我很早就醒了，前晚遭遇光球的記憶依舊深深烙印在我的心裡。我想替它們取個更棒的名字，對我而言，它們可不只是普通的光球而已——它們是真實存在的生命體。感謝《牛津字典》的協助，我終於決定了它們的名字是：『球狀能量生命體』（Spherical Energy Life Forms），簡稱自我（SELF）。」

「爾後我突然想到，生命不就是一趟自我探索的旅程嗎？難道這就是『它們』要傳達給我們的訊息嗎？此時薇樂麗從臥室走出來，要我嘗試想像一下兩軍交戰的激烈景象，那情形就像光球奮力捨棄掉它們所有肉體及三度空間的包袱一樣。突然間我領悟到，當你在攻擊別人時，其實是在攻擊你的『自我』。地球上的生命，就像是一趟漫長的學習過程，學習在追尋更高層次的『自我』路上，如何拋除不必要的包袱。最後拋去的是肉體型態的自己，如此一來，人便能進入到真實型態的更高領域——也就是『自我』。這聽起來會不會太詭異了點？我查詢字典，找到『西爾富』③這個字，一種風屬性的元素精靈。或許我們早就知道答案，只不過還需要藉由這些『朋友』的幫助，才能看清楚眼前的東西。」

第四節　中西部豪宅的發光鬼影

一九七〇年七月，我（作者布萊德·史泰格）與靈媒艾琳·休斯帶領一群研究人員到中西部的一座大學城做調查，我們在那裡遇到了一個發光靈體。這次的經驗讓調查團隊裡的部分成員精神嚴重受創，甚至過了好幾年後還無法平復，經常在

半夜被惡夢驚醒，因為害怕鬼魂再次出現在他們的臥室裡。由於原本的鬼宅已被拆毀，在原地蓋起了新建築物，在接下來的敘述中，我就改變原來主人的姓名，並省略這座豪宅所在的城市名稱吧！

我的同事好友葛倫，是從警方那邊獲得這棟豪宅的線索。在房子被淨空之前，有一對老姐妹還住在裡面。根據幾位曾經目睹過這個鬼魂的警員表示，幾乎每天晚上都會有一個發光物體出現在這棟房子的車道上。這個發光體會移向房子，進到屋裡與兩姐妹互動。

警方接到好幾次嚇壞了的鄰居所打來的電話，表示他們看到了那個東西。這幾位鄰居認為警察應對這詭異光體採取一些動作，但獲報的警員真的不知道要怎麼處理那「疑似幽靈」的物體。他們只能待在警車上，從房子外頭看著兩個老婦人和神祕發光體對話。當兩姐妹其中一位過世後，另一位被接到老人院安置，而這發光鬼影依舊持續出現在豪宅中。

＊　　　　　＊　　　　　＊

在抵達該城市的頭一晚，旅館主人建議我們開車去看看那個鬧鬼的地方。當時已經是午夜了，葛倫開著我的休旅車，小心翼翼地停在豪宅的車道上。車燈映照出木頭大門的影像，上面貼著「外人勿入，違者起訴」的警告標語。葛倫說他已安排好豪宅的看門人隔晨跟我們碰頭。他也要求一位警員隨同我們前往，以免路過的巡邏車把我們當作入侵犯逮捕。

艾琳抱怨我們好像走進了一座叢林裡，又濃又密的雜草和未經修剪的樹木長得到處都是。粗壯的樹枝掉到路上，遮蔽了原本就夠狹隘的車道。據葛倫研判，以我們目前的位置，頂多

只能看到這座曾是該城最美麗建築物的些許輪廓而已。

「那是什麼東西？」

我記不得是誰先看到它的，但顯然這黑夜裡的寂靜已叫一個發光的入侵者給打斷了。所有人都清楚地看見，在車道盡頭有個大型光球正在移動。當晚厚重的雲層遮蔽了月光。葛倫關閉車燈，留下這詭異的光球獨自發出明亮的光芒。離我們最近的街燈，也被豪宅旁厚重的樹牆完全遮蓋住了。

在我們屏息注視的同時，光球移向這棟豪宅。所有人都轉過頭去看坐在後座中間的艾琳。當我透過儀表板上的微弱光線，注意到她臉上露出一種不尋常的詭異表情時，才突然想到，從看到光球出現後她始終保持靜默。

有人問：「我們現在要不要進去，看看那究竟是什麼東西呢？」

「不可以！」艾琳突然打破沉默，果決地推翻了這個提議：「今晚不行。我有種不好的預感，大家現在最好不要靠近這條車道的盡頭。」從話中的堅定語調，可感覺得出她是認真的。她的通靈能力預警著，此刻不是侵犯這條黑暗車道的好時機，尤其是靠近那個進入荒屋的發光球體。

「我們走吧……馬上走！」艾琳突然迸出這一句。車上沒人有異議。

靈媒艾琳‧休斯。©The Steiger Archives

第二天的白天，在看門人的陪同下我們繞了豪宅一圈，讓艾琳收集之前房客留下的任何超自然感應。一開始這位看門人對艾琳的嘗試相當不以為然，他不願花一秒鐘在這種他認為愚蠢至極的事情上。葛倫好說歹說，好不容易才讓看門人相信自己不該打斷我們正在做的事。

而這位看門人因為與艾琳的一段交談，深陷神祕領域中，這是他以前作夢都沒想到的，他態度上的明顯改變看在我們眼裡，感覺實在相當有趣。關於這棟房子和前屋主鉅細靡遺的私密資訊，他認為艾琳應是無從得知的，但是她卻表現出一副與豪宅主人家嫻熟的樣子，滔滔不絕地道出一件又一件。葛倫對這棟豪宅所知的一切，也僅止於幾名警察曾看過奇怪的光在屋裡移動而已，不論是葛倫或是我本身，都未曾對這房子做過任何研究。我不禁懷疑，就連最詳盡的戶口普查，恐怕都無法像艾琳從這老房子本身的第三類管道取到的資訊那般清楚。

事後當我詢問看門人，他給艾琳所言的準確性打多少分數。他先笑了一笑，給了一個迅捷的答案。「我給九十分，」他承認，「如果有辦法確認她給的每個名字的話，分數還會更高。她說的每件事都完全正確，我不曉得她是怎麼辦到的，但她的確瞭若指掌。」

到了晚上，我們再度造訪這棟讓人毛骨悚然的豪宅，時間同樣接近午夜。這次我們有看門人和一位警員在休旅車上陪同。打開大門後，我們小心地開上通往豪宅的車道。就在接近這棟豪宅的同時，葛倫把車停了下來。

「我們先安靜地坐一會兒。」艾琳要求說：「讓我收集一些這棟房子晚上的感應吧！」當我們的靈媒靜坐冥想時，我心不

在焉地朝擋風玻璃前望去。我快速地眨了幾下眼睛，有個發光的霧狀體在休旅車的引擎蓋正上方成形。我心裡發毛地想著，這鬼魂就要開始在我的眼前現出它的原形了！

「那是什麼東西？」和我一起坐在前座的警員驚呼。這位警員是在傍晚稍早時才加入我們的，他不避諱地表示自己是無神論者，甚至還嘲笑我們調查豪宅鬧鬼現象的行為。正因為他宣稱自己是專業的無神論者，不信什麼鬼魂之類的東西，我實在忍不住想取笑他一番。

「什麼？」我冷漠地問他。「我沒看到任何東西啊？！」

「在那裡，」他的聲音又小又尖銳。「就在引擎蓋上面啊！那到底是什麼玩意兒？」

一開始我連連否認有看到任何東西，但見到他緊張地磨蹭著套住警槍的皮套束帶後，當下決定還是別再繼續開他的玩笑。我很清楚，這個人現在面對的是警察手冊裡沒有的東西，他肯定難以適應眼前看到的此般景象──一個奇特物體逐漸顯形，進入到他所認知的現實世界裡。

這時候葛倫靠過來跟我們小聲說了幾句，因為他聽見了我們的高聲談話。「我已經盯著它好幾分鐘了，剛開始還只是一小撮捲鬚狀的東西，像是從矮樹叢裡掉落的，然後它就停在車子前面，開始出現形狀。」

現在所有人都看到了這發光的霧狀體。我們全都不發一語，安靜地看著這光球變得越來越大、越來越厚實，冒出像人一樣的形狀。我們決定下車，仔細看個端倪。

那是個相當溫暖的夜晚，但當我把手伸到那團發光的霧中間時，卻感覺裡面異常冰冷。或許是這大膽的舉動被視為粗魯

無禮吧，這團發光的霧狀體突然消失無蹤。在我們猜出這靈體快速消失的動機為何之前，艾琳從車的另一邊大聲疾呼：「有幾個人從屋旁穿過樹叢走過來了！」

我沒聽到任何腳步聲或踩過樹叢的聲音，但其他人信誓旦旦地說他們聽見有兩人以上朝我們這邊走來。沒多久腳步聲停止了，我們要所有人把注意力放在兩棵樹中間出現的那些發光鬼影。然而，在有人能夠接近之前，這些光像蠟燭被吹熄一樣，忽地立刻消失不見了。

「我發誓我所看到的這些鬼像真人一樣，不只是一般的靈體」，艾琳如是說道。或許是因為特異天賦，在我們看來只是反光的霧氣和發光球，她卻能從中看出具體影像。接著，艾琳突然把手放在耳朵上，說她聽見一個女人可怕的尖叫聲。「在那裡！在樹叢那裡！」她指出方向給我們看，說：「你們看得見她的頭嗎？」

葛倫和我答說只看到一個發光的球體，顯然我們不像艾琳那般敏銳，能與這房子裡的超自然現象產生共鳴，所以自然也看不見這些發光體的明顯特徵。「唔，這附近有非常多可引起共鳴的超自然現象。」艾琳表示：「這地方簡直是心靈感應的大雜燴。」

除了艾琳以外，我們裡面沒有人能看得出這些光轉變成清楚的男女樣貌，也沒人膽敢去與這些發光鬼影正面交鋒。看來這來自天上的訊息，只有聲音部分的接收尚稱良好——因為我們這支午夜探險隊的多數成員，都堅稱他們聽到了腳步聲和撥開樹叢的聲音——隊伍裡的每個人，包括那位警員和看門人，看到的都是像遊魂般的光球，只有艾琳能利用她的靈媒能力，

清楚地看見超自然生命體清晰的影像。

＊　　　　　＊　　　　　＊

在這次案例之後，還發生了幾樁令人不寒而慄的事件。

第一件發生在造訪那棟豪宅後約略一年左右，當時葛倫和我正在進行這棟古屋的一些後續相關研究。我們和另外三個人在午夜時分抵達豪宅的車道，其中只有一人先前到過這裡。我們小心翼翼，正要穿過橫跨在車道上的幾條鐵絲。有個人——毫無疑問的應該就是那位看門人，把紅色和白色的布條綁在鐵絲上。我們關掉車燈、走下車，準備迎接鬼魂的出現——葛倫和一位大學教授前幾天晚上才剛見過而已。

等沒多久，就有一團光出現了，約一個成人的高度。它出現在車子的右邊，依照老路線走到車道上，往豪宅方向前進。我們就這麼盯著這發光球體，直到它消失在房子裡為止才轉身走回車上。當走近車子時，我們嚇了一大跳，一支三叉形的乾草叉插在地上，和車子僅有幾吋的距離而已。

我們都記得，這支乾草叉在我們關掉車燈走下車道前並不存在。它插著的位置，正好就在那條綁了紅白布條、橫跨車道入口的鐵絲前面。因為每個人之前都對這突增的附加物表示過意見，不可能沒注意到一支像障礙物般插在旁邊的乾草叉。如果真是那團發光體把這支叉子丟在我們面前，不難看出這表示咱們已列入這棟鬼屋的不受歡迎名單了。

三年後的萬聖節，葛倫收到消息，得知這棟豪宅即將被拆除，原地要重建一座新房舍。我們立即開車驅往這棟豪宅，來個臨別一望。然而即使在這麼特殊的萬聖節時刻，我們還是看不出來房子周遭和平常有何不同。於是我們一致認為，應是鬼

影知道豪宅將被拆毀，只好離開這裡，去到更高層次的靈界了吧！

那天晚上，我們在路上獲邀參加一場有多位警員出席的萬聖節晚會。在一個個曾遭遇過豪宅靈異現象的警員接連聳恿之下，葛倫和我開始把我們和這鬼影的所有遭遇，當成萬聖節鬼故事說給在場的觀眾聽。

隔天，在離開那座城市返家前，葛倫和一位警員到我過夜的汽車旅館來，告訴我關於那豪宅的靈異現象成為一個誘餌的故事。有兩位參加前晚萬聖節晚會的警員，對於我們那些遭遇存有高度的懷疑。因為他們在晚會結束後仍須執勤，乃決定把巡邏車開到豪宅內親自瞧瞧。

在一陣仰天大笑之後，葛倫告訴我那兩位警員坐在巡邏車裡邊喝著咖啡，邊嘲笑我們這兩個鬼魂研究者的蹩腳能力。但接下來的畫面讓他們嚇傻了眼，那個發光鬼影就出現在巡邏車的正前方，開始現出形體。這兩位警員極不情願地向同僚坦誠，那時他們幾乎是用全速逃離現場；從憤世嫉俗的懷疑論者，轉變為相信鬼神的存在，竟然僅在短短幾秒之間。

第五節　老貝利的靈魂之光

布利特・貝利死前的要求，是想以直立姿勢入土。他宣稱自己這一生踏遍了德州的牧場，不想在死後就躺平。他的家人在一八三三年埋葬了老貝利，但在布拉佐里亞郡貝利牧場的當地民眾傳說：身為早期開拓者的老貝利，一直遵守著要持續踩踏在牧場上的誓言。

湯瑪斯一家人在老貝利入土為安後不久搬進了他家，他們

是最早目睹這位老開拓者鬼魂的一群人；老貝利的鬼魂馬上就開始了他的巡行。安‧芮妮‧湯瑪斯在她的日記中，記錄了某天晚上目睹到老貝利的鬼臉從窗外看著她的經歷。她的女佣人馬琳達也有類似的經驗，馬琳達說老貝利的鬼魂在晚上擠牛奶的時間，把僱來幫忙的臨時工嚇跑了。全家人都信誓旦旦地說，入夜後聽得見老貝利那令人窒息的腳步聲，重重地踩踏在房子的四周。有次當湯瑪斯先生臥病在床時，清楚地看見老貝利就在房間裡出入。

直到一八五○年初才有人在老貝利家附近，看到他的發光鬼影出現在空曠的牧場上。有天晚上，摩德洛‧穆森上校和幾位客人目睹一個不可思議的光球，以相當緩慢的速度飄過他家。上校和幾位男客人大膽地追趕這個奇異的光球，但就是追不上，也無法清楚地辨識它究竟是什麼東西。從那天晚上起，「老貝利的光」就在德州牧場間飄蕩著。這個頑固的開拓者，永遠沒有休息的一天。

第六節　銀崖鎮的礦工鬼影

在位於科羅拉多州濕山谷裡一個叫做銀崖的小鎮中，鬼影出現在墓園已經有一百多年的歷史。這些鬼影不讓人有機會靠近看個仔細。當有人走近時，這些鬼影就會立刻消失，隨後再度出現於墓園的其他地方。

當地的民間傳說記載，最早看見鬼影的人是一八八○年一群經過墓園的礦工。這群礦工看見墓碑上閃爍著藍光，嚇得連滾帶爬地逃離墓園。自此以後，住在卡斯特郡的居民都有目睹鬼影的經驗。這個墓園裡，安葬了許多在當地洞穴挖掘珍貴礦

石而不幸喪命的礦工。根據傳說，墓園裡閃爍的光正是礦工帽上那盞從不熄滅的探照燈；這些光帶領長眠在此的礦工靈魂，找尋著生前尚未找到的銀礦。

在一八八○年，銀崖鎮人口曾暴增為五○八七人；而到了二十世紀初期，只剩下寥寥數百人，幾乎成為一座鬼城。銀崖鎮的鬼影故事首次引起大眾注意，是因一九五六年的春天，一篇發表在《濕山論壇報》（*Wet Mountain Tribune*）關於神祕事件的文章。

部分研究此鬼影的觀察家指出，這閃爍的藍光在沙岩的墓碑上本就不能看得那麼清楚後，有許多目擊者開始相信，這些鬼影只是山谷中家用燈光的反射現象而已。一九六七年八月二十日，《紐約時報》刊載了一篇於此現象的後續報導，報導中法官奧古斯都·曼佐敘述，銀崖鎮和附近西崖鎮的居民在晚上關閉了所有電燈（包括路燈）後，「墓園裡依舊鬼影幢幢」。

其他理性主義者則認為，銀崖鎮的鬼影是星光的反射作用。然而就算在沒有星光和月光的夜晚，這些鬼影還是一如往常般清晰可見。有些人企圖證明，這些鬼影是由含磷光的礦石或會發光的木頭所造成的，但當夜色越深，鬼影也變得越亮。還有人認為，是放射性礦石造成這些閃爍鬼影的出現；但在使用了蓋格計數器④對整個地區進行掃瞄之後，卻未發現任何放射性物質的存在。

第七節　史普克維爾的燈籠鬼影

史上最著名的鬼影之一，出現在密蘇里、阿肯色和奧克拉荷馬三州交接處。在俗稱「史普克維爾三角」這一區被目擊的

鬼影，甚至還被拿來當作吸引觀光客的廣告噱頭。

史普克維爾的鬼影形似燈籠，一碰到人，它就會黯淡消失，然後在山的另一頭以炫目的亮度再度出現。與這神祕鬼影直接接觸留下的第一手紀錄有數百筆之多，透過這些紀錄，證明與未知事物的真實接觸，雖有時會讓人極度驚恐，但總歸有趣。

在二次大戰期間，美國陸軍工兵部隊曾在此區做了地毯式的搜索，使用當時最先進的設備，企圖找出這個神祕光影的來源。他們花了好幾個禮拜，在洞穴、礦床和公路上做了各種測試，刺探所有能合理解釋這神祕光影來源的可能成因。最後他們帶著與當初乍到時一樣的困惑離開了。

奧克拉荷馬州夸保市的居民路易斯表示，有天他從學校嘉年華會離開，在回來的路上，一個鬼影似乎想要闖進公車似的，就靠在後車窗上。車上所有人都嚇壞了，幾位女性更是尖叫不停。路易斯在鮑柏・勞夫汀著的小冊子《鬼影之光》（*Ghost Lights*）裡說，這鬼影的亮光相當刺眼，司機因被這強光照到一時失去視覺，不得不把公車停下來。就在司機停車的當頭，這鬼影就消失了。

住在夸保市附近的農夫柴斯特，喜歡在天氣熱到受不了的晚上犁地。柴斯特回憶那天晚上，就在忙著耕地時，鬼影出現了，它「像好鄰居般親切」，盤旋在他的田裡。它出現後，柴斯特本不在意，直到它突然朝自己衝了過來。柴斯特說當時他整個人完全「僵」在牽引機上，直到這團鬼影消失在視線為止。

第八節 提燈照路的友善鬼影

在一九六八年六月號的《命運》（*Fate*）雜誌上，刊出了一篇雅若妮‧梅爾斯所道出的鬼影故事。話說一九○○年初，她的母親蘿拉‧珍尼特曾在奧勒岡的威廉姆特谷，遭遇到一個友善鬼影。

每年總有幾次，蘿拉和先生會把貨車裝滿農產品，把馬套上車後走上兩英里半的路，到鎮裡交換民生用品。有一次，蘿拉的先生病了，例行的秋季交易被迫延到冬天。

當交易完成後，他們留在鎮上和幾個親戚一起吃晚餐。在酒酣耳熱之際，蘿拉的先生突然感到不適。親戚們便堅持要他當晚留下來過夜，蘿拉也同意她先生應該多休息、少走動較好。但蘿拉沒想留下來陪伴先生，因為五個小孩獨自留在家裡，且一時間也無法通知他們父親生病的事。於是，蘿拉告訴親戚們隔天早上會派兩個大兒子來接他們的父親，之後她便獨自踏上返家的路程。

上路之後，蘿拉發現四周一片漆黑，她開始感到害怕，思緒不停繞著傳言中那頭曾在當地攻擊牲口的野生美洲豹。為了擺脫這股恐懼，她便禱告起來。禱告過後，一股平靜的安全感籠罩在蘿拉身上，這時馬匹前突然出現一道光，為她照亮眼前的路。蘿拉因為眼前的路被光照得分外清楚而鬆了口氣。雖然她無從得知這道光是打哪兒來的，但蘿拉能感覺到它的善意，而這道光也一路伴隨著她回家。回到農場後，她叫醒一個孩子，吩咐他去把馬栓好。

隔天早上，前晚被蘿拉叫醒的兒子走下樓。在聽到母親告

訴他那道燈光幫助她找到回家的路後，他以為會見到這位提燈的好心陌生人。但是家裡卻看不到任何外人。蘿拉一輩子從未動搖過這般信念，她篤信那是上帝派來的天使為她提燈照路。

第九節　跟著回家的南瓜燈

底下這則遭遇神祕光球的案例發生在一九一六年，主角碧芙莉·K當時任教於愛荷華州的韋爾斯堡，寄宿在一個農家中。

碧芙莉的個人遭遇

「我當時和一個住在韋爾斯堡的年輕人交往，深陷愛河中。」碧芙莉說：「但後來他對我的態度變得有點不一樣了，讓我不禁擔心了起來。那時是五月下旬，學期快結束了。在那個特別的夜裡，我的心焦躁不安，翻來覆去就是睡不著。所以儘管夜深了，我還是從床上爬了起來。換好衣服後，我躡手躡腳地走下樓梯，想到外面散散步，透透氣。」

那是個十分美麗的夜晚，一輪明月高懸空中。「那年有個溫暖到反常的春天，」她說：「簡直跟夏天沒兩樣。我興奮極了，沒有一絲害怕的感覺。附近所有農夫都已陷入深沉的睡眠之中，走在這條人煙罕至的泥土路上，應不可能會碰到任何人的。」

由於碧芙莉太投入在獨行的喜悅之中，完全沒注意到自己已經走了多遠。「我一定走了二、三英里的路吧！當我發覺必須折返時，天空已經被雲層遮蔽，看不見滿月，夜色也變得越來越暗。我的情緒一下子轉變成全然的恐懼，開始加快腳步。隨著周圍快速地被黑暗吞噬，恐懼幾乎讓我驚慌失措。」

碧芙莉終於走到她住的農家附近的岔路上，這時她突然回頭往後看。「就在那裡，就在我身後幾碼遠的地方，距離地面大約三呎左右的高度，飄著一個橘紅色的光球或圓盤之類的東西。它以同樣的速度一路跟著我走回來。它透出的光線晦暗，周圍、地上都見不著它的光。幾乎就在我看見它的同時，這團光轉向了路邊，高度略為上升，然後飛過刺網圍籬，消失在另一頭的灌木林中。這時我才鬆了一口氣，進到屋裡回床上睡覺。」

　　之後一、兩天，碧芙莉並沒有告訴房東太太這段奇遇，因為她不想讓房東太太知道她半夜溜出去散步的事。「但終究我的好奇心戰勝了理智，我向她全盤托出。」碧芙莉說：「房東太太只是淡淡地點頭說：『我們都叫它們南瓜燈。』從她的反應看得出來，顯然當地有許多人都見過這些東西。但我察覺到她不想再多談這件事，於是便中斷了這個話題。」

　　「我聽說過鬼火這類東西，我一直以為它們是種沒有形狀的白光，但我見到的這個卻是橘紅色的球體。附近既無沼澤也沒有溼地，所以不可能會是沼氣。從它的動作看來，這個詭異的紅光球本身似乎具有智慧。因為它先是筆直地跟著我走了一段路，後來被發現後，又突然轉進旁邊的灌木叢裡，好像在躲避什麼似的。而且四周突然變暗不也相當不尋常嗎？這次經歷仍是我生命中未解的神祕遭遇之一。」

【註解】
① 岱凡（Deva），梵語，指會發光的生物（可能是人、是神，或是半人半神）。在宗教定義裡，引申為天使、天神、神明、神靈等等，比人還進化的存在體（Entity）。

② 卡巴拉（Cabala, Kabala, Kaballah），中世紀的猶太教士在研究《舊約聖經》後，對聖經教義所做出的神祕解釋及學說，稱為「猶太教的神祕學」。後世將之視為奧祕教義、玄說、魔法、鬼神等等的經典說法，也變成猶太人的傳統觀念和習俗。

③ 西爾富（Sylph）。西洋神祕學認為這是一種居住在空氣當中，也是由空氣中的精氣所幻化而成的精靈，一般認為他們應該身軀苗條、體態輕盈，且可自由來去飛翔。

④ 蓋格計數器（Geiger counter），輻射探測器的一種。

不速之客：喧鬧鬼

　　或許一般人對鬼魂的刻板印象，就是它們會把碗盤和家具丟得到處都是，且形體模糊幽暗，甚至根本看不見。它們偶而會以駭人的外觀現形，或奉送一段讓你飄浮在半空中的體驗。有不少幻影和幽靈都被通稱為「鬼魂」（ghosts），而這些亂丟東西、造成家中混亂和騷動的鬼魂，我們稱它們是「poltergeist」，此為德文「喧鬧鬼」之意。

　　讓許多當代靈魂研究者爭論不休的是，這些肉眼看得見的入侵者其實並不全都是麻煩又無理的鬼魂，而是大量無法控制的「心靈制動能量」，或大腦在反覆思考某件事的直接動作。這些研究者也把常發生在家中或某些個人身上的暴力性混亂，歸究於伴隨著青春期的性徵改變與性別調適不佳、過早進入婚姻關係或由於遭受創傷，而更突顯的自卑感和挫折感。

　　儘管有不少喧鬧鬼案例，可能與青春期對兒童心理造成的劇變有關，但在多項研究這些鬼魂的典型案例中，往往都未見青少年的踪影，即便「它們」以丟東西為樂、造成家中作息嚴重脫序。如果像心靈制動這類超感應力，會使人在不自覺的狀態下成為超自然現象參與者的話，那我們就可以將人類心智在遭受壓力、極度疲勞、睡眠被剝奪等現象時，所釋放出無法控制的無意識能量、進而喚醒隱匿靈力與之互動的案例，也歸入喧鬧鬼的相關理論中。

第一節　摔東西的古堡鬼魂

一八〇六年十月二十八日，當拿破崙率領法軍在耶拿一役

中擊潰普魯士軍隊後，佛德瑞克・霍恩洛赫・英格爾芬根王子被俘虜到法國。當時他身陷囹圄，吉凶未卜，因為拿破崙尚未拿定主意是否要將他當作人質藉機勒索普魯士，或就此釋放。在佛德瑞克王子的智囊團中最得信任的奧古斯都・哈恩雖也被抓，但後來獲得法國釋放，準備返回家鄉。於是，王子要哈恩替他看管位於上西利西亞（今日波蘭最重要的工業區之一）的斯洛文斯克堡，直到拿破崙釋放他為止。

儘管哈恩渴望返回老家，但對王子的崇敬還是讓他接受了這個任務。與哈恩作伴的有他的私人僕役約翰尼斯、王子的兩位馬車夫，以及住在附近的管家法蘿・尼特爾和她的兒子。除了這幾位僕人外，哈恩還想找位智囊團夥伴加入。哈恩懇求他的兒時玩伴卡爾・科恩一起加入看管城堡的任務，直到王子被釋放為止。參與過耶拿一役的科恩欣然應允；整隊隨行人員在十一月十九日抵達斯洛文斯克堡。

在到達城堡後的第三天晚上約九點鐘，當哈恩和科恩坐在一樓的角間看書時，大量石灰岩和其他瓦礫突然落到他們身上。在當時，石灰是石膏、灰泥漿和水泥中常見的原料，所以他們認為這應是老舊天花板剝落的緣故。科恩一邊跳起來，一邊咒罵著這座中世紀建築物。哈恩則謹慎地掃視著天花板，奇怪的是天花板上看不到裂縫，既然沒有破洞，那石灰和瓦礫是從哪裡掉落的呢？

這兩位好友站到椅子上，以便能好好地研究天花板。他們看不到任何損壞的痕跡，就在他們仔細檢查頭上那塊區域的同時，石灰雨又再次落下。科恩從剛掉落的瓦礫中撿起一塊碎片，摸起來的感覺很冰冷，像來自外牆的石頭。哈恩繼續研究

天花板，想要找出石灰岩掉出來的可能缺口。在冬天變得更冷之前，他得吩咐僕人隔天早上就把天花板修好。

隔天一早醒來時，眼前的景象讓他們不知所措——地上鋪了一層厚厚的神祕石灰。科恩不禁抱怨，在他們睡著時天花板可能會整個壓到他們身上來，但哈恩很快地就發現這次牆上或天花板上還是找不著任何縫隙和缺口，如何掉下來那麼多石灰？

在城堡裡的第四天晚上，除了從不知何處的裂縫掉出的石灰岩碎塊外，甚至有更大塊的碎片開始在房裡飛舞攻擊兩人。當他們逃回到臥室時，巨大的敲擊聲迴盪在古堡的走廊裡。科恩認為這準是哈恩在搞鬼，故意要嚇他。正當哈恩的雙手高舉在他面前、證明自己什麼都沒做時，外面傳來一陣敲擊聲，科恩原本的憤怒頓時轉為不安。身為律師，哈恩不是個會輕易受惡作劇欺騙或上當的對象，他隨後將這些無法解釋的現象記錄在日誌裡。

第五天晚上當騷動現象又陸續發生時，哈恩和科恩準備調查樓上的房間。哈恩自己待在樓下，科恩則與管家的兒子去搜索上面的房間。令人納悶的是，所有房間都空無一人。當天夜裡，科恩和哈恩被房裡的拖鞋腳步聲吵醒。他們點燃蠟燭，確定房間裡除了他們兩個以外沒有別人。天亮之前，房間裡除了看不見的拖鞋聲外，又加入了像是手杖敲擊地板的聲音。

到了第六天晚上，城堡裡的人們決定進行一次地毯式的搜索，要找出這些異常騷動所有可能的「自然成因」。隨著混亂的程度逐漸加劇，他們很確定，在這些喧鬧異象背後必定有一個超自然的原因。蠟台會從房裡的角落飛到另一邊，而當他們坐

下來要吃晚餐時，刀叉、餐盤和食物像是被吹入了生命似地飛了起來，飄浮在空中。

1973 年，一個巴西家庭受到以毀壞他們家具為樂的喧鬧鬼的折騰。©Fortean Picture Library

　　在熬過三週睡眠不足的夜晚之後，哈恩和科恩要僕人把他們的所有東西都搬到樓上的角間，那裡似乎是一切莫名聲音帶頭出現的地方。哈恩剛睡著不久，就被好友的嗚咽聲吵醒。哈恩滾下床，看見科恩直盯著鏡子，動也不動，一副被嚇呆了的樣子。他的臉色極端蒼白，身子還直發抖，就像發燒的症狀。過了一段時間鎮定下來後，科恩好不容易能開口說話。他說當他照鏡子的時候，看見鏡子裡清楚映照出一個全身穿著白衣的女性影像。一開始他以為這只是自己的想像，但他發現自己的影像就站在這位幽靈女子的背後。

　　當這幽靈和他四目相對時，科恩發覺那是張老婦人的臉孔。她的表情十分安詳，一點都不可怕，但科恩還是感到一股

莫名的恐懼感充滿了全身。聽完科恩的敘述後，哈恩走到鏡子旁邊，要求那幽靈現形。他盯著鏡子整整十五分鐘後，終於還是放棄召喚老婦人的鬼魂。隔天清晨，他們聽到僕人們上下跑動的聲音，哈恩心想可能他們的東西又全部被搬回一樓去了。

＊　　　＊　　　＊

在哈恩和科恩在斯洛文斯克堡住了一個月後，他們遭遇到神祕事件的怪聞，流傳到了國外。科納特上尉和納蓋爾中尉這兩位巴伐利亞籍的軍官都是無神論者，他們決定造訪這座古堡，一探這樁鬧鬼事件的究竟。納蓋爾本著鐵齒態度，語出不遜的提議要在科恩看見老婦人鬼影的角間裡住上一晚。

城堡裡的人才剛離開這兩位新客人一會兒，不到幾分鐘就傳來中尉的咒罵聲。當他們打開房門時，中尉正揮舞著軍刀往空氣中猛砍，這番舉動把他們嚇了一大跳。很難相信一個幾分鐘前原本言談充滿諷刺語氣、表現出一副大無畏氣度的軍官，現在居然像是被嚇壞了的瘋漢般，提著軍刀在空蕩的房間裡四處奔跑，砍殺一個看不見的敵人。

納蓋爾看見同伴們走進來後，原本的恐懼消失了，取而代之的是一股怒火。納蓋爾道出，當其他人一離開、留下他自己在房間時，那可怕又該死的東西立刻攻擊他。但他找遍了房間，就是看不到究竟是什麼東西攻擊他。納蓋爾的忿怒頓時爆發出來，拔出軍刀朝著空中一陣猛砍。中尉在冷靜下來之後，語帶暗示地說他可能是被哈恩和科恩給捉弄了。哈恩和科恩一聽便拉著兩位軍官坐下來，誠懇地表示他們絕非惡作劇事件的主謀。科納特上尉也對納蓋爾保證，不會讓哈恩和科恩離開他的視線半步。

就在這四個男人圍坐在桌前談話時，燭台紛紛從桌上飛到空中，掉在他們的面前。不知從哪飛來的一顆小鉛球攻擊哈恩的胸部，但沒有傷到他。房間裡開始出現窸窸窣窣的腳步聲，一隻酒杯自個兒從架子上跳下來，在地上摔成碎片。儘管這兩位軍官仍嘴硬地不肯承認發生在眼前的異象事實，然而他們都沒再敢質疑這是哈恩或科恩其中一人在背後搞的鬼。

　　發生在斯洛文斯克堡的靈異現象越演越烈，而且變得越發有趣。有次哈恩準備了一盆水要刮鬍子，當他把水加熱到他要的溫度後，在把剃刀弄濕前，這些水就當著他的面被吸走了。

　　一位當地的書商赫爾・多爾費，有次在造訪斯洛文斯克堡後準備離開時，發現他的帽子被藏起來了。整個城堡裡的人幫他找了好一陣子卻徒勞無功，此時多爾費的帽子像在嘲弄它主人似地突然出現，漂浮在他的面前。當又驚又累的多爾費伸手去捉時，帽子卻掙脫了他的掌握，保持始終在離多爾費指尖前面一點點的地方，帶領他繞著房間跑，最後才掉落在他的跟前。

　　這幾個月來被睡眠不足搞到心力交瘁的哈恩，某天晚上下定決心，語氣堅定地對這鬼魂宣布，待會他在床上睡覺的時候，不希望再有任何東西丟到他身上來。這宣言發布後好像收到了點效果，這個喧鬧鬼似乎願意配合哈恩，起碼在開頭幾分鐘。然而就在他墜入久未有過的深沉睡夢中一會兒，一大桶往他臉上倒下去的水又再次粗暴地把他弄醒。

＊　　　　＊　　　　＊

　　城堡裡最詭異的靈異現象，或許發生在哈恩到附近城市布雷斯勞去的那段期間。這幾個月來的騷動與喧鬧，讓科恩的神

經緊繃到一觸即發的地步，他沒辦法承受自個兒單獨睡在臥室的恐怖感，即使只有一個晚上。於是他說服哈恩的私人僕役約翰尼斯，要約翰尼斯那天晚上跟他睡在同一間房。他們剛躺下不久，就看見一個啤酒罐從桌上緩緩飄起，把裡面的啤酒倒到酒杯裡。然後，在兩雙瞪得老大的眼睛前，酒杯被舉起來，裡面的啤酒開始減少，彷彿有人正一口口地啜乾它。當杯子被放回到桌上時，他們走到啤酒的位置一看，地上沒有一滴啤酒的痕跡。這兩個人被嚇壞了，這看不見的東西竟然還會喝酒！

幾天後的夜晚，哈恩回到了斯洛文斯克堡。在路上他聽見有隻狗緊跟在後所發出的聲響。律師哈恩以為是他的灰狗獵犬芙蘿拉，便回過頭去喊牠的名字，可是什麼東西都沒看到。哈恩沒想太多，繼續往前走，當他走上通往城堡大門的階梯時，仍聽得見那隻狗在他身後喘氣的聲音。柯恩出來開門，在哈恩進到城堡內後，他抓著門，繼續讓門開著一段時間。

哈恩進去後立刻問柯恩有沒有看見一條狗跟著爬上階梯；柯恩回答當然有。他就是因為看見芙蘿拉跟在主人後面，所以才在哈恩進到城堡裡後還讓門開著沒關上，怕哈恩沒看到狗跟在後面，可能就這麼把門往芙蘿拉的臉上甩。

哈恩向柯恩談起那條看不見的狗在黑暗中跟著他走的神祕腳步聲後，這對好友就開始找這條狗。如果他們其中一人聽見狗的聲音，另一人看見牠，這表示芙蘿拉現在一定在樹林間徘徊。然而他們最後卻發現芙蘿拉被拴在馬廄裡，馬夫再三擔保從來沒有放開芙蘿拉。

在這次的靈異事件後，斯洛文斯克堡的異象和紛擾似乎暫時停滯了下來。哈恩又繼續在那住了半年，直到佛德瑞克王子

被法國釋放歸來為止。一八〇八年十一月十九日，他們住進斯洛文斯克堡整整滿兩年的那天，哈恩用底下這段話為他的日誌作總結：「我忠實地將親眼所見、親耳所聞的事件記錄在這本日誌裡；從一開始發生到結束，都本著全然沉著的態度冷靜地觀察它們……然而這所有的一切對我而言，依舊是個全然未知的謎。」

哈恩一直到二十年後才把這本充滿詭異經歷的日誌公諸於世，他把手稿交給科納博士，這位博士同時也是抒情詩人、醫師、藥劑師和靈異研究者的先驅。哈恩的日誌交由科納博士出版之後，立刻在德國颳起了一陣靈異炫風。

斯洛文斯克堡在一八三〇年遭雷擊而引起的火災中，付之一炬。一片廢墟中，工人在一堵祕密圍牆裡發現了一具男屍的骨骸。他的頭顱和身體分了家，旁邊還擺著一把劍。對許多人而言，這副骨骸的發現，或許讓飽受城堡異象的居民得到了一番解釋。

第二節　丟石頭的惡魔

時值一六六二年，野心勃勃的新罕布夏農夫喬治・華頓總是渴求取得更多的土地，這次他貪婪的目光鎖定了與自家農場接壤的那幾畝地。華頓覬覦的那一小塊地，屬於一位獨居老寡婦所有。華頓知道她既沒錢，身邊也沒半個有權勢的朋友，於是他安排了一套情節來指控這位老寡婦操控巫術。就這樣，老婦人以女巫罪名遭到逮捕，土地也被徵收。貪婪的華頓遂透過合法的欺騙手段，賄賂當地的官員，終究得償所願，順利將她的土地據為己有。

「在那塊土地上，你絕對沒有好過的一天」，寡婦詛咒著華頓。對老婦人的厲聲詛咒，華頓只是一笑帶過。儘管他做出不實指控，誣告這位貧窮可憐的老寡婦施巫術，害她落得無家可歸的田地。

在華頓一家人搬進老寡婦家後不久的一個星期天夜晚，房子的屋頂和門窗受到了猛烈的飛石轟炸攻擊。華頓擔心這攻擊是來自住在附近的印第安戰士，於是大喊示警並拿出他的毛瑟槍。屋內的人小心翼翼地探頭往窗外看，但是在被月光照亮的田野上什麼東西都沒有，一個人都沒有。接著，他們無法置信地眨著眼睛，因為當著他們的面，前門被一股看不見的力量猛地從絞鍊上扯了下來，高拋到空中。

華頓雙手緊抓著毛瑟槍，冒險走出去探個究竟。此時數十發飛石朝他扔了過來，嚇得他趕緊逃回木屋裡。當他一關上背後的大門、上好門閂後，家人們連忙拉下所有窗戶。這些百葉窗顯然對石頭起不了任何作用，它們穿過玻璃窗和百葉窗、從煙囪裡滾下來進到屋子裡，使勁地砸在門上。屋裡的東西開始往華頓的身上猛力擲去，蠟燭也熄滅了。門閂也被看不見的槌子猛力敲打而逐漸彎曲，一台壓酪機則砸在牆上。

好不容易，華頓一家人度過了他們在這間房子裡的第一個恐怖的夜晚。然而讓他們更鬱悶的是，這丟石頭的惡魔在太陽升起的拂曉時分、公雞第一聲啼叫後，並沒有就這麼消失。那天他們發現田裡的乾草堆遭到破壞，乾草都被丟到最高點的樹枝上。而華頓正打算要出門去田裡工作時，就見石頭在後面追著他跑。

新罕布夏州長的祕書理查‧張伯倫，在華頓家被飛石騷擾

的這段期間，和他們一起住了三個月左右。後來他出了一本書，名為《惡魔的邪惡發明》（*Diabolick Inventions of the Devil*）。理查當時極力要找出用石頭攻擊他們的兇手，一開始他認為這可能是「幾個頑皮小男孩」的惡作劇。在理查這番推論出現後不久，被他指控的那群男孩其中一個在幫農場工人整理乾草堆時，背後突然被一顆石頭偷襲，力道之大讓男孩當場就哭了出來。

華頓家的惡魔從未開口說過任何一句話，但它卻擅長發出哼哼作響的鼻息聲和咆哮聲。儘管總是固定用綿密的飛石陣進行攻擊，但它從沒忘記要砸碎幾個陶器，順便再搗爛幾件房間的家具。

即便任何人對此咸認是貪得無厭的華頓遭到了報應，誰叫他趕走一個可憐的老寡婦、強奪她的土地，現在有個「惡魔」來治治他也是應該的。然不可否認的是，我們必須佩服他那堅毅不拔的精神。面對看不見的惡靈用石頭不斷地惡意攻擊，華頓依舊不放棄農場上的工作。理查宣稱，華頓經常在單單一天內，就受到四十次以上「有意謀的重擊」。田裡有好幾排的玉米像是遭銳器割過一樣被連根拔起，華頓農場工人的鐮刀也被石頭砸斷，手上拿的工具也被看不見的惡魔硬生生打下來。

三個月過後，石頭的轟炸攻擊停止了。在一六六二年，當時任何人都會立刻將這整起怪事聯想到女巫的詛咒。心裡存有任何異於常人的念頭，都會被當作異端邪說——這是二十四名男女上過的最重要、也是最後的一課，一六九二年發生在新英格蘭州的沙崙巫術事件，讓他們被吊死、碾死，命喪牢獄之中。

第三節　從天而降的石頭轟炸

有次我造訪伊凡・桑德斯（著名的動物學家、自然研究者和異象研究家）位於紐澤西的宅邸時，他告訴我，不該用「丟」這個字眼，來形容喧鬧鬼魂操控石頭的方式。桑德斯堅稱：「這些石頭不是用丟的，它們是掉下來，以低手投擲，或用飛行的。」

桑德斯繼續提到，這些異象的案例與其說屬於靈學研究的範圍，倒不如說是物理研究還恰當一點。「石頭掉下來」，桑德斯認為是一種純粹的物理現象和意志的表現，同時也可用物理原理完全加以解釋。但不論是牛頓、愛因斯坦或其他任何的特殊時空連續體相關的定律，都無法解釋這類飛石現象。

桑德斯告訴我，他曾在蘇門答臘和會飛的石頭玩過「投與接」的遊戲。「如果有人測量了石頭最後落下時的速度，」他說：「數字可能會表示它符合某種定律，至少有某種模式可循，而不是全然隨機。這些石頭依循的，可能是其他所謂的力學『定律』。如果我們能在其中建立起規則，那我們這時空連續體中，就會有至少兩種的力學原理了。」

加州奧克蘭市的警員一向不太採信鬼魂之說，直到一九四三年八月十七日，他們接獲艾琳・費洛斯太太驚恐的報案電話。她在電話中稱有人用石頭持續攻擊她家。費洛斯家有著灰泥色外牆，一連兩週，她和孫女們（五歲的唐娜和九歲的奧黛莉）都被從天而降的石頭砸傷，身上布滿大小瘀青。

儘管還搞不清楚狀況，但當兩位巡邏警員抵達案發現場展開調查時，費洛斯家的牆壁和屋頂上明顯由落石所造成的坑洞，立刻吸引了他們的注意。原本還一頭霧水的兩人，旋即發揮警員的專業，著手調查這些坑洞。在他們正詢問屋內飽受驚嚇的祖孫三人時，石頭又開始落下，無情而猛烈地撞擊屋頂。

「從天亮後石頭就一直落下來」，費洛斯太太強調。兩位警員朝屋外四周看去，即使他們受過訓練、一向保持高度機警性

的眼睛，也無法不將散布在草坪上的碎石當作一回事。

警方在八月十八日正式展開調查。警員們先與所有鄰居訪談一遍——特別是小孩——但後來排除他們的嫌疑。對於警方的調查，這些飛石的反制方式，是對費洛斯祖孫展開更多次、更兇猛的惡意攻擊。好幾位目擊證人說他們親眼看到費洛斯一家受到飛石的連續攻擊，甚至就在費洛斯太太與小隊長奧斯汀·佩吉談話時，她的肩膀還結結實實挨了一計重擊。

事件傳開後，大批看熱鬧的群眾蜂擁而至，有些人大膽地進到草坪中，把那些「有魔力」的石頭撿回去當作奇珍異品收藏；還有人建議費洛斯太太把家裡開放成博物館，展示那些「天上來的石頭」。而有位自稱超自然現象研究者說，這家人是受到海鷗從海邊啣來的石頭所攻擊。

來自鄰近的加州大學科學家在調查過費洛斯家後，總結出底下幾點摘要：不論何時，只要費洛斯祖孫踏出家門一步，就會有落石從天外飛來，而且至少命中她們其中一人。其他砸在房子上的石頭，在撞擊後形成凹洞前完全無從察覺。這些飛石來自四面八方，砸下來的力道之強足以在建築物上留下印記，或造成祖孫三人身上多道瘀傷。

九月一日中午，失眠多日又精疲力盡的費洛斯太太，正在花園和專案警官強森和諾丹道爾談話。這些落石不分晝夜，像雨一樣持續落下兩週之久，可憐的老婦人已瀕臨崩潰邊緣。當他們三人正談著這詭異現象時，突然間一顆大石頭砸到三人的腳上，好在這是最後一顆攻擊費洛斯家的神祕石頭。

第四節　放火鬼賴瑞

住在英國倫敦的史俊格一家人，之所以把出沒在家中的鬼魂取名爲賴瑞，都是爲了四歲大的兒子，因他不停地問著那團會擺動搖晃的光。父親葛拉罕・史俊格後來向「合眾國際社」的記者說明理由，他們並不想提到太多和鬼魂有關的言語，以免嚇壞小孩子，所以才選擇把這無法解釋的鬼魂以人名來稱呼。

一整年下來賴瑞始終很和善，但從一九五八年開始，這詭異的物體每逢復活節假期，都會在史俊格家點上一把無名火。史俊格家第一次看見賴瑞，是在一九五八年的耶穌受難日，它是個約成人高、乳狀的螢光體，一直擺動搖晃著。在看見這幽靈後沒多久，史俊格家人就聞到嬰兒房裡傳來的焦味。他們在一堆嬰兒服中，發現由上到下、從中央被燒出一個看來像是用噴燈燒的洞，但是壓在這堆嬰兒服底下的一雙易燃尼龍襪，竟然完好無缺。

隔年的復活節，來到史俊格家的不是復活節兔子，依舊是賴瑞。當葛拉罕手上的一雙襪子被一股看不見的力量猛力拉走後，他下定決心該是讓專家來處理這件事的時候了。一群來自心靈科學院的研究人員，雖對這些異象無法提出最終的分析結果，但他們認爲應是來自超自然的喧鬧鬼幹下的好事。他們運用一連串的心理探究問題，歸納出──在史俊格太太青春期時曾目睹過喧鬧鬼的出現，史俊格先生也記得在蜜月旅行時曾遇過類似的情形，只是兩人當時並未注意。

雖然史俊格一家人在一九六〇年對放火的鬼魂賴瑞出現已

做好準備，但他們對這團光又燒了另一堆衣服完全無計可施。

　　隨著一年一年過去，鬼魂出現的時間越來越長。即使復活節已過了好幾天，時鐘還是在壁爐上遊走，家裡的其他東西還是在公寓裡繼續飄著。身為自由攝影師的史俊格宣稱，當他在暗房工作時，曾被一團螢光的灰雲包圍住。「整個房間都亮起來了，」史俊格告訴記者：「那是賴瑞在我身邊擺動照明著。」

　　一九六一年，史俊格家人在賴瑞的年度造訪即將來臨之前，請了一位天主教神父來舉行驅魔儀式。這儀式似乎見效，但他們為戰勝鬼魂而沾沾自喜似乎是太早了點，賴瑞那一年只是放假而已。

　　在一九六二年春天的某日，史俊格家客廳的家具突然起火燃燒，兒子的床也被同時冒出的火焰吞噬。同年的四月二十一日，有一位靈媒向他們道出，賴瑞其實是史俊格太太的弟弟查爾斯，在二十年前被火燒死了，當時他才十八個月大。靈媒還說，既然賴瑞的身分已揭曉，今後他將不會再打擾史俊格一家人。

　　不論鬼魂賴利是否真為史俊格太太的弟弟查爾斯，或這現象可解譯成史俊格太太因長久壓抑、不自覺間滋長出的罪惡感所引發的結果——她可能從兒童時期起就一直自認該對弟弟的死負責——這個復活節喧鬧鬼，從此以後再也沒有出現在史俊格家中。

第五節　長島的爆瓶事件

　　一九五八年二月三日下午三點半左右，十二歲的小詹姆斯‧赫曼和十三歲的露西‧赫曼放學回家，他們剛通過家裡的

大門時，聽到一陣詭異的「五響禮砲」迎接他們。位於長島郊區的赫曼家中，不同房間裡的瓶罐蓋子突然像香檳木塞一樣紛紛爆開。

赫曼太太和兩個小孩急忙巡視家裡每個房間，她們首先在地下室發現漂白水罐的蓋子被爆開；接著是廚房的一瓶米漿蓋子不見了。在浴室則有一罐洗髮精和一個藥水罐缺了蓋子。赫曼太太也發現，收藏在主臥室裡的一瓶聖水被打翻了。

發覺事情不對勁的赫曼太太連忙打電話給先生，向他報告家裡發生的怪異「爆瓶事件」。赫曼先生大惑不解，但知道家人並未因這異常事件而受傷，就沒打算提早回家。

當詹姆斯・赫曼一回到家，心裡便有了答案：這些不同瓶罐裡的配方起了化學反應，才使得蓋子爆開。至於所有罐子在

1952 年，住在英國查西爾省蘭康市的格蘭一家人，遭遇喧鬧鬼的惡意攻擊，它破壞房間裡的所有東西。警方在格蘭家四周設下陷阱，防止它們再進行破壞，但攻擊事件依舊持續。上圖即為約翰・格蘭檢視他被破壞殆盡的臥室。©Fortean Picture Library

同時間一起爆開的事實，毫無疑問是個不可思議的巧合，或許是屋裡的濕度過重，或其他什麼原因所引起的吧！然而，當赫曼看到這些被爆開的都是旋轉式瓶蓋後，他的困惑更深了。如果這些爆瓶的瓶罐都是用和當時汽水罐一樣的鉗口瓶蓋，那赫曼的推理就合理許多。但問題是這些瓶子都必須靠外力扭轉才能打開！所幸家人都已回復往常的平靜，似乎也不再需要他為這次的事件找出答案來，才讓赫曼鬆了一口氣。

　　兩天過去了，赫曼家都沒有再出現任何異常狀況。但兩天之後，這個喧鬧鬼又再玩了一次相同的把戲。當孩子們放學回到家，走進前門時又聽到了放煙火的聲響。這次是一瓶指甲油、一瓶消毒用的酒精、一罐漂白水、飲料和清潔劑，以及和上次一樣的聖水瓶。這些瓶罐上的蓋子全都是各種類型的旋轉式瓶蓋。

　　隔一天的晚上，當家裡的瓶罐又開始爆瓶時，赫曼開始懷疑這是他那愛看科幻小說的兒子搞的鬼，為了好玩而弄些小把戲嚇嚇家人。赫曼推測是小詹姆斯在早上去上學前，先把某種二氧化碳膠囊丟到這些瓶罐裡，再把蓋子鬆開。或許他對爆開的時間拿捏得相當成功，讓他可以及時出現看到媽媽和姐姐受驚嚇的表情。

　　於是赫曼一整個週末都在暗中觀察兒子的一舉一動，決定要在兒子動手腳的時候當場逮著他，以證實他正是這些神祕爆瓶事件的背後主謀。所以當那個假日早上家裡的好幾個瓶罐又開始爆開來時，驚訝不已的赫曼嘴張得比誰都大。他不分日夜，眼睛沒有一刻離開過小詹姆斯身上，究竟兒子是何時把東西塞到瓶子裡的？

站在浴室洗手槽前刷牙的小詹姆斯，極力否認他與這事件有關。當赫曼正在詰問小兒子時，被一瓶從他眼前飛過水槽上空、掉到地上的藥罐子嚇了一大跳。幾秒鐘後，另一瓶洗髮精接著飛落到地上。

詹姆斯·赫曼決定打電話報警，他拜託接電話的警員不要以為這是在開玩笑。他們家被爆開的蓋子、會飛的瓶罐搞得七上八下。警員認為詹姆斯·赫曼酒喝得太多，但他允諾會派位警員去調查這些異狀。

巡邏警員休斯才剛到赫曼家沒幾分鐘，就遭到了浴室裡好幾個瓶罐射出的瓶蓋攻擊。他很快就做出結論：赫曼一家人真的遇到了相當罕見的麻煩。另一方面，托齊警探在聽過赫曼家的案例簡報後，他以警員的專業斷定：如果赫曼家的這些爆蓋的瓶子是一場玩笑，那肯定是有人動了手腳。

托齊警探在二月十一日著手展開調查。那天露西房間裡的一瓶香水罐被打翻了，當時房裡沒有人在。但托齊警探懷疑這並非沒人在裡面，只是沒人承認進過她房間而已。接下來的幾天，發生在赫曼家的異常現象僅限於主臥室裡的那罐聖水，但到了二月十五日晚上，出現了讓人更為驚恐的靈異現象。當他們一家人坐在一起看電視時，咖啡桌上的一尊陶瓷雕像突然自己飄了起來，繞著房間飛行。在見識過他們家這位不速之客的驚人能力後，赫曼家人決定請神父來協助托齊警探的調查。亞伯特聖威廉教堂的威廉·麥克勞德神父答應了他們的要求，他在赫曼家的六個房間灑了大量的聖水，並為他們家賜福。

但是神父晚了一步。出現在赫曼家、後來被稱為「砲手派伯」的這股神祕力量，它旺盛的生命力已經壯大到用聖水也澆

不熄了。新聞媒體開始對他們家的異狀大肆報導，引發的關注甚至比派伯古怪的行為還糟。多封字跡潦草到幾乎無法辨識的信寄到他們家，不是譴責他們怪力亂神、欺騙社會大眾，就是鼓勵他們要拿出勇氣來對抗撒旦的這些邪惡手段。

二月十九日，一尊陶瓷雕像飛離桌面，在撞上書桌前足足在空中飛行了十二英尺遠；二月二十日，又有另一尊雕像空降在地面上，一罐墨水瓶的瓶蓋也爆開，墨汁灑得整面牆都是，還有個糖罐子自己離開了餐桌。在派伯不請自來到赫曼家十七天後，它持穩地增強力量，不斷展現出更具戲劇性、更駭人的把戲。

在靈異現象占據家裡的這段期間，原本表現出相當冷靜、忍受度極高的赫曼一家人，這時決定在精神崩潰之前趕緊離開這棟房子。二月二十一日當晚，他們全家都到親戚家過夜，只有托齊警探獨自留守在房子裡。儘管托齊對超自然現象和靈異事件的態度，在與赫曼家人共度的初夜後有了顯著的改變，卻一點也動搖不了他要獨

電影《鬼哭神號》劇照。©The Steiger Archives

自留在這棟「鬼屋」裡的決心。當晚相當平靜，沒有任何騷擾事件、沒有爆瓶、沒有會走路的家具，也沒有會飛的雕像。

赫曼宅邸的休戰期，在他們一家人回家的當晚畫下休止符。糖罐又開始有了生命，從櫃子上跳到地板「自殺」。二月二十四日，托齊調查的是從小詹姆斯房間傳出的一聲巨響，他很確定當時沒人在房裡或附近逗留，但當他一進到房裡時，赫然發現厚重的衣櫥竟然倒在地板上。隔一天的晚上，當小詹姆斯正在寫功課的時候，唱片留聲機竟自己撥放了起來；而主臥室裡一座聖母瑪利亞的雕像飛了十二英尺遠，撞上房間對角的鏡框。裝滿厚重百科全書的書架也頭上腳下翻了過來；一具地球儀突然朝走廊飛射出去，險些命中托齊。到赫曼家拍照的一位攝影師看見自己的閃光燈從桌上飛起，飄過整個房間，撞上對面的牆壁。這天也是派伯開始敲打牆壁的第一天，但它沒有要和任何人進行溝通的意思。

托齊很擔心派伯這些突如其來變得劇烈的暴力行動。之前他也安排過電氣技師和物理學家來檢查過赫曼家，試圖找出這些異象的合理解釋；連空軍都來進行調查這些飛行的模式是否有引起超音波的振動現象。托齊還採用了神祕學家、自稱為神父者和匿名信給的各種建議。只要提出的計畫有那麼一點點模糊的可行性，托齊就會把它用在赫曼家中。但所有的嘗試都宣告失敗，靈異現象不斷加劇，表現的方式也變得越來越猛烈。

就在托齊打算建議赫曼家盡快搬到別處，以免因此受傷之前，派伯似乎已經因為最近這幾波劇烈的行動，將僅剩的最後一點能量給用盡了。三月二日的晚上十點，赫曼家的喧鬧鬼向他們道別。它的最後一擊是把餐桌上的盤子砸個粉碎，翻倒小

詹姆斯臥室裡的床頭櫃以及放在地下室的書架。在這次的告別作後，派伯離開了赫曼家，再也沒有回來過。

第六節　沙崙女巫的歇斯底里

因為一群青春期少女組成的小團體遭到指控使用巫術，使得位於麻薩諸塞州灣殖民地的沙崙小鎮整個陷入了瘋狂狀態，居民人心惶惶，終日擔心害怕著住在隔壁的鄰居，就是祕密服侍撒旦的魔鬼信徒。

或許一六九二年著名的沙崙女巫歇斯底里症狀，可以作為一個強有力的論證，說明當喧鬧鬼現象失去控制時，造成的後果會有多嚴重。這些年輕女孩，宣稱她們受到幾位村裡老婦人控制的隱形惡靈蠱惑，抱怨經常有人捏傷她們、拉扯她們的頭髮，或用針刺傷。這些昔日被視為女巫惡行的典型症狀，在今天則是我們熟悉的喧鬧鬼現象。

將這個論點擴大一點，我們可以發現好幾個世紀以來，女巫傳統上都被歸類為具有某種力量，包括能控制看不見的靈體、指使它們朝被害者丟擲石塊，或在夜晚製造噪音、熊熊火焰來折磨被害者。所有這些典型女巫擁有的能力，恰巧和喧鬧鬼的行為特徵一致。或許我們該從傳統觀念、而非貼了標籤的宗教角度，來看待法力高深的女巫；她們也許只是由於某種原因，保留了一部分那些在青春期生理變化時，偶而會出現的奇異心靈制動力而已。

沙崙女巫的歇斯底里起源於無辜的派瑞斯牧師家中，從他的奴隸緹圖芭，對牧師九歲的女兒貝蒂和十一歲的表姊雅碧蓋

兒‧威廉斯說些關於巫毒和不死幽靈的故事開始。很快地，派瑞斯家中這堂刺激的說故事時間吸引了其他年紀大一點的女孩，包括十六歲的瑪莉‧瓦科特、十八歲的蘇珊‧薛爾頓。她們纏著緹圖芭，要她除了說鬼故事外，還要幫她們算命並預測未來丈夫的模樣。雖然派瑞斯和其他牧師在佈道時極力斥責這種行為，強調從幽靈那兒求取神祕知識的危險性，這群沙崙女孩可不把這些警告當一回事，她們依舊偏愛那能幫她們度過漫漫寒冬、既害怕又興奮的娛樂活動。

這個小團體的超自然能量，或許是在容易過度緊張的十二歲女孩安‧普特南和她十九歲的女僕瑪茜‧路易斯加入後，變得更強大了起來。安是個能急中生智的聰明小女孩，同時也富有高度想像力，很快就成為緹圖芭最認真的學生。或許在安的心靈中，一部分的她正沉浸在緹圖芭與她們分享的各種禁忌與知識所帶來的刺激和興奮感中，但另一部分的自己卻被保守的宗教觀折磨，因為她犯了讓惡魔誘惑挑逗的罪。毫無疑問地，這種良心與擔心東窗事發的恐懼並存的矛盾感，也影響了其他女孩。

許多當代的超自然現象研究者，在觀察過喧鬧鬼顯靈的現場後發現，比起男孩，這些異象通常較好發於女孩身上。原因可能與女孩在進入青春期時，發生在她們身上複雜的物理和化學變化有關。在後青春期的男孩身上，性衝動通常比較強烈，然而青春期的女孩遭遇的是更多、更戲劇性的生理變化。臀部變寬、胸部隆起，特別是經歷初潮的震驚，可能會對尚未準備好迎接初次經血的女孩造成嚴重的心理衝擊。

隨著沙崙的寒冬一天天的過去，小貝蒂‧派瑞斯在做家事

自中世紀以來，許多被指控女巫罪名的婦女，多遭到殘酷極刑，包括火刑（如圖所示）和絞刑。

時漸出現恍神狀況、有時還會突然啜泣起來，且經常看到她兩眼無神地瞪著牆壁。過不久，雅碧蓋兒也出現了四肢著地，學狗叫或驢叫的舉動，瑪莉·瓦科特和蘇珊·薛爾頓則是抽搐的癥狀。至於安·普特南和瑪茜·路易斯身上也開始有癲癇症的發作。邪惡降臨了沙崙鎮。

　　沙崙教會詢問這些女孩是什麼在折磨她們，這些被「附身」的女孩第一個提到的名字就是緹圖芭。對莎菈·古德的嫌疑，無人表示質疑，這位脾氣暴躁的婦人總是抽著氣味難聞的菸斗，她涉嫌以巫術散布天花。但是當莎菈·奧斯朋的名字也出現在這群女孩子的名單上時，整個村子為之嘩然。奧斯朋太太是個有錢人，住在沙崙最豪華的房子裡。儘管如此，法官還是對她們三人發出逮捕令。

從這戲劇性的一刻起，折磨著這群孩子的撒旦名單越列越長。麻薩諸塞州灣殖民地的地方議會派了兩位地方法官（譯註：當時的地方議會還保有司法權）——約翰・哈瑟尼和強納生・寇文強來聽取證詞，內容包括會說話的動物、會移動的黑影、紅色的貓，和一個毫無疑問，指的就是撒旦本人的「巨人」。

直到篤信基督、品德高尚的蕾貝卡・納斯（七十一歲）也以操控巫術的罪名遭到逮捕後，全沙崙鎮的民眾才開始了解，沒有人能夠確保不會受到這罪名的指控。儘管陪審團一開始即宣布蕾貝卡無罪，但在法官要求陪審團重新討論的結果之後，她被判處死刑。一六九二年七月十九日，蕾貝卡被吊死在絞架山。

當自己的太太也被指控是女巫後，盛怒之下的州長威廉・菲利浦下令，在他的州裡，不得再有任何巫術入獄案例；他也禁止沙崙鎮以巫術罪名處決人犯。因為州長的命令，許多原本被控與巫術有關的嫌犯得以被赦免。

攻擊人的惡鬼

如同我們在前一章所看到的，針對家中的某個特定對象，加諸在他（她）身上的惡意傷害或吸引注意的行為，都是喧鬧鬼出現時不同於其他靈異現象的顯徵。在本章中，各種不同形式的鬼魂陸續出場，研究案例中這些具有智慧的靈力顯然是出於惡意，搬弄出各種超自然現象盡情使壞，而非只是單純惡作劇胡鬧而已。有時基於一些無法解釋的理由，鬼魂會攻擊人類、施加肉體上的痛苦，日以繼夜折磨受害者。據了解，一旦惡鬼開始攻擊受害者，經常是至死方休。

第一節　貝爾女巫的鬼魂

發生在貝爾家的騷擾與異象開始於一八一七年。首先，他們靠近田納西州克拉克斯維爾的小木屋窗戶開始傳出神祕的拍打聲，接下來在某個深夜，全家人——父親約翰、母親露西以及五個孩子，伊麗莎白、小約翰、卓利、喬爾和理查——的棉被同時被粗暴地扯下床。十二歲的伊麗莎白，小名「貝琪」，也抱怨有老鼠會在她要睡覺時出來啃咬她的床柱。因為一直找不到這隻老鼠，全家人開始檢查床柱四周。讓他們震驚的是，明明看不見老鼠，但確實有東西在一口口啃著貝琪的床柱。

貝爾一家人為充斥在整間房子裡的噪音所苦。雖然露西當

時沒有在家裡哺育小孩，但是全家人都很清楚地聽見一個嬰兒喝奶的吸吮以及砸嘴聲。有好幾位研究靈異現象的專家都注意到超自然「哺乳」的奇特聲響。部分研究者指出，這些詭異的聲音經常是一段異常猛烈的騷擾行為即將開始的預兆。會發出這異常的聲音是因為靈體將以一個可怕的嬰兒外形顯靈，它誕生在與現實世界接壤的其他現實空間。英國著名作家沙史威爾‧希特維爾寫道，「像這樣的生命體可能是一種『胎兒時期的幻影』，只存在於人類生命的『邊陲地帶……從各方面來看，它都是一種可怕的邪惡生物，絕非人類。』」

在貝爾家人經歷了這些無法解釋的異象後，隔天醒來時發現客廳所有家具都被翻了過來。由於缺乏合理原因來解釋是什麼造成這麼大規模的異常現象，孩子們個個睜大了眼，興奮地討論著鬼魂和小妖精。父親約翰‧貝爾嚴厲地教訓了家人一頓，說他們會自己解決問題，約翰可不想讓他們家成為街坊鄰居茶餘飯後的八卦對象。

當天晚上，一股拉扯他頭髮的力道弄醒了理查，他的頭被拉下了枕頭，喬爾因為弟弟被一個隱形怪客攻擊而嚇得大叫；伊麗莎白的房間也傳來她嚎啕大哭的聲音：啃床柱的老鼠又出現了，還用力拉扯她的頭髮。隔天早上全家人醒過來時，幾乎所有人的頭皮都因為前晚頭髮被猛力拉扯的緣故而痛到不行。這時父親——貝爾先生改變了他先前的決定，他們需要幫助。當天他將這件事的始末，告訴他們的近鄰兼好友——詹姆斯‧強森。

當天晚上，強森在貝爾家陪著他們。強森知道貝爾先生既非酒鬼也不是騙子，但貝爾家的故事確實很詭異。當強森夜裡

坐在伊麗莎白的床邊時，他看見小女孩的臉頰上被看不見的兇手重擊了好幾下。強森厲聲制止它：「我以耶穌基督的聖名要你住手！」接下來幾分鐘，這個鬼魂沒有任何動作，突然間小貝琪的頭髮突然被一陣猛力拉扯，痛得她放聲大哭。強森見狀再次告誡惡靈，它才鬆開小貝琪的頭髮。從這次的短暫遭遇，強森推論出這個鬼魂聽得懂英語；他也察覺到，基於某些未知的原因，貝琪是這些靈異現象的中心。接下來的一天，強森去見了其他幾位鄰居，他們都表示願意盡其所能來幫忙貝爾一家人。

鄰居們推選出一個小組整夜守在貝爾家，要阻止惡靈不再騷擾小貝琪。但伴隨著所有這些善意舉動而來的，卻是被激怒的惡靈，針對這不幸的小女孩進行更猛烈、更惡毒的攻擊。有幾位鄰居自願讓他們的女兒和貝琪一起睡，但這只是讓其他女孩一起受到恐怖威脅而已。把小貝琪帶離他們家、住到其他鄰居家中也於事無補，因為這個惡靈會跟著她到其他房子去。

＊　　　　　＊　　　　　＊

貝爾家鬧鬼的消息傳開來後，這些異象和騷動被認為是老凱特·貝茲的鬼魂作祟。這個被詛咒的女巫不知為何死後陰魂不散，回到人間來在貝爾家大行邪惡妖術。每晚貝爾家中總是坐滿了人，他們拍打著牆壁、口中唸唸有詞，企圖要和貝茲的鬼魂對話或溝通。

惡靈的邪惡力量很快便壯大到可以踏出貝爾家，且遠離了它的能量中心——小貝琪。若推論說，那些每天晚上聚集在貝爾家中的人，他們的靈魂和精神供應了這惡靈能量來源，應該沒有人持反對意見吧！有鄰居指出，他們看見像是燭火或燈泡

般微弱的光穿過農場，還有農夫因此遭到貝爾女巫的石頭攻擊。

如果貝爾女巫碰巧遇到當地社區的小男生放學回家，便會朝他們丟擲東西，男孩們就經常與它玩起投與接的遊戲。一位目擊者指出，他親眼目睹從灌木叢中飛出的幾根枝條攻擊了幾個男孩。這些男孩並不害怕，還邊嬉鬧著、邊撿起所有枝條再丟回灌木叢裡去。當枝條又紛紛飛擲回來的時候，這位目擊者在孩子們還擊前，在幾根枝條上刻上幾道痕跡。事後他證實，當這幾根枝條又從灌木叢飛出來的時候，他認得出來上面自己所做的記號。

雖然女巫的鬼魂偶而喜歡和當地的小男孩玩點小遊戲，它對付那些來到貝爾家、企圖揭發這整個靈異現象其實是場騙局的嘲弄者，可就一點也不是鬧著玩的了。這些留下來過夜的人，他們的棉被被硬生生扯下床，還有人的臉被重重地呼了好幾巴掌。這些掌摑聲清楚地傳到貝爾一家人的耳裡——其中一位在日記裡寫到，那聽起來像有人徒手重重地拍擊在肌肉上的聲音。

通靈者、牧師、記者和好奇的民眾都駐守在貝爾家的農場上，用盡一切方法，企圖逼使女巫的鬼魂現身表明意圖何在。他們的努力終於得到了回報，有一天鬼魂總算開口說話了。剛開始它的聲音只是一陣微弱的嘈雜聲，接著逐漸變成只有在晚上才會出現的嘶啞低語，聲音聽起來像是從貝爾家裡某個陰暗的角落傳出來的。很快地，女巫的鬼魂就開始以各種聲調和音量對他們說話，而且不分晝夜。

為了平息眾人對鬼魂的聲音其實是場騙局，或只是貝琪的

腹語術這類的指控。小約翰・貝爾請來醫生做鑑定，當鬼魂的聲音開始從房間遙遠的角落以大音量傳出來的時候，醫生把手放在貝琪嘴上，聽著她喉嚨是否有傳出聲響。醫生事後明確地表示，小貝琪和這聲音一點關係都沒有。

十二歲的貝琪開始出現癲癇發作和暈眩的現象，和靈媒起乩或處於出神狀態時的症狀相同。觀察者注意到，暈眩發作的時間固定，恰巧都在女巫現身之前。貝琪恢復神智後，女巫的鬼魂就會開始說話。因為它已經獲得了說話的能力，這鬼魂直言它不喜歡貝琪的父親約翰・貝爾。「我會一直糾纏著他，到他沒命為止！」，女巫的鬼魂經常對貝爾家的訪客發言，「老約翰・貝爾的日子剩沒幾天了。」

其實在女巫騷擾貝爾家之前，約翰・貝爾就曾抱怨他的喉嚨有奇怪的疼痛感。他形容就像「一根交叉卡著的骨頭」，刺痛著他的下顎兩側。而隨著這惡靈持續顯現，貝爾舌頭的毛病經常讓他痛不欲生。腫脹的舌頭讓他不能說話、進食，時間長達十到十五個鐘頭。

部分研究者暗示，約翰・貝爾開始遭遇這些肉體上折磨，和他女兒遇到的精神迫害並非巧合。南多・福多爾博士在他關於貝爾女巫的著作裡提到，根據他的觀察，貝爾腫脹的舌頭暗示他可能守著一個不為人知的祕密，而這祕密一直在尋求一個出口。福多爾推測，接近青春期的貝琪可能經歷過令人震驚的性經驗，而這與她的父親脫不了關係。「可能是為了拯救她的理智，」福多爾在書中提到：「貝琪一部分的精神分裂成為貝爾女巫。」

福多爾的推論將貝爾女巫一案描述成喧鬧鬼的作祟，這說

法或許可以解釋女巫驚人的出沒範圍與法力。然而，貝爾女巫也有可能是被性經驗造成的震驚、青春期的身心變化和父親的罪行，所投射出的精神能量吸引而來的惡靈。

　　所以，這被稱爲「貝爾女巫」的鬼魂究竟是打從哪來的？一位到貝爾家看熱鬧的訪客提出這個關於女巫身分的問題時，它立刻回答了他的問題：「我原本是個快樂的幽靈，但現在我被打擾了，而且非常不高興。我會一直待在這棟房子裡折磨老約翰‧貝爾，至死方休。」

　　後來，鬼魂又自稱它是位印第安戰士，逼迫貝爾一家人進行「尋骨冒險記」，要他們幫它收集自己殘存的骨骸。這惡靈告訴他們：「如果我的骨頭能全部完整地拼湊在一起，我就可以安息了。」而當貝爾一家人表示無從找到任何骨頭時，女巫的鬼魂發出咯咯的笑聲，改口說她其實是老凱特‧貝茲的鬼魂。凱特‧貝茲生前是位古怪的獨居老婦人，到死後還一直被當地居民貼上女巫的標籤。老凱特‧貝茲的鬼魂糾纏貝爾家的消息傳開之後，原本對這整起神祕事件還抱著半信半疑態度的鄰居，總算開始相信它的眞實性了。

＊　　　　＊　　　　＊

　　女巫的鬼家人搬來和她作伴後，貝爾家變得更擁擠了。「它們」的名字分別是黑狗、數學、賽普克萊飛和耶路撒冷，這些惡靈各自擁有不同的聲音，在和它們的「母親」同住的這段期間夜夜笙歌。他們喧鬧的瘋狂派對和放肆的笑聲，幾乎要把貝爾家的屋頂掀翻了，現場的目擊者還聞到貝爾家瀰漫著濃厚的酒味。

　　貝爾女巫擅長從空氣中變出各種稀奇古怪的東西來。有次

在貝爾太太的讀經聚會裡，在她們眼前突然出現一盤新鮮水果。在貝琪的一次生日宴會中，她的朋友被女巫以香蕉招待。「這些是西印度群島的香蕉。」女巫邊飛過房間，邊告訴這群興奮的女孩：「是我親自去摘的喔！」

儘管約翰・貝爾是女巫惡作劇和無情攻擊的受害者，但她對待貝爾太太卻是相當熱心。有一次貝爾太太生病了，有人聽見女巫對貝爾太太說握住她的手。貝爾太太照做了，結果一大堆榛果掉到她的手掌上。「吃一些吧，可憐的露西。」女巫告訴貝爾太太：「榛果對妳的身體有益處。」露西・貝爾虛弱地說她無力敲開榛果，女巫表示自願替她敲開。這時候貝爾家人和鄰居看到榛果一顆顆自動被敲開、果肉和殼分得乾乾淨淨，下巴都快掉下來了。

除了變出水果和核果外，女巫變出針線來也很拿手。露西・貝爾有次獲得了足夠供應全郡使用的大頭針，但有時候女巫也會惡作劇地把它們藏在床上用品或椅墊裡，把針頭朝外讓無預警的受害者被刺得哇哇大叫。

貝琪最喜歡的哥哥小約翰・貝爾，是他們家裡除了露西外唯一受到女巫合理對待的家人，他甚至還可以用髒話跟女巫回嘴。相對地，喬爾和理查就經常受到她無情地鞭打，卓利甚至還怕女巫怕到終生未娶，因為他無時無刻都在擔心這個惡靈終有一天會再回來，鎖定他婚後的家人，對他們「特別關照」。

不像其他家人僅止於對女巫的懼怕，貝琪和父親遭受到的是女巫邪惡本性中最無情的對待。貝琪除了身體受到殘酷的攻擊傷害外，生活也受到了嚴重干擾。貝爾女巫控制貝琪生活最殘酷的例子，就是她逼迫貝琪中止和喬許華・賈德納的婚約。

當小倆口宣布他們已經訂婚了的時候，女巫激烈地反對，她甚至命令小約翰‧貝爾拆散他們。女巫警告貝琪，如果她真的嫁給了喬許華，這輩子別想有快樂的日子過。只要喬許華一踏進貝爾家，女巫就對他大吼大叫，或在他們的朋友面前用猥褻粗俗的話讓這兩個年輕人難堪。理查‧貝爾在他的日記裡提到，這「無恥的惡魔」沒有一刻停止折磨貝琪。女巫嘲笑貝琪的端莊謙虛、用針刺她的身體、擰她的肉留下瘀青、掌摑她的臉頰，並弄亂她的頭髮讓它們糾結在一起。

　　貝爾家族的好友法蘭克‧麥爾斯在知道女巫反對貝琪的婚約後，自動請纓要替貝琪來對抗邪惡女巫。根據目睹這場決鬥的貝爾家人表示，麥爾斯向女巫嗆聲，隨她高興要變成什麼形體，他都會接受挑戰。他像摔角或拳擊比賽的暖身一樣，對空氣揮舞拳頭、擺動著身體。「只要讓我抓到妳，保證把妳打包送走。」麥爾斯怒吼著：「我才不怕妳這個隱形的風袋！」

　　突然麥爾斯的頭向後傾倒，好似臉上挨了重重的一拳。他將手臂高舉到面前擋住了一連串迎面而來的攻擊，但肚子隨即又中了一拳，防衛的雙手也無力地垂了下來。他踉蹌跌靠在牆上，像是要讓自己清醒一樣拚命地搖著頭。當伊麗莎白已經是個八十多歲的老婦人時，她還清楚地記得她敬愛的麥爾斯先生如何「撼動著他們家、猛力踩著地板、身上的汗像噴泉一樣湧出」，努力嘗試要把這惡靈趕出她的生活。

　　「滾出去！」貝爾一家都聽到了女巫對他們那英勇的朋友發出的警告：「不然我要把你打到不成人形！」麥爾斯不情願地撿起他的帽子和外套，靜靜地走出貝爾家。

　　儘管英勇如麥爾斯都被邪惡女巫打趴在地上，還是有其他

人願意挺身而出對抗她。有個邪惡女巫干涉一對愛人，貝琪和喬許華的婚事傳到了約翰‧貝爾的老友，也就是「老頑固」①安德魯‧傑克森將軍耳裡。在妻子的催促下，傑克森出發前往貝爾農場，同行的幾位僕人都是專業的「女巫獵人」和「惡鬼驅逐者」。沿路他們還吸收了幾個自願加入的壯漢，發誓他們可以幫忙對付貝爾女巫。

當傑克森一群人來到距離貝爾家不遠的地方，傑克森的馬車輪子突然如凍結般無法移動。傑克森要所有人背靠著馬車，把它抬起來。但儘管結合眾多男子的力氣，再加上馬匹使勁地拉扯，輪子連一吋都沒有移動，這讓將軍開始懷疑是否有超自然力量在搞鬼。這時附近樹叢裡傳出的略略笑聲，引起了這群獵鬼人的注意。女巫的鬼魂歡迎大家來到她的領土，接著她一聲令下，馬車的輪子就解凍了。當晚，儘管他們把自己之前的功績講得多麼神勇，這些女巫獵人和獵鬼人還是抵擋不住女巫的猛烈攻擊，一個個被嚇得魂不附體，逃之夭夭。根據後來對這事件的紀錄，傑克森將軍告訴貝爾，和這女巫交手比在紐奧良面對英軍作戰要難得太多了。

在這場護衛騎士團決定性的失敗後，貝琪別無選擇，只有屈服於女巫的淫威，解除她與喬許華的婚約。在貝琪歸還訂婚戒指的當晚，女巫勝利的笑聲響遍了貝爾家每個房間的角落。

＊　　　　　＊　　　　　＊

貝琪的結婚計畫告吹之後，貝爾女巫就可專注精力來修理約翰‧貝爾了。有天當理查陪父親散步時，老貝爾突然痙攣發作，不斷抽搐。年輕的理查被父親的痛苦異樣嚇壞了；他後來寫道，他父親臉上的表情之猙獰，「好像變成了一隻惡魔，隨

時會把我生吞活剝」。約翰・貝爾被扶回家後，在床上躺了好幾天，身體一直非常虛弱。即使他病到憔悴不成人形，殘暴的女巫還是不放過老貝爾；她變本加厲地折磨他，用力掌摑他的臉，還把他的腿當玩具往空中拋。

一八二○年十二月十九日晚上，老約翰・貝爾突然陷入重度昏迷。小約翰・貝爾趕忙去找父親平常服用的藥，但他在原本放藥的地方只看到一罐「被煙燻黑的藥水瓶，裡面裝了約三分之一的黑色液體」。女巫在旁邊咯咯地笑著說，老貝爾是怎樣都救不回來了。最後約翰・貝爾還是落入了女巫的手裡，他從此再也沒有醒過來。

女巫猥褻的歌聲在約翰・貝爾的葬禮儀式進行時也從沒停過，連在他人生的最後一程，她依舊用粗魯低俗的問候語騷擾前來哀悼的親友們。約翰・貝爾死後，女巫對貝琪的態度有了極大的轉變；她不但沒有再施加任何痛苦在貝琪身上，反而還用有愛意的話語來讚美她。滋養女巫的精神能量似乎逐漸在消弱中。從老貝爾的葬禮過後的一八二○年冬天到一八二一年的春天，女巫出現的次數逐漸減少。然後，在某一天的晚餐過後，一顆大煙灰球從煙囪口滾下來，落到室內的火爐裡。在煙灰球爆開之後，一個聲音告訴貝爾家人：「現在我要走了，我會離開七年。」

到一八二八年時，貝琪已經是位快樂的家庭主婦；小約翰・貝爾也結婚了，擁有自己的一塊農場。只剩下貝爾太太、喬爾和理查還住在老家的農場上。那年當女巫的惡靈如先前承諾過的又回來騷擾他們家人時，她帶來的騷動也都只是些小惡作劇而已，如拍打牆壁和門窗、刮壞家具和拉扯床單棉被等。

住在老家的貝爾家人決定不予以理會這不請自來的惡客。他們的心理戰術奏效了，女巫只糾纏了他們兩個星期就離開了。在消失之前，女巫主動去找小約翰・貝爾，告訴他在「一百零七年後」，她會再回來找他的後代。

查爾斯・貝利・貝爾醫生應該就是女巫依約回來騷擾的受害者，但是貝爾醫生和他的家人在一九三五年這一年平安度過，家裡連一點不明的刮擦聲或拍打聲都未曾出現過。貝爾醫生將發生在他祖先們身上這些不可思議的異象和騷擾寫成了一本書《貝爾女巫：神祕的惡靈》（*The Bell Witch: A Mysterious Spirit*）。

貝爾醫生在書中提到女巫的預知能力；她曾經對他的祖父小約翰・貝爾透露過一連串的「驚人事件」和預言。根據貝爾醫生的說法，女巫預言了南北戰爭、黑奴的解放、美國興起成爲世界第一強權、兩次世界大戰（她預言的二次世界大戰日期和實際只誤差了四年），以及人類文明被「急速攀升的高溫和巨大的爆炸」所摧毀。女巫的最後一則預言就是我們所知的世界末日，但她並沒有提到何時會發生。

在二十一世紀開始後，一家私人信託公司擁有了貝爾家的農地，而他們的老家則荒廢在原地，不准遊客接近半步。如今與貝爾女巫有關，且唯一開放給大眾參觀的，就只剩鄰近的「貝爾女巫山洞」了。

第二節　安默斯特的惡鬼

一八七八年九月的假日夜晚，十八歲的艾絲特・考克斯叫醒了她二十二歲的姐姐珍，問她有沒有感覺到她們的床上還有

其他東西。雖然這棟位於加拿大新斯科西亞省、安默斯特市公主街的農舍總是打掃得一塵不染，但老鼠侵入她們床舖裡的可能性還是存在的。一想到這兒，兩個女孩便尖叫著跳下床，開始搜索床墊。珍注意到床墊底下露出了一根稻草，她認為一定是有隻齧齒動物打算在下面築巢。

於是姐妹倆開始用力地拍打床墊，企圖趕走這隻入侵者，但就是不見有老鼠從床墊裡跑出來。兩人觀察了一下床墊，看不出有任何動靜，她們判斷老鼠大概是趁她們不注意的時候溜走了。考克斯姐妹住在姐姐奧莉薇家裡，她嫁給了丹尼爾·提德，育有兩個兒子：五歲的威利和十三個月大的喬治。丹尼爾的弟弟約翰·提德，以及奧莉薇的弟弟威廉·考克斯，也和他們同住。既然搜索那隻打斷她們睡眠的老鼠這項行動並未吵醒任何人，她們決定隔天早上隻字不提這件事，免得又被約翰和威廉嘲笑一番。

第二天晚上，艾絲特和珍又聽到了床底下傳來一陣巨大的刮擦聲。她們把燈點燃後蹲下去查看，一個裝滿拼布的大紙箱突然從床底下飛出來。珍把箱子推回原位後，它又自己飛了出來。兩個女孩搞不懂這隻精力充沛的「老鼠」到底是何方神聖，於是大叫其他人來救她們。丹尼爾跌跌撞撞衝進到她們房間後，一腳就把紙箱踢回原處，奇怪的是它就這樣待在床底下不動了。他粗暴地告誡兩姐妹別在半夜開這種無聊的小玩笑。

隔天吃早餐時，全家人都把昨晚的事當作笑話、竭盡所能地嘲笑她們，姐妹倆沉默不語，但心中忿忿不平。而到了當天晚上，全家人的情緒有了快速的轉變，異象演變得越來越誇張，住在提德家裡的所有人已不再把她們當作笑話看待了。

在事發第三天晚上的午夜時分，艾絲特突然驚醒，邊喘著氣，邊哭著向珍求救。她擔心自己的生命有危險。

　　當珍把燈點亮後，幾乎嚇到說不出話來。艾絲特的臉變成一片鮮紅色，眼睛從頭蓋骨突出來。她全身的毛髮倒豎，身體燙到無法碰觸。艾絲特整個人都腫脹起來，好像有人用幫浦打氣到她身體裡。接著房間的牆壁開始搖晃震動，好像裡面在打雷一樣。

　　這時丹尼爾和奧莉薇出現在妹妹們的房門口，他們被巨大的噪音吵醒，來查看發生什麼事。當他們看見艾絲特膨脹的身體時都愣住了，而見她的身體突然開始洩氣又讓他們困惑了起來。很快地艾絲特的身體就回復正常的形狀了，筋疲力盡的她走回床上，一躺下就安靜地睡著了。全家人決定不讓任何外人知道他們家發生的這些不可思議的異象。

　　然而隔天晚上，兩姐妹床上的床單突然飛到房間最偏遠的角落，堆成一堆，而且艾絲特的身體又開始膨脹起來。當約翰‧提德進來一探究竟時，一個從床上飛出的枕頭整個砸到他的臉上。之後再怎麼連哄帶騙，約翰就是死也不肯再進去她們的房間，而其他家人全坐在姐妹倆的床邊，用他們所有人的體重和力氣，不讓毯子把艾絲特整個人蓋住。正當他們和被子奮戰時，房裡傳出一連串尖銳的爆炸聲。隨著這些神祕爆炸聲的出現，艾絲特的身體又開始和前晚一樣慢慢洩氣，回復正常。

＊　　　　　＊　　　　　＊

　　由於那天晚上發生的事件實在太離奇了，丹尼爾‧提德決定請他們的家庭醫師卡利特醫生隔天晚上到他們家來，以備不時之需。當醫生到了提德家準備應付即將發生的暴力攻擊前，

他先給艾絲特做了一次完整的身體檢查。量過她的脈搏後，醫生說艾絲特似乎有某種精神受創的現象。醫生的這番話就像是某種靈異現象等著出現的訊號一般，艾絲特的枕頭突然像氣球充氣一般膨脹起來。雖然前一天晚上被這房間嚇得半死，但約翰·提德還是鼓足了勇氣，衝進喧嘩的房間裡，奮力抓住枕頭。彷彿被約翰的勇氣和他衝過來的舉動威嚇住一樣，枕頭的氣洩掉了；但不久又立刻充滿了氣，從約翰·提德緊握的雙拳中掙脫而出。

這時從艾絲特床上的天花板傳來的刮擦聲，吸引了房間裡所有人的注意。他們不可置信地看著出現在灰泥上的一行字：「艾絲特·考克斯」，一隻看不見的手寫著：「我要殺了妳！」

第二天晚上卡利特醫生再來的時候，他坦承這折磨著艾絲特的靈異現象，超越他的醫學知識所能理解的範圍。但因為艾絲特被診斷出有神經緊張的症狀，這次他帶了一劑強效鎮靜劑來給她服用。然而卡利特醫生開的藥，卻產生了和他預期外大相逕庭的效果。當艾絲特吞下鎮靜劑、沉沉地睡去之後，噪音又出現了，而且比之前任何一次都更大聲；聽起來像是有人站在屋頂上，用大槌子要敲出一個洞似的。卡利特醫生在午夜過後不久先行離開，當他走到街上，還是可以清楚地聽見那陣撼動著提德家的重擊聲。

這些異象和騷動就這樣持續了三個星期，儘管任何診斷和藥物都幫不了艾絲特，這段期間卡利特醫生還是一天來看她三次。這之後的某天晚上，艾絲特突然陷入出神狀態，將她逃過一劫、保住自己貞操的故事和盤托出。提德兄弟，以及威廉·考克斯在安默斯特鞋廠一個叫做巴伯·麥克尼爾的同事，有天

晚上到提德家，邀請艾絲特和他一起乘馬車去兜風。對於艾絲特不太情願地勉強答應在這麼暗的天色下與他出遊，巴伯只是笑了笑而已。

當他們剛出安默斯特後不久，巴伯就將馬車駛入森林裡。他要艾絲特下車，和他一起到樹林裡走走，但艾絲特拒絕了。突然間巴伯跳下馬車，從外套口袋裡掏出一把手槍，對準了艾絲特的胸口。她只有兩種選擇，跟他進到森林裡，或是命喪槍下。艾絲特說她不會因為被一個瘋子用槍威脅就任人奪走她的貞操。巴伯眼見艾絲特抵死不從，就用一連串的髒話咒罵她，接著還把子彈上了膛。有那麼短暫的一陣子，艾絲特擔心巴伯真的會開槍。這時另一台馬車的車輪聲緩緩地朝他們接近，有兩個人正要到樹林裡躲雨。巴伯見狀便把手槍塞回口袋裡，再爬上駕駛座。他繃著一張臉瞪著艾絲特，眼神透露出極度尷尬與盛怒。他啪地一聲套上馬的韁繩，讓馬車一路狂奔回村裡。在半路雨就開始下了，但巴伯似乎是要懲罰艾絲特不讓他的獸慾得逞，拒絕把車蓬張開擋雨。他在晚上十點把全身淋得溼透的艾絲特送回提德家。

全家人到此時才知道艾絲特保守的這個祕密。當她回復意識後，珍告訴她剛才她說了些什麼事，艾絲特承認一切都是真的。而有趣的是，巴伯在意圖染指艾絲特失敗的那天晚上後就失蹤了。隔天早上他也沒有去鞋廠工作，根據房東太太表示，巴伯把房租付清後就離開了。很顯然巴伯是因為對企圖強暴艾絲特感到羞愧，又害怕東窗事發會讓他在安默斯特待不下去，乾脆自己先跑了。他渾然不知艾絲特竟然沒有告訴她姐夫這件事（丹尼爾・提德是巴伯的上司），連對奧莉薇和珍都隻字未

提。艾絲特沒有向任何人透露那夜她的恐怖遭遇，她把這場記憶深埋在自己心裡。

「很有可能，」奧莉薇推測說：「巴伯‧麥克尼爾被殺了，或是他自殺後陰魂不散，又回來騷擾艾絲特。」話剛說完，牆壁像收到暗示一樣響起了三聲重擊聲。略通靈學的珍認為，不管糾纏著她妹妹的是什麼東西，它現在似乎想要向他們傳達某些訊息，珍的這番話也換得了三聲重擊。

卡利特醫生很快就設計出一套和鬼魂溝通的簡單代碼。敲一下代表「不」、兩下表示「沒有答案」或「有疑問」，三下代表「是」。鬼魂立刻就用這個代碼回答提德家人提出的一些簡單問題，但它卻對卡利特醫生努力要套出它來自何處的提問裝聾作啞。

到這時候，提德家鬧鬼的祕密已經無法再隱藏，聽到這些怪聲的鄰居和路人都來問他們是怎麼回事。村裡的牧師也開始分成了兩派，一派在佈道時數落艾絲特的不是，另一派則是極力為她辯護。提德家的牧師更親眼目睹一桶冷水在艾絲特出現時突然沸騰起來。

在丹尼爾‧提德才剛要求警方的保護，不讓好奇的圍觀群眾把他們家變成公開景點不久，艾絲特就感染了白喉，所有的靈異事件也因此消失了兩個星期。艾絲特一康復，立刻就被送到另一個已婚的姐姐史諾頓太太家中。在艾絲特住在薩克維爾的期間，這個鬼魂並沒有跟著她一起過去。

艾絲特回到提德家時，大家都希望不管是什麼東西讓她生病，現在已經不會再出現了。丹尼爾從艾絲特剛開始被這些神祕事件侵擾時，就從未對她表示過任何同情或憐憫之意，他在

意「鄰居會怎麼說」的程度遠高於關心艾絲特的健康。一方面爲了防範這個不速之客再回來騷擾他們家，另一方面也是讓珍有個新的開始，丹尼爾‧提德讓她們兩姐妹換到新的房間去。

在艾絲特回提德家的第一晚，天花板上開始掉下點燃的火柴。雖然這些小火光很快就熄滅了，但這縱火的行動卻擺明沒有結束的時候。猛烈的拍打聲又再次撼動著提德家的牆壁，在用卡利特醫生發明的代碼和它溝通過後，這個鬼魂告訴提德家人它要把他們家燒了。之後一連三天，提德家人輪流守夜，提防這惡鬼做出任何要燒掉他們家的舉動。

第四天，就在他們認爲威脅可能就這麼不了了之的時候，奧莉薇聞到地窖裡傳來一陣煙味。她和艾絲特抓起一個裝滿水的桶子衝到地窖，發現是角落那堆木材燒起來了。但她們手上那桶水似乎僅是杯水車薪，火越燒越旺。兩姐妹逃出房子，大喊救命。幸好一個路過的陌生人夠鎮定，用門口的腳踏墊把火撲滅。當天晚餐時，丹尼爾‧提德告訴自己，如果只是撞擊牆壁的噪音那倒還可以忍受，但是要放火把房子燒了可就不是開玩笑的了。他對全家人說他感到很抱歉，可是他不能再讓艾絲特同住了。奧莉薇頗不表認同，但她也不能說些什麼，畢竟丹尼爾‧提德對小姨子引起的麻煩已表現出相當大的耐心了。

約翰‧W‧懷特自願雇用艾絲特到他的餐廳工作，還供她住宿，儘管這位好心人伸出援手幫助艾絲特，但他很快就對此決定後悔不已。他廚房那具大型烤箱厚重的門怎樣就是關不上，連用一根粗厚的斧頭柄箍住還是會被折斷。艾絲特像個會走路的磁鐵一樣，所有金屬物品都牢牢地黏在她身上；被她碰過的餐具，全都燙到讓客人拿不起來。她走過的地方，家具都

自動變換位置，有次一個五十磅重的盒子還在空中飛了十五呎遠。過不久，懷特只好跑來求丹尼爾・提德把艾絲特帶走，因為他的生意全被她一個人搞砸了。

接下來是詹姆斯・貝克船長，他邀請艾絲特到加拿大新伯倫貝克省的家渡假。他在報紙上看到被稱為「安默斯特神祕事件」的消息，興致高昂的他，想要在自己家裡慢慢研究這個傳說中的靈異現象受害者。然而艾絲特卻讓貝克船長和一群想研究她的醫學界人士和科學家大失所望。因為在她居留貝克家的三個禮拜之間，除了她口中所說固定出現、威脅要燒死或刺死她的三個惡鬼「彼得・考克斯」、「瑪姬・費雪」和「巴伯・尼克」的故事外，什麼事也沒有發生。

回到安默斯特後，艾絲特又住到凡・安柏格夫婦的農場去，和他們度過了一段平靜無波的日子。從這兩次借宿的情形看來，糾纏艾絲特的惡鬼似乎已經消失了，於是她又再次回到提德家。但不幸的是，連她的行李都還沒來得及打開，異象和騷亂又再次降臨提德家。

＊　　　　　＊　　　　　＊

就在丹尼爾認為發生在他小姨子身上的靈異現象一輩子都沒救了的時候，一位名叫沃特・哈貝爾的魔術師自願要替艾絲特驅魔，還說如果可以住在他們家來直接觀察這些異象的話，他願意付房租。在哈貝爾搬進提德宅邸的那天，這些惡鬼用極度凶暴的方式迎接他的到來。首先是雨傘掙脫了他的手，飛得不知去向，還出現了一把大屠刀，不懷好意地朝著他飛過來。不管他何時進到哪個房間，所有的椅子都會翻過來，或吵雜地四處跳動。最後艾絲特開口了，語帶保留的說：「這幾個鬼似

乎不太喜歡你。」

哈貝爾並不感到氣餒，相反地他甚至還很高興，因為自從他出現後，這些靈異現象變得更加激烈。在他這六個禮拜的借宿中，哈貝爾目睹了所有鬧鬼現象的大雜燴：例如看見鬼魂間的摔角比賽，還聽見《洋基歌》（*Yankee Doodle*）咚咚的節奏聲；自己會移動，還會搖來晃去的家具；明明提德家沒有小喇叭，卻聽見響亮的小喇叭演奏聲，後來家裡甚至還出現了一把從未見過的德國製銀色小喇叭。

哈貝爾待在提德家並非全然沒有危險。那些看不見的惡鬼用刀子丟了他好幾次，有次一個大型玻璃紙鎮還從他的髮際邊擦過。他也被飛來飛去的家具砸到全身瘀青。在這位觀察者進駐他們家之後，加諸在艾絲特身上的個人攻擊比以前增加了更多，也更加凶猛。有一次在她面前突然出現了三十隻大頭針，朝著她身上各個部位刺下去。另一次是在艾絲特從教堂回來後，一根躺在院子裡的獸骨突然朝著她飛過去，整根骨頭砸到艾絲特的頭上，斷成兩截。

哈貝爾告訴提德一家人，他住下來的目的，只是希望能親眼目睹這幾個惡鬼造成的騷動，並希望能以經紀人的身分，帶著艾絲特到世界各地巡迴演出。哈貝爾甚至還在筆記上記錄下他在提德宅邸中目睹的大小靈現象，打算把安默斯特的神祕事件寫成一本書。他花了不到幾個小時，就說服了丹尼爾·提德同意他放手去安排一切必要的程序，讓丹尼爾的小姨子登台表演。

奧莉薇和珍自然是極力反對讓她們的妹妹成為公開展示品，但丹尼爾駁倒了所有反對意見。他咆哮著說因為她招來的

這些惡靈所造成的破壞，整個家已經快被艾絲特搞垮了；要艾絲特爲她給全家人帶來的這些麻煩和不幸做些補償，似乎一點也不爲過。

為了證明他的計畫能給提德家帶來莫大的好處，哈貝爾還去租了一個大禮堂，賣票給一群好奇的觀眾來看艾絲特在舞台上表演「異能與奇蹟」。然而艾絲特的初次登台表演根本沒有什麼超自然現象出現。不耐煩的觀眾覺得受騙了，齊聲要求退錢。

丹尼爾・提德受夠了這最後的羞辱。他命令艾絲特和哈貝爾兩人都離開他家。這位魔術師只是聳聳肩，提著行李就往聖約翰出發，開始寫他那本安默斯特神祕事件的書。至於艾絲特則被凡・安柏格夫婦接到他們家住。這對夫妻在她上次留宿時不但沒受到惡靈侵襲，而且還喜歡上了艾絲特這個女孩。

就在安默斯特神祕事件的書即將出版前，哈貝爾嘗試用信件連絡艾絲特，他收到珍的回信時嚇了一大跳。珍告訴哈貝爾，她那不幸的妹妹目前正在監獄服刑，罪名是縱火。她被控在一位農夫亞瑟・戴維森家當女傭期間，燒毀了他的穀倉。這據稱被燒毀的穀倉，是糾纏著艾絲特的縱火惡靈留下的最後一筆紀錄。

哈貝爾的著作在一八七九年出版後，頓時洛陽紙貴，蔚爲風潮。到了一九一六年，這個鬼故事還發展出十種不同版本來。魔術師哈貝爾完成了他一直想做的事：靠其他人眞正的魔法讓自己大賺一筆。

艾絲特後來嫁給了住在加拿大新斯科西亞省春谷市的亞當斯，她的第二任丈夫則是來自麻薩諸塞州布拉克頓郡的沙納

罕。偶爾艾絲特還是會遇到一些靈異現象，但全都是些不值一提的小事。艾絲特・沙納罕逝世於一九一二年。

第三節　看不見的獠牙攻擊

位於菲律賓首都馬尼拉某個警局的單人囚房裡，少女在地上翻滾、呻吟著，似乎受到極大的痛楚。突然間她坐直了身子，瞪大著眼睛，雙手像在擊打一個隱形的敵人一樣大喊著：「他又出現了！那個怪物又要來咬我了！」奉命站在囚房外觀察這位十八歲少女克莉塔・維拉努瓦的警員搖搖頭，為這位歇斯底里般哀嚎的女孩感到難過。他才不相信少女說有隻兩眼突出、披著黑斗篷的怪獸在追咬她、要把她吞掉的荒謬故事。

當警方發現克莉塔的時候，她正在馬尼拉街上遊蕩著，哭著四處向人求助，說有隻怪獸在追她。她怪異的行為吸引了附近酒館裡幾個看熱鬧的客人。在克莉塔掙扎著、極力擺脫沒人看得見的攻擊者時，他們還在旁邊替她加油。警員認為她不是嗑藥過頭，就是喝太多酒，於是把她帶回警局先關起來再說。醫官馬力亞納・賴拉匆忙地來給克莉塔做檢查，他的診斷為癲癇症發作。醫生要值班警員好好地看著少女，不要讓她出現傷害自己的行為。賴拉醫生帶著對這般診斷百分之百的信心，離開了警局。

「不用害怕。」守在外面的警員向克莉塔保證，驚嚇過度的她整個人蜷曲在囚房裡的行軍床後面。「妳在裡面沒有什麼怪獸抓得到妳，牠穿不過這些鐵條的。」

「可是牠進來了！」克莉塔尖叫著。「牠穿過鐵條中間飛進來了！」

接著就在這位警員的面前，出現了讓他無法置信的事：克莉塔的上臂和肩膀開始出現一塊塊青黑色的齒印。他立刻打開牢門，跪到少女身邊，扶她站起來。這時克莉塔又發出一陣哀嚎，手臂上出現了更多流著血的咬痕，好像那隻隱形怪獸的兩排利牙咬進了她的整隻手臂。警員將克莉塔扶出走廊，一起去找他的隊長。隊長只看了一眼，就判定這是遠超過他身為執法人員的專業知識所能理解的狀況。沒多久，警政署長、市長和幾位法醫全到了警局裡。他們圍著克莉塔，試圖想出要怎麼做才能幫助這位可憐的少女。

在馬力亞納・賴拉醫生抵達前，阿森鈕・拉克森市長和警政署長已經檢查過克莉塔一遍了。賴拉醫生嘴裡嘟嚷著，卻再次回到警局去看那位被他診斷為癲癇症發作、明顯自戕的少女。

自戕？市長和署長皺著眉頭，否定賴拉醫生的看法。如果傷口是少女自己造成的，那她是怎麼咬到自己的脖子後面呢？當賴拉醫生再檢查一遍克莉塔時，拉克森市長溫柔地問她，是什麼東西在攻擊她？克莉塔啜泣著回答說她不知道牠的名字。牠外表像人，留著長髮、披著長斗篷，外貌非常醜陋，並露出了尖銳的利牙來咬她。醫生用食指沿著少女皮膚上的傷口摸下去，他們很確定這些確實是利牙造成的咬痕。賴拉醫生不得不承認的是，克莉塔既沒有喝醉，也不像有嗑過藥的樣子。

警政署長在月曆上看到這天的日期：一九五一年五月十日。他是個虔誠的基督徒，一度他還相信這可能是聖痕顯現的跡象，耶穌基督在十字架上受難時的傷口重現在少女的身上。但是在菲律賓的五月沒有任何與宗教有關的神聖節日。

在接下來的整個夜晚，克莉塔都躺在警局櫃檯後面的躺椅上，由一個警員奉命陪伴著。第二天早上，少女被帶到法院，接受她半夜在街上遊蕩的罪名審判。然而就在法院眾目睽睽之下，這個隱形怪獸又開始攻擊克莉塔。

記者見狀紛紛衝到證人席前想看個仔細。賴拉醫生一把抱起被獠牙喫咬到昏厥過去的克莉塔，「她肯定不是癲癇症發作，」賴拉醫生告訴記者們：「這些咬痕都是真的，我敢保證絕對不是自戕。」事實上醫生根本沒必要向記者強調咬痕的真實性，因為就當著所有人面前，克莉塔的手臂、手掌和脖子上接連出現了血淋淋的咬痕。賴拉醫生要一位警員立刻去請市長和大主教來。「這超出我的生理和醫學知識所能理解的範圍，」他說：「或許神職人員在這種狀況下，比醫生要來得有用多了。」

當拉克森市長到達法院時，不幸的克莉塔已經被咬得全身腫脹，身上布滿了淤血和傷口。「可憐的孩子……」市長憐憫地看著克莉塔。當市長握住克莉塔的手時，食指兩邊突然出現深深的齒痕，這頭飢餓的野獸似乎要把她的指頭咬下來。賴拉醫生急忙召來救護車，他和市長兩人也陪著克莉塔一起到醫院去。救護車司機原本以為克莉塔身上的傷口是被人毒打的痕跡，但當看不見的獠牙追著車子再度攻擊她時，可讓他嚇了一大跳。司機開著救護車在馬尼拉街頭狂奔。在前往醫院的這十五分鐘車程中，克莉塔一路哀嚎著，說有兩隻眼睛大得像石頭、露出恐怖利牙的怪獸在攻擊她。醫生和市長束手無策，滿臉驚恐地看著咬痕一個接一個出現在克莉塔的喉嚨兩側，及市長企圖安撫她而握住的雙手上。

這些不可思議的攻擊在克莉塔進到醫院後就停止了。在休養了六個星期出院後，克莉塔幾乎已經回復百分之百的健康。自此之後她再也沒有被這看不見的獠牙攻擊過，但留在身上的傷口卻會陪著她過一輩子。「發生在克莉塔‧維拉努瓦身上的現象是個完全的謎團，它推翻了所有人類合理的解釋。」賴拉醫生表示，「我完全不介意跟大家承認，我當時真的被嚇壞了。」

第四節　來自惡魔的對話

蘭迪的真實經驗

「我們住在那棟房子的那段期間，有幾個惡靈對我們施予黑魔法，騷擾我們。有時候，我們會看到穿著連帽斗篷的黑影在房裡走動。有一次我女兒辛蒂看見這黑影把帽子放下的樣子；它看起來像個老人，兩邊耳朵上面還有斑白的頭髮，中間則是完全禿了。還有一次辛蒂看到它戴著帽子出現，旁邊跟著一個像貓的生物，大約三呎高，它有著尖耳和長尾巴。」

「有天晚上，辛蒂在房裡聽見一陣窸窸窣窣的耳語聲，但她完全聽不懂在說些什麼，每個字全都混雜在一起。又有一次她在廚房，聽見有人在耳邊叫她的名字，但是當時除了她之外廚房裡沒有其他人在。她說最近她聽到了惡魔的聲音：低沉、嘶啞而且非常卑劣的聲音。它對她說：『辛蒂，讓我看看妳的身體！』她甚至可以明確指出聲音是從哪裡傳來的。我女兒被嚇壞了，她飛奔到房間裡躲起來，一直到天亮了才肯睡覺。這是她到目前為止和這惡魔的最後一次遭遇。」

「這騷擾辛蒂的斗篷黑影我只看過一次。騷擾我的是團漂浮

的旋轉黑影，約四呎高、三呎寬，而且還會改變形狀。這團黑影我看過大概四次，有時候我醒來時發現它就坐在我的胸口，想要讓我窒息。當我捉住它並把它甩到旁邊時，我真的有捉住實體的感覺。在我下床打算去挑戰它時，它就消失在牆壁裡了。」

「有天晚上約凌晨兩點左右，我房間的牆被一股極大的力道撞擊，連梳妝台的照片都掉到地上，鏡子也裂開了。那一瞬間就像發生了強烈地震，連掛在牆壁上的照片也全都被震了下來。」

「有時候我感覺這個黑影就在我身後看著我，它總是會挑選我們最沒有防備的時候發動攻擊。但我每次都正面迎擊它，一點也不怕它。後來大約一個多月後，我們還是決定搬家，以免家具會全被它給砸爛。」

【註解】

① Andrew Jackson （1767~1845），美國第七任總統。「老頑固」（Old Hickory）的封號，來自於傑克森在一八一五年「紐奧良戰役」中的傑出表現後，報界對他的稱號。此戰役奠定了他的威望，讓他在一八二四年的總統大選中，擊敗亞當斯（John Quincy Adams, 1767～1848），當選美國第七任總統。

附身

在仔細研究過會攻擊人的惡鬼後,或許您已較能接受有些靈魂會受到惡魔影響,企圖附身在活人身上的事實。

許多人有幸能看到他們所愛的人到「另一個世界」去時的鬼影,或接收到才剛過世不久的親友,傳遞給他們不要太過哀傷的慰問訊息。他們表示看到的靈魂,身邊都有天使或更高等的靈體協助他們通往更高層次的世界。當這些靈魂向上攀升時,所有和他們前世的聯繫和束縛都會被拋開,前世的肉體感官記憶也將被遺忘。

但有時候,在靈魂向上提升時會發生一些狀況。如果有人終其一生都在追求感官歡愉與快感,他們死後的精神和靈魂人格,可能也會被相同的享樂欲望所驅使。在他們感知到已不再擁有肉身時,這心靈震撼會讓他們想要回到過往擁有感官歡愉的地方。再加上如果他們過世時仍心有牽掛,例如舊恨新仇未報、心願尚未完成等,都會讓這些無法安息的靈魂想要回到現實世界,完成他們未了的心願。

這些舊恨新仇未報、心願尚未完成的靈魂,都拒絕前往另一個世界,不讓他們的欲望、痛苦與憤怒獲得紓解,一心只想返回人世間。而這些失去了肉體的靈魂,就會尋找脆弱而敏感的人類,附身在他們身上。

人類在心智疲勞和筋疲力竭、遭遇嚴重的情緒壓力、精神騷動或處於極端憤怒之下,或受到藥物、酒精或其他會改變心智狀態的物質影響時,很容易遭受靈魂附身。有著不受拘束的想像力、恣意妄為的年輕人,如果他們被誘惑以靈應盤①來探索未知世界,或違反禁忌的興奮與刺激時也特別容易遭到附身。黑暗世界是相當危險的未知領域,必須受過特別訓練以及有相當經驗的累積才能探索,沒有研究過神祕學的人,若是冒險進

行神祕儀式、或企圖與靈魂溝通，可能會導致生命危險。當與靈界接觸的生手，無知地開啓超自然出入口時，想返回人世的靈魂是不會放過附身的大好機會的，結果他們可能會被靈魂暫時或永久地附身的。

除了死者的靈魂會趁情緒或體力上較虛弱時，占據人的心智或身體外，也有非人類的純能量實體，強烈地想占有人類的身體。因爲這些非人類的實體也想感覺人類專屬的情感和感官體驗。這些存在體經常會被視爲邪靈，也就是一般人所稱的「惡魔」。我則替它們取了一個特別的名字：「寄生靈」。這些來自其他現實空間、沒有實際形體的存在體，能夠支配其宿主的控制機制、耗損受害者的意志，讓被它奴役的人類做出傷害自己或他人的舉動。

第一節　凡杜生博士論靈魂階級

心理學家威爾森·凡杜生博士，藉由實證研究發展出關於現實和神祕學的諸多理論，他的著作有一九九四年《其他世界的存在》（*The Presence of Other World*）、一九九五年《幽冥世界的證據：論史威登堡》（*Testimony to the Invisible : Essays on Swedenborg*），和一九九九年《神祕世界的美麗與奇妙》（*Beauty, Wonder and the Mystical World*）等。對研究鬼魂、靈魂和其他超自然現象方面稍感興趣或投入至深的人來說，凡杜生博士的研究是相當豐富而有力、能讓人靈思泉湧的題材。

凡杜生博士是專門研究「十八世紀知識巨擘暨文藝復興時代的研究專家——伊曼紐·史威登堡生平和作品」的學者。

史威登堡一生共著有一百五十本書、橫跨十七種學科；他精通無數技藝，不但是位成功的音樂家、政治家兼多產的發明家，同時還會說九種語言。史威登堡被視爲瑞典神祕主義者，因爲他宣稱自己每天都和天使、惡魔及其他靈界的居民打交道，而他與各種驚人的超自然現象接觸的經驗，也都留下了完

整的紀錄。

　　終其一生的研究，凡杜生博士發現了可作爲史威登堡最不尋常的學說之一的佐證：「人類的生命取決於與靈魂階級的關係」。凡杜生博士身爲州立精神病院的臨床心理醫師，在數年前便開始記錄病人所出現的各種幻覺。凡杜生博士直到將患者病歷收集資料的工作完成後，才發現他的患者在二十世紀跟他分享的資訊，竟然和幾世紀前史威登堡的著作中提過的內容有驚人的相似之處。凡杜生博士表示，史威登堡對他自己的經歷、也就是今天我們稱爲「超自然現象」所作的描述，似乎與他自己的患者遭遇到的經歷如出一轍，有助於解釋這些幻覺在其他方面令人困惑不解的地方。

　　在接觸過數百位症狀爲幻覺、精神分裂、腦部受損和老人癡呆的患者後，凡杜生博士發現他竟然能夠和病人經歷的幻覺互相溝通。他開始尋找可以分辨出自己真正思想和幻覺的患者。凡杜生博士告訴患者，他希望盡可能準確地記錄下他們遭遇幻覺的過程。據他所知，有些病患羞於說出他們聽到或看到的幻覺。而在其他案例中，有些幻覺拒絕和凡杜生博士互動，因爲它們懼怕這位心理醫師。在安撫過患者和他們的幻覺後，凡杜生博士再度嘗試和病患與他們的幻覺建立關係。

　　凡杜生博士直接和病患或他們的幻覺對話，他指示病人逐字寫下他們聽到的聲音說了些什麼，或他們看見什麼。這樣他就能記錄下病人和幻覺間的長串對話，包括提出的問題與答案。凡杜生博士的唯一目的在於盡可能完整精確地記錄患者的經歷，將幻覺視爲真正的實體，因爲對患者而言，這些幻覺是真實存在的。

有好幾次，凡杜生博士發現他在和患者的幻覺交談，而對話的內容遠遠超出患者所能理解的程度。他還發現當他接觸的是較高層級的「幻覺」時，這情形更明顯：這類幻覺存在於患者本身理解能力外的象徵性深度。從大部分的案例中，凡杜生博士注意到幻覺會無預警地出現在患者身上。另一項他持續觀察的結果，是患者相信他們和另一個世界、空間或存在的層級建立了某種關係。

＊　　　　　＊　　　　　＊

凡杜生博士開始做紀錄後，很快便發現他的患者全都拒絕用「幻覺」（hallucination）這兩個字。每個人都發明自己專屬的稱呼，像「其他層級」（other order）或「竊聽者」（Eavesdroppers）等等。患者聽見的聲音不但非常清楚，而且全都是人類的語言，有時候還會偽裝成患者熟人的聲音，企圖矇騙他們。這類惡作劇、惡劣的咒罵和負面的訊息，都出自於「低層級」的實體。

低層級的實體還會慫恿患者做出下流的舉動，誘惑他們沉溺於這些猥褻的行為之中。它們會找出患者良知的弱點，然後無止盡地攻擊滲透。凡杜生博士說：「它們會侵入個人隱私的角落和細縫，攻擊弱點，向病患宣稱它們擁有驚人的力量，或說些謊言、許下承諾，逐漸破壞患者的意志。它們並非人類，但大部分人都給它們取了人類的名字。」他發現這些低層級的存在體具有反宗教傾向，有些還主動阻止患者進行宗教儀式。有時它們會自稱為「惡魔」，向患者傳遞來自地獄的訊息。

高層級的幻覺和惡魔顯靈則完全相反，但凡杜生博士發現它們在患者遭遇的幻覺中僅占了五分之一左右。高層級的幻覺

會尊重患者的自由，不會違背他們的意志。凡杜生博士發現，高層級的幻覺較具象徵性、宗教性、有支持作用，卻很少開口說話。它們不但能提供有益的知識，還能直接與患者內心溝通。一般而言，高層級的幻覺會比患者的人生經歷來得豐富。凡杜生博士將高層級的幻覺比做卡爾・榮格②的原型理論，另一方面則把低層級幻覺與佛洛依德的本能衝動觀念③做比較。凡杜生博士表示「高層級幻覺思考的是較宏觀的概念，思考方式也比患者本身的思想模式來得豐富且複雜」。來自高層級幻覺的思想交流在情感上非常強烈，會帶給患者無法言傳的真實之聲。「高層級幻覺傾向於拓廣患者的重要性和價值，就像個睿智又體貼的指導者一樣。」

　　經過密集而透徹的研究後，凡杜生博士的推論和史威登堡對靈魂層級的敘述間，存在著許多相同點。凡杜生博士的每個患者行為各不相同，但對幻覺卻都給了他同樣的描述。「他們的說法，和我在史威登堡的敘述中發現的特殊情況一致，」凡杜生博士表示：「我個人的發現，在以此法檢驗史威登堡理論的多年前就已建立了。」根據他的說法，值得注意的是「歷經了兩個世紀，在來自完全不同文化、迥然相異的工作環境下的個體身上，竟能發現如此相近的共同點……因為這個發現，我相信我們現在所見的是一種超越文化隔閡，不會隨著時間改變的一種過程。」

　　凡杜生博士也懷疑出現在患者身上的幻覺，也就是那些被心理學術語形容為「分離的潛意識片斷」和「靈魂附身的現象」，應該不只是兩種過程相同的說法而已。它們真的是靈魂或個人潛意識的片段嗎？

凡杜生博士認為人們有必要改變向來對事實研究理解的方式，因為就像史威登堡所說：「我們的生命只是在巨大的高層級和低層級靈魂階層匯集下的一小塊自由空間而已。」人類主張擁有自由意志，但事實上，我們可能不過是「在善與惡之間擺盪不定」，受到多數人不信其存在的自然力的極大影響。人類相信自己無時無刻都在運用自由意志做出決定，然這其實只是「其他更強大力量驅使的結果」而已。

絕大多數人對這受到看不見的力量所掌控的想法感到極端厭惡，激烈爭論說他們有自由意志來選擇自己的命運。其他曾遭遇過未知力量的人，態度就不那麼的肯定了，他們會願意思考這說法的可能性：「來自其他現實空間的實體，可能會企圖影響、控制，或使我們的生命陷入混亂之中。」

第二節　附身達二十六年的安娜

在女修道院內的驅魔儀式正要開始，擔任驅魔師的狄奧菲魯斯·雷辛格神父向喬瑟夫·史泰格神父致意，「撒旦不會放過那些企圖妨礙牠行事的人」，雷辛格神父嚴肅地說。

這兩位相識多年的好友，為了幫助一群遭惡魔附身的婦女驅魔而重聚。雷辛格神父說服史泰格神父，讓他在史泰格神父教區內的修道院進行驅魔儀式。據雷辛格神父表示，在密室中準備接受驅魔的女子安娜，從十四歲起就被惡魔附身。為了逃避惡魔在她耳邊咆哮的恐怖聲音，安娜企圖自殺過好幾次。現在她已經四十歲了，依舊逃離不了惡魔的殘酷手段。就算結了婚也沒有太大幫助，數十位的醫生都對她束手無策，但一定要有人來解救她才行。

史泰格神父向他的好友承認，他們這兩位神父在一九二八年，特別是在愛荷華州爾零郡這個地方，要準備進行一項驅魔的古老儀式確實是有點怪異。儘管他相信這是樁真實案例，且對雷辛格神父欲藉古老儀式帶給可憐的安娜片刻安寧深具信心，但他心裡仍有些許遲疑。

然除此之外還能怎麼辦？這位女性無法接受任何聖餐禮，因為惡魔的揶揄聲會在她的腦海裡不斷嘲笑她；她曾是虔誠的信徒，後來卻變得每在告解時總會控制不住自己，做出要勒死神父的動作；她只唸到七年級就輟學，卻能用拉丁文禱告，還會在神父唸錯字的時候糾正他的發音。主教從一九○二年，也就是二十六年前就開始研究這個案例，所以當他宣布安娜受到惡魔附身時，沒人質疑他的決定過於草率。

當雷辛格神父被派到愛荷華州，進行這項幾乎被神職人員和世人遺忘的古老儀式時，獲得了教會全體高層人士的同意。身為神職人員，雷辛格神父深信這個世界與大多數人所認知的樣子截然不同，現代的一切並未改變那早就紀錄在《聖經》中的基本真理和常態。在雷辛格神父對現實的觀念中，善與惡之間的對抗，依舊構成今生共存的絕大部分。他相信，只要有上帝的協助，他們一定能夠幫助安娜擺脫附身在她身上的惡魔。

＊　　　　＊　　　　＊

九月一日，驅魔儀式開始。雷辛格神父進入走廊盡頭的房間，為安娜驅魔。他身穿代表方濟教派兄弟會身分的苦修連帽長袍，手拿一個準備劈開惡魔的大型十字架，讓他看起來彷彿來自天界一般。

在進行過特殊彌撒後，修道院長和幾位修女站在床邊陪著

被附身的安娜。雷辛格神父畫了十字架的手勢，全體在場人員齊聲朗讀〈諸聖禱文〉後，驅魔儀式正式開始。安娜顫抖了起來，發出一聲聲慘叫。雷辛格神父注意到這些動物般的哀嚎是由安娜發出來的，但讓他驚愕的是，安娜的舌頭和嘴唇連動都沒動一下。驅魔師唸祈願文的音量逐漸提高，但唸不到幾個字，房裡便出現異象。全身顫抖的安娜突然被一股力量拉到門口上方的天花板；像被灌了氫氣一樣，著魔的安娜就這麼停在半空中。「把她弄下來！」雷辛格神父響亮的呼喊，壓過了修女們驚恐的尖叫聲。「幫幫我！」，他轉身向史泰格神父求助：「我們不能讓她在這裡被控制住，否則我們還沒開始就會被打敗了。」兩位神父先安撫修女們鎮定下來，然後費了好大一番功夫才將安娜從天花板上拉下來。

「她快要陷入昏迷了，」雷辛格神父告訴其他人：「這表示那些惡魔已經完全附到她身上，準備開始說話了。」驅魔師接著開始吟誦祝禱文。當他唸出幾個聖徒之名時，已經失去意識的安娜身體倏地一震，緊閉的雙唇間開始發出猛烈的呻吟和吠叫聲。雷辛格神父仍持續進行驅魔儀式。

到了傍晚，史泰格神父必須先從儀式中告退，去驅散聚集在外面的群眾。聽見修道院傳出恐怖嚎叫聲的民眾，全都蜂擁過來看到底發生了什麼事。爲了平息修女遭謀殺的謠言，史泰格神父不得不告訴群眾，裡面正在進行一場驅魔儀式。在離開驚愕不已的群眾之前，他懇求所有忠實的信徒爲裡面正在受苦的女子代禱。當他回到驅魔的密室時，發現修女們都被安娜腫脹到無法辨識的身體嚇到手足無措。史泰格神父看到醜陋變形的安娜扭動著身軀，胃部一陣緊縮，思忖著這樣做難道不會害

死安娜嗎？

　　驅魔師用一股輕柔而堅定的語氣告訴在場所有人，撒旦會竭盡所能迫使他們放棄這場儀式，讓牠能夠繼續控制可憐的安娜。雷辛格神父請修女們輪流到外面休息，呼吸點新鮮空氣。他還建議修道院長排個輪值表，讓修女們輪班參與儀式，如此一來就能隨時保持充足的體力、精神來照顧安娜。「這樣就對了，老頭子！」被惡魔占據的身體突然迸出這句話：「那些服侍耶穌的尖叫新娘是真的需要多休息、恢復力氣才行。」這些哀嚎與吠叫終於形成清楚可辨的語言。這幾句話讓史泰格神父驚訝地瞪大了眼睛，因為這嘲笑的聲音並非出自安娜的嘴唇。

　　雷辛格神父毫不遲疑地反擊他的敵人，他命令惡魔們說出有多少人在安娜的身體裡。這嘶啞的聲音回答，有太多人了，多到他這個驅魔師無法招架的地步。宣戰的白手套正式拋出，善與惡的戰爭一觸即發。安娜開始嘔吐出大量噁心的穢物，這些讓人作嘔的綠色物質像吐出來的義大利麵、一些咀嚼過的食物和菸草混在一起。

　　安娜一天會嘔吐多達二十次，有些她吐出來的東西不像是人會吃下肚、消化得了的東西。儘管安娜只趁著早上驅魔儀式開始前短暫清醒的片刻，補充非常少量的營養品，她依舊以驚人的速率持續嘔吐，吐到沒東西可吐就不斷乾嘔。史泰格神父擔心安娜會因脫水而休克，但雷辛格神父告訴他撒旦還不至於會讓她送命。

＊　　　　　＊　　　　　＊

　　雷辛格神父認定安娜是被兩種惡魔附身。一種是來自墮落天使界的惡魔，從未在世間以人類之身存活過；另一種則是曾

經在俗世生活過的人類。他也找出牠們的領袖，就是別西卜④。牠告訴雷辛格神父，就算再怎麼努力，他還是無法驅走附身在安娜身上的惡魔。安娜從十四歲起就是牠們的了。根據別西卜的說法，是安娜的親生父親下的詛咒，要求惡魔來占據安娜的身體。魔王路西法自然相當樂意接受這個詛咒，命令牠們進入安娜的身體。

別西卜分別用德文、拉丁文和英文與驅魔師對話。牠對各種語言皆十分嫻熟，還會在雷辛格神父唸錯字時加以取笑。然而神父對這無謂的文字遊戲興趣索然，他想知道的是，爲什麼安娜的父親要讓一群惡魔進到親生女兒的身體裡。就在某天神父進行驅魔時，別西卜突然出現說：「你自己問他吧！」

「你的意思是說，」雷辛格神父不敢置信：「安娜的父親也是在她身體裡的惡魔之一？」別西卜笑著說，安娜的父親約伯，他的靈魂在詛咒安娜下地獄的那一刻起就在她身體裡了。驅魔師命令約伯的靈魂現身，但出聲的是一個完全不同的惡魔。牠低沉厚重的聲音帶著極度的憤怒，像打雷般撼動整間密室。新的惡靈自稱是背叛耶穌的使徒——猶大。猶大的靈魂告訴雷辛格神父，就是他的惡魔形象顯靈讓安娜自殺的。

安娜的臉孔突然扭曲得相當恐怖，一陣刺鼻的惡臭充滿密室。安娜消瘦衰弱的身體又膨脹得像氣球一樣，臭味越來越濃厚，修女們再也忍不住了，全都跑出密室呼吸新鮮空氣，只有驅魔師堅守著他的崗位。

這次從安娜體內說話的惡靈自稱是黑暗王子本人。雷辛格神父向撒旦挑釁，說因爲基督的愛站在驅魔師這邊，這場仗牠是輸定了。撒旦不屑地回答雷辛格神父：「從時間創造之前這

場仗就已經開打了，整個過程都根據一套嚴格的規則進行。」

雷辛格神父拿起他的大型木十字架逼近撒旦。撒旦大笑著告訴驅魔師，要他把那個紙糊的蠢玩具丟棄。神父低頭一看，發現剛剛還是堅固的木十字架，現在卻變成了一團紙漿。驅魔師陷入一陣慌亂中，被安娜體內的惡魔連續嘲笑怒罵足足兩小時。

當史泰格神父回到密室加入驅魔的陣容時，惡魔用言語攻擊他：「喔，這就是促成這整件事的那個流鼻涕的傻小子是吧？」撒旦對教區神父怒吼：「我會好好料理你的，喬瑟夫・史泰格。我要讓你成為整個教區的敵人。我要讓你成為教區居民最痛恨的人，我要讓他們把你趕走！」

當天晚餐時，趁著修女在照顧受盡折磨的安娜，史泰格神父和驅魔師懇談了一番。他說他開始擔心教區裡的人會怎麼看待這整件事，因為驅魔已經持續了好幾天，結果只有造成安娜無止盡的哀嚎，以及惡魔的詛咒與咆哮。史泰格神父說他還不小心聽到幾個教區居民的竊竊私語，說他們相信能召喚出撒旦的人肯定也擁有邪惡力量。雷辛格神父告訴史泰格神父他已經中了撒旦的詭計。惡魔的策略之一，就是讓猜疑的種子在人們的靈魂裡發芽滋長。如果成功讓兩個多年好友反目成仇，這將是撒旦莫大的勝利。史泰格神父聽完這番話後，靜靜地離開餐桌，走到一個可以獨自靜禱、沉思的地方。當他再度回到密室加入雷辛格神父時，全身充滿了信心，慶幸自己沒有踏入撒旦設下的陷阱。

看見史泰格神父又回來加入這場戰役似乎讓撒旦非常驚訝，惡魔的聲音變得更加低沉、惡毒。撒旦告訴史泰格神父，

牠曾殺死過好幾位比他們傑出的神父，而且是死在自己的祭壇上！並宰殺過許多神父，包括剝皮、火烤、熱水煮。牠甚至還讓耶穌被處死在十字架上，連彼得也被頭上腳下地倒吊死在十字架上。在一連串咒罵的威脅恐嚇後，惡魔發誓下週起要對史泰格神父展開個人攻擊。

＊　　　　　＊　　　　　＊

當惡魔預言的日子到來，史泰格神父接到一通來自偏遠教區居民的緊急求助電話。神父急忙驅車前往這位教友家中。他接近一座路橋時，一朵黑雲突然落到他的車上，遮蓋了他的視線。神父控制不住車子，一頭撞上橋墩。車子雖然全毀，但所幸史泰格神父在衝撞前就緊急逃了出去，毫髮無傷。

當他回到安娜的房間時，威脅要取史泰格神父性命的惡魔譏笑他的出現，問神父對「開胃菜」的撞車還滿意嗎？牠對史泰格神父發出威脅，說還會有更有趣的事等著他。當晚，這些「有趣」的事發生在史泰格神父的房間裡，像老鼠發出的詭異聲響在地板上蹦蹦跳跳直到天亮，門自動地打開後又用力關上；至於床則是突然震動了好幾次，讓他整個晚上神經緊繃到無法入睡。

在騷擾了參與驅魔的神父和修女兩個禮拜後，撒旦離開了安娜的身體，留下他的惡魔部屬們。幾天後的一個晚上，眾人朗誦著〈諸聖禱文〉時，安娜發出一個從沒聽過的聲音；是她的父親——約伯。為了表示對驅魔師的不滿與憤怒，約伯讓髒東西和嘔吐物從安娜的口中噴到所有人身上。隔天雷辛格神父在驅魔中也因此一連換了四次袍子。在一次劇烈嘔吐過後，約伯的情婦米娜出聲說她也住在安娜的身體裡，她嘲笑約伯以為

詛咒自己女兒下地獄有多了不起,她可是親手殺死自己四個小孩呢!

雷辛格神父艱苦進行驅魔儀式已經有二十天了,在羅馬天主教會歷史上,這麼久的驅魔時間還是頭一遭。儘管體力愈來愈衰弱,神父仍不願放慢步調。他察覺到惡魔們逐漸失去法力,向驅魔師討饒著讓牠們繼續控制安娜的身體和靈魂。見機不可失,神父決定從這一刻起日以繼夜、不間斷地進行驅魔,不是他耗盡體力、不支倒地,就是惡魔們放棄附身,離開安娜的身體。

連續七十二小時沒有休息,雷辛格神父加緊驅魔的速度。惡魔們開始哀嚎求饒,牠們同意離開安娜的身體,但請求神父將牠們引導到另一個血肉之軀裡,驅魔師當然不會同意這般惡魔交易。他不斷禱告,祈求上帝的指引與協助,再次加快驅魔的步調。到九月二十三日的晚上九點,雷辛格神父已進行了二十三天的驅魔儀式,突然間,安娜的身體像塊木板般僵硬,只用腳跟撐著床板,直挺挺地站了起來。旁邊的修女們又開始緊張地喘著氣:「她是不是又要飛到天花板上去了?」

雷辛格神父要大家保持冷靜,從袍子取出他的大十字架。他警告安娜體內的惡魔,他不會讓牠們其中任何一個再繼續附在安娜身上。神父命令牠們離開安娜身上時,逐一報出名字。頓時密室裡迴盪著恐怖的呻吟,惡魔們接著離開安娜的身體時,說出了各自的名字。只聽見幾聲慘叫:「別西卜!猶大!約伯!米娜!」,惡魔就這麼離開了。神父們和修女們還可隱約聽見,彷彿從遙遠的地方,不斷傳來痛苦哀嚎的迴音。

從惡魔束縛中被解救出來的安娜虛弱地躺在床上,驅魔的

痛苦折磨幾乎讓她送命，她的表情憔悴，形容枯槁。安娜努力用顫抖的嘴唇擠出笑容，「願上帝保佑您，神父！」她用嘶啞無力的聲音向神父道謝。突然一陣惡臭充滿了整間密室，一個修女尖叫說惡魔又回來了。雷辛格神父要她們冷靜，迅速把窗戶打開，讓空氣流通。他解釋這只是惡魔離開時的回馬槍而已。「放心吧！」，神父告訴大家：「已經結束了！」

安娜回家展開了新生活。這是她自十四歲起被「惡毒」父親下詛咒折磨的二十六年來，第一次享受到自由的空氣。

後來羅馬天主教會裁定，發生在安娜身上的事件是惡魔附身的真實案例。這場在愛荷華州爾零郡進行的驅魔儀式，是管業委員會准許進行的儀式中，唯一留下紀錄的驅魔儀式。一九三五年七月二十三日，明尼蘇達州聖克勞德的喬瑟夫・布許主教頒布教會的出版許可，同意將這次驅魔事件的重點摘錄成書。根據教會的紀錄，到一九三五年為止，雷辛格神父成功完成了十九次的驅魔儀式。

第三節　二手沙發裡的惡靈
艾明格一家人的真實故事

一九九六年八月下旬，三十四歲的派翠西亞・艾明格對我說起他們一家人的故事。因為負擔不起大型搬運車的費用，而且要搬去的地方也比較鄉村，他們只好賣掉大部分的家具。搬進新家時，派翠西亞很興奮地發現了前房客留下的一具大沙發。她用抹布把沙發整個擦過一遍，看到它恢復原來漂亮的模樣，心裡更是高興，她實在想不透，為什麼會有人把這麼美的家具丟掉呢？

搬入新家後不久的某天晚上，家人都已入睡，派翠西亞獨自坐在客廳，看著她喜愛的老電影消磨睡前的時間。在電影快結束時，她注意到左手邊出現了一個影子，她偏過頭望去，卻看不見任何東西。她當下心想，一定是眼睛太過疲倦的關係，畢竟時間已經接近午夜一點。

派翠西亞回過頭繼續看電影，沒多久又看見了那個影子。這次它直接從她面前穿過，朝沙發那邊移動。就在派翠西亞將注意力轉到它身上時，看見的還是只有黑暗的客廳。她聳聳肩，邊看著電影、邊朝沙發那方問：「你是鬼嗎？我剛好不信鬼神這類的東西，但如果你真的是鬼，看起來好像也不會傷害人。如果你想留下來就留下吧！」說完派翠西亞就關掉電視，走上樓回房睡覺。早上醒來她已全忘了神祕黑影這件事。

這天派翠西亞在辦公室異常忙碌，所以當她把晚餐的碗盤洗完、堆在水槽晾乾後，便一個人縮在大沙發上看書，舒緩整天的疲累。先生蓋瑞看了一會兒電視後就說他累了，他給了派翠西亞晚安吻後就一個人上去睡了。派翠西亞埋首書中，幾分鐘後，一個怪聲讓她把頭從書中抬起來，突然出現的黑影讓她嚇了一跳。和前晚一樣，它又從她面前橫越過去，但這次停在沙發的另一端。「好吧，」派翠西亞說：「如果今天晚上你想睡沙發，歡迎啊！我實在是太累了，要去睡了。」

隔天傍晚艾明格夫妻下班回到家，答錄機裡有通蓋瑞的姐姐凱莉的留言。她打來提醒他們，明天她會依約前來拜訪。凱莉今年四十六歲，比蓋瑞大十歲，她先生在六年前搭小飛機時墜機身亡，因為膝下無子，所以凱莉一直把她的姪子和姪女當作親生兒女般疼愛。

隔天一大早，在派翠西亞和蓋瑞上班前，凱莉就到他們家了。孩子們高興地跳上跳下，歡迎他們最喜歡的姑姑來看他們。他們最歡迎凱莉姑姑的拜訪，因為這表示他們可以待在家裡陪著她，不用去上幼稚園。

　　派翠西亞下班回家時，凱莉已準備好一道美味的烤肉餐，包括所有佐料和配菜。用過晚餐後，大姐幫她給溫蒂和馬克換上睡衣，還唸了床邊故事給他們聽。孩子們心想，凱莉姑姑到家裡來作客真是很棒的一件事。孩子們都睡著之後，大人們泡了咖啡，坐在客廳裡愉快地分享著彼此的生活點滴。在聊天的同時，凱莉讚美了一下新沙發。蓋瑞說：「這是前任房客搬走後留下來的。」

　　談到沙發，讓派翠西亞回憶起看到黑影的那兩天晚上。她不怕被取笑，向蓋瑞和凱莉提起這件事。凱莉聽了之後笑了出來，假裝被嚇到地說，難不成今晚她要睡在鬼屋裡嗎？蓋瑞則是疑惑地抬了下眉毛，邊想著這該不會是為萬聖節所做的預演，畢竟還差幾個禮拜就到了。

　　突然間，派翠西亞感到一股莫名寒意湧上她的身體，彷彿她向別人透露這件事惹火了房裡這位看不見的客人。她感覺到自己被一股恨意包圍住，莫名的恐懼感向她襲來。蓋瑞見她不對勁，問她發生了什麼事，但派翠西亞認為自己說得夠多了，不想再提這些。她成功地將話題轉到其他地方去，心裡仍掛念著屋裡的詭異氣氛。接著她注意到有東西走上樓梯，朝著孩子們的房間而去。當派翠西亞想到因為得罪了這叫不出名字的東西，所以它決定報復在孩子身上時，整個人嚇得都僵住了。

　　他們聽見馬克的尖叫聲從樓上傳來，派翠西亞立即跳起，

驚恐地哭了出來，快跑到孩子們的房間。「有鬼！」派翠西亞緊緊抱住馬克，馬克哭泣著說：「房間裡有個好醜的鬼。」

「小馬克，你知道世界上沒有鬼這種東西的啊！」凱莉對馬克說：「而且就算有的話，你該知道他們有多怕你凱莉姑姑吧！」溫蒂坐在床上，房間裡突然亮起的燈光照得她直眨眼睛。她不知道弟弟為什麼突然大叫。「世界上沒有鬼這種東西」，她重複一遍凱莉的話，並把枕頭拉過來蓋住整個頭。派翠西亞把馬克抱在懷裡安慰他，他還是繼續低聲啜泣：「它把手伸過來，對著我一直勾手指，好像要我跟它去那裡」。馬克一邊喘氣地說著，一邊掉下淚來。

將孩子們哄睡以後，三個大人走下樓到廚房裡。蓋瑞給自己泡了杯新咖啡，接著詢問起派翠西亞是不是又跟孩子們說鬼故事了。派翠西亞直視著丈夫的眼睛，向他保證她絕對不會做出這種事。但同時她心裡也很想告訴蓋瑞，她看見那個無法形容的可怕「東西」不懷好意走向孩子房間的事。當晚派翠西亞無法關燈睡覺，她在房子裡走來走去，想要找出那個詭異的黑影躲在哪裡。儘管到處都不見它的蹤影，派翠西亞就是感覺得出不管她走到哪裡，都有一團冰冷的恨意圍繞著她。

隔天早上在餐桌上，一切都和平常一樣。五歲的溫蒂就像小一號、胖嘟嘟的派翠西亞，還是那麼天真、愛笑。看起來只有馬克察覺到家裡氣氛有了些微變化。接近中午時，派翠西亞接到凱莉打來的電話。她先道歉說真的很不想在上班時間打電話給派翠西亞，但是馬克告訴她，他又看到那個鬼了，他說它在房間裡等他。

下午派翠西亞提早離開辦公室，等蓋瑞也下班回家以後，

晚上他們一家人去餐廳吃披薩，然後又去看了場電影。這是派翠西亞計劃好的，目的是要讓孩子們和幾個大人分散注意力，不再去想「鬼」的事情。當晚艾明格家很早就熄燈了，但這並沒維持多久。全家人才剛睡著幾個小時，馬克恐懼的尖叫聲就響遍整棟房子。派翠西亞衝進孩子們的房間，一打開門就被空氣中的寒意嚇到了。雖然她什麼也沒看到，但很肯定那個邪惡的黑影又來糾纏馬克了。

這天晚上三個大人花了兩個鐘頭才把孩子們哄睡成功，因為溫蒂認為她也看見了那個鬼。孩子們好不容易睡著後，派翠西亞決定告訴蓋瑞關於她目睹黑影的所有事。

蓋瑞耐心地聽完妻子敘述她看見「那個東西」在沙發和電視間移動的經過，以及她感覺到房子裡的邪惡氣氛。儘管她看得出來，蓋瑞明顯不相信她說的話，派翠西亞還是說出自己看見那個東西走上樓梯、朝孩子房間去的事。蓋瑞在聽完後發表意見，他認為可能是生理或心理方面的因素，讓馬克夢見有鬼出現在他們房間裡。他還要派翠西亞明天盡快帶馬克去看醫生。

派翠西亞只好乖乖預約隔天下午帶馬克去看病，但醫生似乎不為艾明格家的鬼故事所動，他只是淡淡地說，許多像馬克這種年紀的小孩子都會作惡夢。他還建議家長，要再三向孩子們強調這世上沒有怪物及鬼魂存在，而且也不要鼓勵孩子做無邊際的幻想。醫生開助眠藥給派翠西亞，萬一有需要時這可以讓馬克睡得安穩些。但後來證明這帖助眠藥一點也沒收到效果，因為當晚馬克又看見鬼影出沒，他驚恐的尖叫聲再次喚醒了全家人。

連續三個晚上，兒子都被黑暗鬼影嚇到魂不附體。當派翠西亞把兒子抱在懷裡安撫時，她感覺有東西嘲諷地對她說：「如果妳現在就感到害怕，我告訴妳，很快妳就會體會到什麼叫做真正的可怕！」

＊　　　　　＊　　　　　＊

　　隔天派翠西亞下班回到家，溫蒂立刻衝上去興奮地抱住她，給她一個問候的熱吻。當派翠西亞問馬克怎麼不來歡迎媽咪回家、也來親她一下時，馬克把臉偏過去不看母親，露出嫌惡的表情說：「我受不了妳了！」馬克大吼著：「我才不想靠近妳，我再也不會親妳了！」馬克的舉動讓派翠西亞既錯愕又受傷，她看了凱莉一眼，發現凱莉臉上也出現同樣驚愕的表情。這肯定不是他們可愛的小馬克會說的話。

　　晚餐時馬克還是不肯讓母親碰他一下。姐姐可以和他靠在一起，凱莉姑姑可以抱他親他，爹地還可以跟他玩摔角、在地上打滾，但是媽咪就是不能靠近她的小寶貝。

　　馬克出現怪異行為的隔天，派翠西亞在下班回家的路上走進一家玩具店，買了禮物給溫蒂和馬克。回到家時，溫蒂照例到門口用親吻迎接她，而馬克還是待在原地怒視著自己的母親。看到媽咪買給自己的禮物，溫蒂高興得又叫又跳，小嘴一直不斷地謝謝媽咪。但馬克卻連拆開閃亮的包裝紙都不願意，他噘起嘴唇，輕蔑地嘲笑著說：「別以為用禮物就可以收買我，要我親妳，想都別想！」

　　聽見這句充滿憎恨的話，派翠西亞決定保持冷靜，因為她看得出來小馬克內心的情緒相當混亂激動。突然間他衝向母親的懷抱，蜷曲在她身上哭著說：「媽咪，我好愛妳的……只是

有時候……我不知道……自己怎麼了……」

　　派翠西亞跌坐在地板上，將兒子拉近，親著他的額頭、抱緊他小小的身軀。這時馬克的表情突然又起了變化，發出一陣邪惡的譏笑。然後他掙脫派翠西亞的懷抱：「為什麼妳就是不肯放過我？」他邊喊著邊跑回房間：「我永遠都不喜歡妳了！」派翠西亞失望地坐在地上，溫蒂雖然站在旁邊，但她不知道該怎麼辦才好。她很想安慰媽咪，但覺得還是不要說話比較好。派翠西亞雙手掩面，難過地哭了起來。

　　等到晚上孩子們都睡著了，派翠西亞、蓋瑞和凱莉三人坐在廚房，討論馬克最近的行為如何變得這麼異常。很明顯蓋瑞已決心要讓兒子去看精神科醫生。「他一直堅持說看見了一個醜陋的鬼魂，每天都這麼說。」蓋瑞提高了音量：「他的個性現在完全變了，連媽媽都不能碰他一下。我想該是把偏見放一邊，帶馬克去看精神科醫生的時候了。」

　　派翠西亞跟先生說明，她認為兒子行為怪異的真正原因何在。「這房子裡有個邪惡可怕的東西在，我確定它慢慢地侵入馬克的心裡，才讓他這兩天變得這麼奇怪。你難道沒有發現這東西想要附身在我們兒子身上嗎？」蓋瑞冷淡地否認，不管是他或凱莉都沒有看見房裡有什麼走動的黑影。

　　雖然凱莉一直安靜地坐著聽兩夫妻的對話，無意參與討論這麼複雜的家庭事件，但她還是提出了另一種可能性。或許馬克討厭母親總是不常在家，他們都知道馬克不喜歡上幼稚園。「他說他不喜歡妳，」凱莉做出這個結論：「其實可能是要表達他不喜歡妳『離開』他。」

　　凱莉的見解讓派翠西亞大吃一驚，凱莉可能真的發現了馬

克突然性情大變的原因。或許在工作得很累的那幾天、她想要放鬆一下時看見的那個「黑影」，其實只是自己心裡的罪惡感。但是他們的經濟狀況並不允許她辭掉工作！沒有第二份收入，他們的生活還過得下去嗎？蓋瑞回答說他們當然負擔得起派翠西亞辭掉工作待在家，直到馬克回復正常，對母親去工作不再反感為止。他說：「或許搬家和新環境對小傢伙來說太沉重了點。」

　　派翠西亞決定不計一切代價解救她的兒子。隔天下午她打電話給上班的牙科診所，表示她希望在家裡一切都整頓好之後還有機會能回去上班。晚上當所有家人都沉沉入睡之後，派翠西亞在客廳坐到深夜，反覆思索著這不尋常的狀況。馬克看起來睡得很安穩。難道他這整個禮拜感到的恐懼，真的是因為她去上班之後，兒子感覺被遺棄所引起的嗎？

　　突然間她感覺房間的溫度驟降。派翠西亞腦子裡的警報器打開了，她害怕抬起頭去看四周的狀況。這股死亡般的寒意滲透了客廳每個角落，一股憎恨的氣氛似乎凝結成形。她知道有個可怕醜陋的邪惡東西和她一起待在客廳裡。

　　就在她初看見黑影的地方，它又出現了。它的雙手和臉孔似乎較其他部位明亮可見，派翠西亞還能辨識出它的五官。這個東西的面容相當憔悴，黃綠色的皮膚緊繃著臉上的高顴骨。看得見它長髮披肩，乾巴巴的雙臂伸出一對皮包骨的手掌，手指頭像爪子一樣倒鉤住掌心。幽暗無神的眼睛空洞地盯著派翠西亞，這鬼魂般的黑影翹起了嘴唇，露出邪惡的冷笑。派翠西亞嚇得直發抖，因為她發覺那種譏笑的表情，和馬克拒絕接受她買給他的玩具時一模一樣。這下她總算確定這黑影要對馬克

第四章　附身

099

做什麼：它要偷走馬克的靈魂，占據他的身體。

　　慢慢地，這團噁心的黑影逐漸消失在她眼前，房裡的寒意也消失了。派翠西亞心裡一陣恐慌，急奔到孩子們的房間裡。她坐到馬克的床邊，將還在沉睡的他抱在懷裡。派翠西亞想辦法要阻止惡鬼附身在她兒子身上。這時走廊傳來的聲響讓她嚇了一跳，本能的母性反應讓她下意識地將懷裡的兒子抱得更緊。「我的天啊！我看到它了！」她聽見凱莉的叫聲。「天啊！派翠西亞！我剛才在廚房熱點牛奶，看看喝了會不會比較好睡。結果我看見那東西現出形狀來了！那是什麼東西啊！」派翠西亞的眼裡嗆滿如釋重負的淚水，凱莉也看到那東西！現在總算有個同伴加入她這邊，和她一起對抗這可怕的邪惡黑影了。「它……它要的是馬克，對不對？」凱莉用微弱到幾乎聽不見的聲音問派翠西亞。兩個女人叫醒了男主人蓋瑞，端給他一杯剛泡好的濃黑咖啡：「你一定要聽我們講！」凱莉激動地告訴他。

　　在過了一個多小時和喝了好幾杯的咖啡後，蓋瑞還是只有搖著頭、摸著下巴鬍渣的份。「這實在太幼稚、太迷信了。」蓋瑞終於開口：「一個惡靈要附身在我們的兒子身上？這怎麼可能嘛？」話一出口，這兩個女人好幾分鐘都沒有答腔。蓋瑞發覺不對勁，他先看著妻子沉默的眼神，又看了姐姐也是同樣的表情。「我相信兩個這世界上我最愛、最信任的女人所說的話。」蓋瑞說了：「既然妳們兩個都說看見了那個東西，那我一定相信妳們。」

　　派翠西亞向蓋瑞解釋，這個惡靈可能會從他們的思想和強烈的情緒反應裡吸取能量，所以他們得努力讓自己不顯出任何

驚恐害怕的樣子。

*　　　　　*　　　　　*

　　隔天的晚餐餐桌上異常安靜，蓋瑞幾乎沒有碰一口食物，他陷入沉思之中，偶而抬頭仔細觀察板著一張臉的兒子。看得出來凱莉也相當不安，連溫蒂都注意到姑姑在把裝馬鈴薯泥的碗遞給她時顫抖的雙手。因為馬克的性情丕變，艾明格家的睡前慣例也有了變化。派翠西亞只照顧溫蒂，讓蓋瑞負責哄馬克上床睡覺。馬克之前並不會排斥父親的關愛，但那天晚上他卻突然咬了蓋瑞一口，不讓父親碰他一下。「你聽了她說的謊話！」馬克指著母親，對父親咆哮著：「現在你和她一樣壞了，我也不喜歡你了。」

　　就在蓋瑞沮喪不已的時候，凱莉急忙跑進房間：「讓凱莉姑姑幫小馬克換睡衣好不好啊！」但小男孩同樣以責備來回報姑姑善意的舉動：「妳怎麼還不滾回家去？」馬克的聲音充滿了憤怒：「這裡沒人歡迎你，妳這個又老又胖的醜女人！」

　　三個大人離開孩子們的房間，決定保持冷靜，就在此時，客廳的窗戶開始發出可怖的咯咯聲。外面一點風也沒有，但是玻璃窗格卻劇烈地搖晃。拉開的窗簾瘋狂地擺盪，花瓶被打落到地上，桌上幾副全家福的相框也被翻倒，發出劇烈聲響。書架上也飛落好幾本書。蓋瑞好不容易站穩了，瞪大的眼睛透露出莫名的恐懼。「太過分了！」他顫抖地說：「我不敢相信在我家裡會發生這些事！」

　　派翠西亞求蓋瑞別把這些靈異現象當一回事，但當她一開口，就聽見腦海裡有個不懷好意的聲音對她說：「你們沒辦法不把我當一回事。我比你們強太多了！」派翠西亞這才知道那

東西是用心電感應跟她對話，她在心裡挑戰這個不速之客：「我們比你強。我們團結在一起就比你強！現在給我滾出這棟房子。我們家不歡迎你！」惡靈唯一的回應是威嚇性的低沉冷笑；派翠西亞從蓋瑞臉上的表情看得出來，他也聽到了這惡鬼的聲音。

「夠了！」蓋瑞說：「我要離開這裡。我要帶溫蒂一起走，離開這個鬼地方。」派翠西亞哀求她先生，說他們必須要堅強、團結一致。然而蓋瑞承認自己無法面對現在家裡發生的這一切，這麼不可思議的事，本來就不應該發生的。他這輩子都被教導不去相信鬼怪的存在。

「我受不了了。」他說，看得出來他相當害怕：「反正我對妳們也沒什麼用處。」凱莉附和弟弟的說法：「讓他先帶溫蒂離開吧！他的恐懼只會滋養那個東西而已。」派翠西亞再次嘗試爭取先生的支持，希望他留下來一起對抗那醜陋的黑影，此時兩個被飛舞的窗簾打翻的相框突然爆開，整個房間四處都是飛濺出的玻璃碎片。「對不起！」這是在蓋瑞衝到樓上把他們的女兒抱下來之前，他唯一能說的話。

蓋瑞帶著溫蒂離開後，緊閉的窗戶又開始狂暴地晃動了起來，一副隨時會爆開的樣子。窗簾還是繼續發出劇烈啪啪聲地飄動著。凱莉伸手去拿咖啡桌上的《聖經》，用抖個不停的雙手緊緊捉住，向上帝禱告，祈求惡靈退散。

不到幾分鐘，這陣不知打哪來的風勢逐漸減弱，窗簾再度安靜地服貼在窗戶上。「繼續禱告。」派翠西亞告訴凱莉：「我要帶著《聖經》上樓到孩子們的房間裡，這東西知道今晚是它能附身的最後一次機會。我感覺它會用全力對付馬克。」

派翠西亞把熟睡中的馬克抱起，不到幾秒鐘，她感覺那寒氣逼人的恐怖黑影向她逼近，果然，在她眼前逐漸顯現出惡鬼的形體。當它面無表情地朝著派翠西亞過來時，一團陰森可怕的霧氣包圍著這實體。它伸出了骨瘦如材的雙臂，黃綠色的爪子散發出一股無法抗拒的邪惡力量。派翠西亞不禁想著，若是這兩隻邪惡的雙手碰到她，她的靈魂一定會被吸走。

　　黑影越來越靠近，派翠西亞幾近腿軟感到一陣暈眩，她知道自己的力量已輸給這股邪惡勢力。派翠西亞遠遠地就能聽到它不帶任何感情的笑聲，她現在要重新振作精神，對抗這陣冷酷譏笑：「我不會讓你把我兒子帶走的！」她對著黑影怒吼。

　　在她的內心深處，派翠西亞已然喚醒一股原始的能量。數世紀累積下來的文化和經驗全部消失，現在她只是一個被激怒、努力想要保護孩子的母親。她把《聖經》舉到身體前方，當它是盾牌般，大步走向那惡靈。「我比你強大，你這個連地獄都不收的廢物！」派翠西亞朝著惡靈咆哮：「我對兒子的愛，比你想附在他身上的意志強千百倍！」

　　隨著派翠西亞步步逼近，她看到那黑影開始節節後退。隨著一股強大的力量湧上心頭，她把《聖經》往惡靈身上推過去，語帶權威地斥責它：「上帝的話語比你強大，上帝的愛比你強大。你輸了！遠離我兒子；遠離我家人！愛的力量將要打敗邪惡的力量！」

　　黑影開始退縮，變得越來越小、越來越微弱。派翠西亞繼續把《聖經》抱在胸前，幾乎不察他們正在下樓梯、朝著客廳走過去。她突然發覺那黑影正往沙發退去。「原來是這樣啊！」派翠西亞大叫：「現在我知道你是從哪兒來的了，你這個卑鄙

的混蛋！」

　　派翠西亞的眼角看得見凱莉還坐在沙發上，聽得見她不停地向上帝、聖靈和所有聖人禱告，乞求祂們把邪惡勢力趕出家裡。「凱莉，離開沙發……馬上離開！」派翠西亞對她大叫。「這東西朝著沙發過去了。它是從那裡來的！」凱利跟蹌地離開沙發。

　　派翠西亞繼續逼退黑影，它越靠近沙發就變得越暗淡。原本已很微弱的光也消失了，她看著七天前出現在她眼前的黑影失去形體。它只在沙發上盤旋了幾秒鐘，就被吸到沙發裡去了。

　　兩個女人被大門關上的聲音嚇住了，原來是蓋瑞抱著溫蒂回來了：「我不能跑掉。」他為剛才屈服於惡魔勢力下的軟弱行為道歉：「我想妳們需要我的幫助。」派翠西亞盯著沙發說：「對啊，親愛的！我們的確需要你的幫助。現在請你把這該死的沙發搬出我們家！」

　　在新月的黯淡光亮照射下，派翠西亞和蓋瑞孤注一擲開車遠離市郊。他們發現一個看起來似乎相當安全、完全沒有樹葉遮掩的荒涼空地後便停下車，把沙發從車上卸下，淋滿汽油，然後點火。沙發完全被火焰吞噬後，他們用力踩熄剩餘的火花。派翠西亞嘆了口氣說，一切終於結束了。

　　那天深夜，當派翠西亞去看孩子們睡得怎樣時，馬克翻身過來，靠在她身上，睡眼惺忪地親了她，說：「晚安，媽咪，我好愛妳！」派翠西亞走進廚房加入蓋瑞和凱莉的談話，眼裡閃爍著淚水說：「感謝上帝，」她滿懷感謝地輕聲禱告：「我們終於贏了！」

第四節 寄生靈附身

如果某個你認識的人行為舉止突然一百八十度轉變，而且你很確定他（她）既沒有嗑藥、也沒有精神病史的話，那麼這個人極有可能是被寄生靈給入侵了。那些被不請自來的靈體入侵的人，可能在個性或行為上出現以下的變化：

一、 他們可能會開始聽見一些聲音，要他們做出以前他們連想都不會想到的事。

二、 他們可能會頻繁地看見寄生靈的影像，因為它會以人類的外形存在於物質界中。當寄生靈為非人類的實體時，這存在體會以其原本的惡魔面孔出現。

三、 被惡靈附身的人經常會感覺自己失去意識，儘管他們肉體上還是繼續與他人互動，而身邊的人也認為他們相當清醒。但事後他們通常記不得剛才短暫昏眩的事情。

四、 在某些場合，有時候甚至在與他人交談到一半，他們的意識會突然一片空白，陷入失神恍惚的狀態。

五、 他們走路的方式、說話的語調和態度可能也變得不一樣，還會做出怪異、不理性的行為來。

六、 他們可能開始做些以前從來沒做過的事。朋友和家人會感到他們變得像另外一個人。

七、 最糟的情形是，寄生靈會耗盡宿主的生命。邪靈詛咒的最高潮是讓被附身的人自殺、犯下殺人案，或其他嚴重的反社會案件。

請記得，寄生靈除非被特殊方式邀請進入某人的私人空

間，或被個人自身的負面思維或行為所吸引而來，否則它無法在任何人身上吸取生存的力量。一個人在酗酒、濫用藥物時，或在心理上、體力上或情緒上出現不穩定狀況，此時的他（她）特別容易被靈魂入侵。

邪惡、負面及否定的想法，是種不安定、混亂且具破壞性的能量。當人心存有負面的想法、感覺沮喪而且與自然不調和時，便已將自己的靈魂開放給來自靈界較低頻率的寄生靈，任它們恣意入侵。

每個人應該都要注意，切忌貿然投入神祕學研究，或擅自前往鬼屋或鬧鬼的地方「抓鬼」。因為沒有事先接受適當的訓練、學習和足夠的認識，這些生手很容易接觸到那些意圖欺騙和誘捕他們的惡靈。

有經驗的超自然研究者都了解，相對於更高存在的空間，現實世界比較接近靈界中較低頻率、更負面和否定的靈魂匯集的範圍。因為我們都生活在這個物質世界裡，我們的精神總是包含更多較接近低頻範圍的觀念，而非更高層次的靈魂界。

萬一你遇到了來自靈界混亂層級的負面生命，你很有可能會感覺一股刺痛感布滿全身。你很快就發覺，自己已經進入一種非常危險的交聯中。如果你繼續發出聯絡的訊息，寄生靈會發出不協調振動的力量，令你心裡的恐懼感逐漸上昇，或感到顯著的不適或不安。萬一你發現自己正處於這種狀況之中，請將愛與和諧的禱告詞唸出聲，祈求天使或高層次的守護靈到你身旁來保護你。

累積多年研究和探索未知世界經驗的專家，逐漸了解靈界居住著各式各樣不調和的實體，但同樣也有著更多有善意和仁

慈的靈體存在。資深的靈魂研究者都知道，餘願未了的靈魂，會在肉體死亡後想繼續存在現世當中，且企圖影響存在的人類心智及生活。而長年研究未知世界的超自然研究者也都發現，很多居住在其他現實空間的存在體從未以人類的形式存活過。這些無形實體有部分只是羨慕人類的血肉之軀和當人的感覺，而其他的同類有的則會極度不屑地任意捕捉活人，以偏離正道的方式羞辱、殺害這些受害者。避免與寄生靈接觸最好的方式，是永遠保持正面樂觀的態度，將自己的思維、工作和行為提升到最高的層次。

【註解】

① Ouija board，類似中國的碟仙。

② Carl Jung （1875～1961），著名瑞士心理學家。

③ libido，也稱為「慾力」，是一種追求快感的動力。原指與性衝動有關的生理能量。

④ Beelzebub，《聖經》中的鬼王。《舊約》中稱為 Baal-Zebul 或 Baal - Zebub，蒼蠅王之意。傳說中這是地位僅次於撒旦的另一位墮落天使。

前來告別的靈魂

　　在法國墜毀的一架飛機、在加爾各答的旅館房間裡、在英國的心愛姪女、身處異地的家族好友——以下我們即將閱讀的故事中，時間和空間對前來告別的鬼魂而言，沒有任何限制與意義。在艾崔德·鮑耶機長的案例中，剛辭世不久的鬼魂回來道別時有兩項共同特徵。第一是鬼魂看起來栩栩如生，事實上它的外貌和生前幾乎沒有兩樣，經常會被誤認為是活生生的真人；第二是這類的鬼魂會在親友最沒預料時現身。這些前來告別的亡魂，通常會在親友忙於每天的例行公事時，或是在準備就寢前，出現在他們面前。

　　亞瑟·貝拉米牧師告訴備受推崇的超自然現象研究者弗瑞德列克·邁爾斯，那天晚上當他坐在熟睡的妻子床邊時，看見一位女子的故事。牧師驚異地看著這位陌生女子好幾分鐘，特別注意到她高雅的髮型。然後女子和出現時一樣突然消失了。

　　當貝拉米太太醒來之後，牧師向她描述這位神祕訪客，他得知自己形容的女子竟然是妻子求學時期的同校好友時簡直不可置信。這兩位好朋友曾經彼此約定好當其中一人先離世時，一定要去看另外一個還在世的人。震驚不已的牧師問妻子她還記不記得好友身上任何明顯的特徵，以更一步確認就是同一個人。「她的髮型，」牧師的妻子毫不猶豫地回答：「我們學校的女孩子以前都開她玩笑，說她每天到底花多少時間整理頭髮。」之後牧師見到了妻子好友的相片，認出她就是當晚出現在妻子床邊的鬼魂。

　　根據本章的故事看來，似乎在肉體死亡的瞬間，靈魂——所有人類的自我本質——會脫離肉體的禁錮，自由來去於時空之間。在某些例子中

靈魂會與親人進行最後一次、快速而短暫的接觸。這些在死亡那一刻所投射出的影像，代表人類肉體裡確實存在著某種非物質的「部分」，能夠在死後繼續存活。

第一節　信守承諾的飛行員

艾崔德‧鮑耶機長的親身經歷

一九一七年三月十九日，艾崔德‧鮑耶機長在經過法國上空時被射殺在自己的飛機上；在同一天他被指名為同父異母的妹妹新生女兒的乾爹。當時身在印度加爾各答一家旅館內的史畢爾曼太太在忙著照顧女嬰，在她轉身時突然看見哥哥就站在她身後。史畢爾曼太太見到哥哥即時趕到印度參加她女兒的受洗儀式，欣喜萬分，連忙回過頭去先安頓好小嬰兒。當她再度轉過身去想給哥哥一個擁抱時，幾秒鐘以前還站在那塊地板上的哥哥，此時竟然憑空消失了。

一開始史畢爾曼太太認為是哥哥在逗著她玩，於是她喊著他的名字，四處尋找他的蹤影，卻遍尋不著，一頭霧水的史畢爾曼太太只好朝著教堂走去。直到兩個禮拜後她才在報紙上看到新聞，她的異母哥哥出現在旅館房間裡的同一天，就被槍殺身亡了。

在他死亡的當天，鮑耶機長在英國的小姪女也看見了他。在早上大約九點十五分左右，小女孩興奮地跑到樓上的母親面前，告訴她「飛機舅舅」就在樓下！小女孩的母親笑著對她說，她的舅舅人在法國，但情緒高昂的小女孩堅稱她看見「飛機舅舅」就在樓下。

第三個看見鮑耶機長的是華森太太，她是機長母親的多年

好友。在三月十九日當天，她寫信給鮑耶太太──她已經十八個月沒給她的好友寫信了──信裡提到說她有種擔心艾崔德會出事的強烈預感。

第二節　電話線故障，靈魂親自來告別

史黛拉・里夫在一九一三年的夏天搬家，離開了柏妮絲・摩爾，她的好朋友兼表妹。柏妮絲的父親是史黛拉的舅舅，母親是史黛拉的姑姑。兩個女孩子很快就成為親密的手帕交，直到里夫家人搬離了藍辛市，遷居到傑克森郡為止。

三年後的一九一六年十二月十九日晚上，史黛拉和一個朋友兩人單獨在家，正準備待會要和其他年輕女孩一起出去玩。史黛拉離開房間，當她沿著照明充足的樓梯往下走時突然僵在半路。「站在明亮光線中的人竟然是柏妮絲，」史黛拉回憶起當時的情形說道：「她看起來一臉驚恐。我很清楚地看見是她本人，但我知道她不可能出現在那裡的啊！」

史黛拉急忙跑下樓梯，快速通過幽靈身旁衝出家門，跑到離家一條街遠的地方才停下腳步。她的朋友好不容易追趕上她，於是史黛拉解釋起是什麼事讓她嚇成這樣子。

當天稍晚她們與其他朋友會合，其中一位在電信局上班的女孩臉上一副心事重重的樣子。大家見了面還沒來得及打招呼，她就開口問史黛拉知不知道她們家的電話線路故障了。女孩說某個住在藍辛市的人一直想打電話到史黛拉家，但是因為她們家的線路出了問題，無法接上線。於是她對來電者說她可以幫忙帶口信，因為她將會和史黛拉見面。

要給史黛拉的口信，便是柏妮絲在那天晚上已經過世了的

消息。當電話無法傳遞這悲傷的訊息，表妹柏妮絲的靈魂便跨越了時空的藩籬，現身在史黛拉面前親自向她說聲永別。

第三節　攻擊醫生的飄移白影

瑪格麗特・薩金特太太在喬治亞州奧古斯都市，看顧一位住院的年輕女孩。某日晚上十一點左右女孩的病情突然急速惡化，醫生不想叫醒病人的母親，怕增加她精神上的負擔和壓力。瑪格麗特事後回憶這件事時說，雖然他們明知病人表示過希望母親隨時在身邊陪著她，「但是因爲她已經失去意識了，於是我們認爲不必再滿足她的這項要求。」

醫生和護士都看出來女病人就要撒手人寰了，他們神態凝重地站在她的床邊，等著年輕女孩嚥下最後一口氣。瑪格麗特當時站在床腳，抬起頭時猛然看見「一個穿著袍子的白影向她逼近」。由於它背對著她，瑪格麗特看不清楚長袍白影的面孔，但是從她的位子可以清楚地觀察它的形狀，因爲白影停在呆站著的醫生旁邊好一會兒。「然後它快速地通過醫生身旁，朝我的方向滑行過來，不過它始終保持背對著我的姿勢。」瑪格麗特說道。

就在幽靈快要穿過牆壁到病人的母親在睡覺的房間之前，它朝著醫生的肩頭重重地敲了下去。嚇了一大跳的醫生回過頭去卻什麼也沒看到，困窘地向護士解釋剛剛有東西打在他的肩膀上。瑪格麗特努力壓制住心中的惶恐，告訴醫生幾秒鐘前有個女人攻擊他。「什麼女人？」一臉狐疑的醫生問道：「除了這位躺在病床上、快要斷氣的少女之外，這房裡沒有其他女人在。但剛才確實有人打了我一下，這是怎麼回事？」

在有人回答之前，女病人開始發出微弱的呢喃聲。讓他們兩人不敢置信的是，年輕女子竟然恢復意識了。她維持這樣清醒的意識一天之後，才在母親的懷裡離開了人世。

第四節　生者與往生者間的聯繫
魯爾博士的回憶

「往生者在死後還有任何與生者聯繫的可能嗎？人與人之間的溝通交流，是否在死亡發生的那一瞬間就中止了呢？魯爾博士在幾年前經歷了一樁不可思議的事件，它顯示了即使在肉體死亡之後，依舊能夠與死者溝通。事件發生於一九五五年，加州格蘭岱爾市的一棟二樓公寓裡。在四月五日星期二的晚上，我的父親正在辦公室裡忙著準備報稅的表格，當時我在自己的房間裡做功課，而母親則在客廳，隨著留聲機的音樂跳舞。」

「大概是在八點十分吧，突然間有一個矮小男子的形影出現在客廳裡，就在離我母親不到幾呎的地方。身著鮮豔的牛仔裝，頭戴一頂牛仔帽，腳上穿著一雙皮靴。它什麼也沒做，只是看著母親，臉上帶著詭異的笑容，什麼話也沒說。過了一分鐘後，它慢慢地消失無蹤。」

「母親被嚇到了，她大叫我的名字。她一邊描述剛才的情景，一邊斬釘截鐵地向我保證她看見的那個男人就是她的父親，而且她還很肯定他剛才是從冥間來探望她——儘管事實上就她所知，我六十四歲的爺爺身體還硬朗得很，住在有段距離的匹茲堡。」

「現在要強調的是我爺爺，活著的爺爺，身高大約五呎八吋。根據母親對自己父親的了解，一輩子都住在東部的爺爺，

從未對來自西部的什麼人表示過任何興趣。他一向很健談，不像那個出現在她面前的影像一樣悶不吭聲。儘管有這麼多矛盾的地方，母親還是深信不疑那就是她父親的靈魂。雖然那影像對著她笑得很不自然，她卻一點也沒有被威脅的感覺，但相對地也沒有感覺到友善的氣氛。他們兩個已經疏遠了好幾年，彼此很少聯絡。」

「母親對這樁事件的理解在隔天早上獲得了證實，一封在十點左右送達的電報，告知大家爺爺在前一天晚上因心臟病過世的消息。死亡時間是在東部時間的晚上十一點後不久，也就是他現身在她眼前那時！我的母親佛蘿倫絲時常回憶起這場短暫的靈異體驗，她總是這麼說：『那天晚上的事情對我而言永遠都像剛發生一樣清楚，在我的心裡沒有一絲懷疑，出現在我眼前的確實是父親的靈魂！』至於靈魂的五短身材和牛仔裝扮，她的假設是：『或許他想再重溫一次當個小孩子的感覺，而且我相信在他心裡藏了個祕密願望，想扮成牛仔痛快地玩一場，就算只有短短幾秒鐘也好。』」

父親最後的留言

存在於生者與剛往生者之間的接觸，都被詳實地記載在超心理學的文獻紀錄中，而恐怖科幻小說導演雷金納德‧李‧伯格的遭遇可視為一個相當有趣的案例。雷金納德執導過的電影包括一九四四年的《木乃伊的靈魂》、一九五六年的《害群之馬》、一九五七年的《巫毒島》，以及一九六三年的《瘋人日記》，而在他的電影中擔綱演出過的明星更是不勝其數，像是波利斯‧卡洛夫（電影《科學怪人》男主角）、貝拉‧盧古希（電

影《吸血鬼》男主角）、文生‧普萊斯、貝西‧羅斯朋、約翰‧卡拉汀、喬治‧祖古以及小朗‧錢尼（電影《狼人》男主角）等。

當雷金納德一九三八年住在洛杉磯的期間，在一個暖和的深夜裡，約凌晨二點四十五分左右，他被自己的惡夢驚醒。在夢裡他的父親大吼著：「給我留下來！不要說不！」這對父子之間的爭執已經不是一、兩天的事了，這因此也加深了雷金納德到好萊塢打天下的決心。雷金納德當下就有種不祥的預感，會不會是父親發生了什麼事呢？第二天早上傳來的電報告知他父親的死訊，證實這場惡夢的真實性。後來他得知，父親死亡的那一刻，剛好與他被驚醒的時間完全一致，而父親在臨終前說的最後幾句話就是：「給我留下來！不要說不！」

諸如此類的故事提供強而有力的佐證，支持人類靈魂在死後依舊續存的理論，而且經常嘗試與尚在生的摯愛以某種方式做最後一次接觸。特別是與最愛的親友因故而感情疏遠時，死者與生者間接觸的發生頻率更高，不管是採用托夢、幻影或暫時的肉體現形等。

不要碰我，我得回去了！

一九五四年八月，賴瑞‧艾克斯林好不容易爭取到兩週有薪假，他的妻子茱麗葉更是興奮到了極點。賴瑞一直都將全副精神投注在工作上，這個假期總算可以讓他邀朋友到內華達州去好好休息幾天。

八月二十九日當天醒過來時，茱麗葉冒出一身冷汗，她聽到了賴瑞在呼喚她。他的聲音相當微弱，好像從很遙遠的地方

傳來般，聽起來很痛苦的樣子。茱麗葉下床打開夜燈，往玄關走去。在盡頭處她看見了先生手扶著牆壁，努力地想站起來。他的衣服上沾滿了血跡。茱麗葉尖叫著，朝賴瑞跑去。「不要碰我，」他發出一聲嗚咽警告妻子：「我得回去了。」茱麗葉哭著求賴瑞解釋他得去哪裡，她要他等等，讓她打電話叫醫生。

就在這時電話響了，電話那頭是內華達州伊萊鎮的警長。他打電話來告訴茱麗葉，她先生賴瑞出了車禍，當場死亡。「噢，不對，」她回答警長：「我先生在這裡啊！」

她急忙跑回走廊，「但是賴瑞已經不在那兒了。他是真的『回去』了。」

母親的吻別

肯恩・雷曼帶著哀傷失落的心情離開了母親床邊。他母親與癌症對抗的這條路走得又長又艱苦，讓他的情緒瀕臨崩潰邊緣。肯恩的父親已經過世四年了，而母親從那時候起健康狀況一直沒有好轉過。「回家休息去吧，肯恩！」母親對他說：「今天晚上你不能又待在這裡，整晚沒睡盡在擔心我。回家去照顧奧黛莉和孩子們吧！」肯恩說他先回家看看妻子和小孩，但之後他還是會回到醫院，陪在母親身旁。

當他返家時，看到孩子們都已經蓋好棉被在床上睡著了，於是他坐下來和妻子奧黛莉談話，對她說自己明白母親的時間已剩不多了。「我真的不想拋下她一個人。」他靜靜地說著，努力抑制要奪眶而出的淚水。奧黛莉要他多少睡一點，這樣他才有體力回醫院守在母親身邊。她告訴肯恩她還有個銷售簡報

要完成才能去睡覺，所以如果有電話打來她會醒著的。肯恩看了看錶，決定先小睡一會，再回去陪伴母親。

「我才睡著不到半小時，就感覺到母親的嘴唇親吻在我的臉頰上，」肯恩表示，「這個吻是如此地甜美又充滿了愛意，我知道一定是母親。於是我張開眼睛坐了起來。睡前我在房間裡開了盞小燈，在昏暗的燈光之下，我看得出來有團像人一樣的白霧。雖然我看不出來任何明顯的特徵，但我知道那是母親，因爲我感受得到那團霧氣向我發散出一股強烈而溫暖的愛。之後它往上飛升，穿過天花板，消失在我的視線之外。」

幾分鐘後肯恩打電話到醫院，聽到母親方才過世的消息他並不太驚訝。「體貼的護士說了很多話要安慰我，」肯恩說道：「但母親已經給了我最大的慰藉了。她來找我並讓我知道肉體死亡之後還是有生命的。沒有任何人能夠說服我，那天晚上給我最美好吻別的人不是我的母親！」

我現在沒事了

在一九八三年那個寒冷的十一月早晨，伴隨克莉特・布蘭森醒過來的是一股奇怪的感覺，家裡定有什麼不對勁，於是在她下床準備早餐時，她仔細地檢查她十三歲的女兒梅麗莎和七歲的兒子提姆。因爲孩子們看起來沒事而且還很開心，克莉特知道那一定是她的先生傑夫出了什麼事。傑夫當時在離家將近二百英里遠的一所榮民醫院裡。

傑夫是越戰退伍軍人，之後一直爲越戰期間罹患的慢性病持續惡化所苦。儘管他長久以來勇敢地壓制住病情，但是負擔家計、適應社會和長期對抗逐漸削弱體力的病症，種種壓力催

化之下，終於在一九八一年的春天爆發，造成傑夫精神崩潰。然而更悲慘的事情還在後頭，當他好不容易從崩潰中振作起來之後，一場更複雜的精神疾病又找上了他，讓傑夫住進了醫院治療。

心煩意亂又極度不安的克莉特，還是出門去上班了。「我實在很幸運老闆沒有開除我，」她說道：「我整天都在擔心傑夫，完全無法專心工作。」當天晚上她回到家後，再也無法壓抑自己。她知道要對任何一位負責傑夫病情的醫生開口都是件不容易的事情，但是她知道她必須嘗試這麼做，才能讓自己安心。

克莉特好不容易聯絡上的醫生告訴她，傑夫的狀況還是跟之前一樣，沒有變好也沒有變差。這位醫生還對她發牢騷，說以他的狀況來看，是不可能在幾個月、或幾年內就好轉起來的；她只要知道她先生受到完善的照顧，而且醫護人員都會盡全力幫助他就行了。

醫生這突如其來的保證，並沒有辦法緩和克莉特內心的不安，事實上這幾句意在安慰她的話語反而出現了反效果，讓她更確定傑夫一定出事了。「孩子們上床睡著之後，我一個人躲到臥房角落自己搭建的私人聖壇裡。」克莉特說道：「我拿起《聖經》來讀詩篇和新約，點了幾根蠟燭和焚香開始禱告。在專注地冥想沉思過後，我去泡了個溫水澡，然後上床睡覺。」

克莉特被先生叫喚她的暱名聲中喚醒。「嘿，大眼妹，快醒醒啊！」傑夫的聲音提振了她的精神：「或許當時我處於半夢半醒的模糊地帶，絲毫未感覺到傑夫好端端地站在我的床邊有哪裡不對，」克莉特表示：「我伸出手想碰觸他，並意有所

指地問：『你現在沒事了吧，對不對，傑夫？』」

　　克莉特的指尖觸碰到了傑夫厚實的手掌，他緊緊地握住妻子的手。「對啊！大眼妹，」傑夫回答她：「一切都沒事了。不要忘記我永遠都好愛好愛妳，我去和孩子們吻別了。」話說完傑夫就消失了，克莉特手上握住的只是她的記憶。她打開燈，仔細地記下鬧鐘的時間：凌晨二點零八分。

　　「我當時毫不懷疑我先生出現在我面前，是因為他蒙主寵召了，」克莉特說道：「我很清楚知道，傑夫是來跟我訣別的。」

　　隔天早上七點半，克莉特才剛替孩子們做好早餐電話就響了，是榮民醫院的主管打來的。語氣充滿同情與憐憫的醫生先表達他的敬意，然後告訴克莉特傑夫在前夜凌晨約二點左右不幸過世的消息，大腦的黑色素瘤轉移結束了他的生命。「正確地說，他是在二點零八分走的吧！」克莉特回答這麼一句話，她有種莫名的強烈感覺必須糾正醫生的說法。

　　電話的兩端間橫隔著一陣沉默，然後醫生率先開口，問她早先是否已有醫院的人打電話來通知她先生的死訊。「你們的同事都沒有違反規定，在七點半以前打電話給我，」克莉特回答道：「一個小時左右我就會開車到醫院去，到時再跟你解釋這一切。」在這趟前往榮民醫院漫長的二百英里路途中，克莉特又再次聽到了傑夫的聲音。

　　「他對我說他現在自由了，不再受到痛苦的束縛，也不再感到困惑了，」他表示：「在某種意義上我們永遠都會在一起。我知道從他離開之後，他的靈魂總是看顧著我們的孩子，從他所在的地方關心著孩子們的一切，還有好幾次在不同場合中，我都深刻地感覺到傑夫出現在我的生活裡，帶給我無以名狀的

關愛和支持。

我永遠不會離開你身邊

住在華盛頓州斯博坎市二十八歲的葛蕾辰，和外婆黛博拉的感情一向很親密。長期住在養老院的黛博拉外婆，過去一直身兼母職照顧著葛蕾辰，因為葛蕾辰的母親在她四歲時就過世了，黛博拉總是把葛蕾辰當作自己女兒般養育。

「本來母親與我都和外婆同住，直到她得到癌症，身體變得非常虛弱，」葛蕾辰表示：「我父親在越戰中過世，母親和我便在一九七○年搬去外婆家住。如果不是那本有母親照片的相簿，我對母親的樣子幾乎完全沒有印象。我只想得起來當時她病得很嚴重，而且我還依稀記得她告訴過我她不會從醫院回家了，因為她要去找爸爸，但外婆會好好照顧我的。」

葛蕾辰對舅舅把外婆送到養老院的事一直忿恨不平。她知道黛博拉已經七十七歲了，而且健康狀況很差，但是讓葛蕾辰更難過的是，當她的第一個孩子即將出世時，她慈愛的外婆和他們之間竟然相隔有一整個美國這麼遠。葛蕾辰數度向她先生賴瑞表示，她有多希望當孩子出生時，外婆能在身邊陪著她。然而她知道，就算他們負擔得起外婆的機票，外婆也沒有體力完成這趟旅程。

在一九九二年十月十七日晚上，預產期的前兩天，葛蕾辰度過了一個相當難過的夜晚，高度緊繃的心理讓她的身體感到極度不適。在半夢半醒之間，她一直做著嬰兒出生時會有不幸事件發生的惡夢。她看了大概是那天晚上第一千次的鬧鐘，時間是凌晨二點十五分。她在床上坐起，開始低聲啜泣。

「就是在那時我看見外婆站在我的床邊，」葛蕾辰說道：「我知道自己不是在作夢，因為我整晚情緒都很緊張不安，所以才在床上坐了起來，張大眼睛醒著，煩躁不安。」葛蕾辰記得很清楚，外婆只是安靜地站在她旁邊，之後才開口安慰她說：「親愛的，一切都會很順利，不會有事的。妳要當個大女孩，勇敢起來給外婆看。妳分娩的每一分鐘我都會陪著妳，我絕對不會離開妳身邊半步。一切都會很順利的。現在給外婆親一個，記得我永遠都愛妳。」葛蕾辰對著外婆微笑的臉龐送上一個吻，隨後她摯愛外婆的影像旋即消失。

葛蕾辰大叫著外婆名字的聲音吵醒了賴瑞，他坐起身來揉著惺忪的雙眼，以為妻子已經出現陣痛了。「我告訴他我看見外婆的事，而且外婆給了我安慰，」葛蕾辰說道：「我一直都曉得自己和外婆間有心電感應，所以當我看到她人突然出現在我眼前時，並沒感到太錯愕。不管怎樣，我總算能夠好好地睡一下了。」

在黎明前的五點四十七分，劇烈的陣痛讓葛蕾辰醒了過來，賴瑞知道這次不是假警報，葛蕾辰是真的要生了。下午一點二十七分，黛博拉‧艾斯特出生了，他們以葛蕾辰的外婆和賴瑞母親的名字為女兒命名。果真如葛蕾辰的外婆所準確預告的一樣，接生過程相當順利，母女均安，而葛蕾辰在整個生產過程中也確實感受到外婆的慈愛一直在支持著她，並給她力量。

當晚在葛蕾辰睡著之後，賴瑞很難過地拿了封來自羅契斯特市養老院的電報來給她看。被奪眶而出的淚珠模糊了視線，葛蕾辰在電報上只看得到黛博拉外婆在睡眠中走了的惡耗。賴

瑞幫她指出外婆的死亡時間：「親愛的，根據養老院的說法，外婆是在今天早上大約五點十五分的時候離開的。把時差算進去的話，就是西部時間二點十五分，就是妳說看見外婆出現、告訴妳一切都會沒事的那個時候。」

「外婆的靈魂陪著我，她是來守護著小黛博拉‧艾斯特的出生，並分享曾孫女平安降生這世界的喜悅，」葛蕾辰對她的奇遇做最後的評論。「或許就像某首歌裡所唱的一樣，當我們其中一人離開後，會有另一個孩子出生來接替我們的位置，繼續活下去。」

記得我的好

　　一九七二年，當史坦利隨部隊駐守在德國的那一年，他遇見了一位名叫卡拉的美麗女孩，並且和她度過一段甜蜜時光。兩個年輕人當時才二十出頭，但也好幾次認真地討論過結婚的事。史坦利早已決定終生投效海軍，他曾數度想拋開一切，留在德國和卡拉長相廝守。有次史坦利千里迢迢地跑了大老遠，就只為了去買只訂婚戒指，但他從來沒有把它拿給卡拉看過，因為他認為彼此互許終身承諾的時機似乎尚未成熟。

　　到了史坦利必須隨部隊回美國時，這對戀人終於被迫要彼此表態。他們到一間優美的舊旅館度過他們最後一個週末，在用完晚餐後，話題又回到了結婚。當兩人舉杯慢慢地啜飲著來自萊因河流域的美酒時，卡拉壓抑不住內心的情緒，說她無法想像自己和史坦利以外的男人結婚的畫面，而史坦利也坦承他心裡想的和卡拉完全一樣。「那麼，或許我們應該看看當你回美國之後，我們還會不會這麼想吧！」卡拉提出建議：「讓我

們用寫信來聯絡，看看我們如何排遣對方不在身邊時的寂寞。讓我們考驗我們的愛吧！看看我們是否注定會結婚。」於是他們舉杯互碰，表示贊同卡拉的這項提議。

史坦利回到美國後，兩個戀人間展開熱烈的魚雁往返。然而在六個月之後，史坦利開始體會到原來他更專注的是自己的海軍生涯，而不是遠在德國的女友。美國海軍應允他晉升的機會，這表示他的空閒時間和精力必須全副投注在準備考試上，而不是用來寫那些纏綿俳惻的情書。

史坦利百般不願地承認自己對維持通信的這項約定開始感到怠惰，寫信給卡拉的頻率也慢了下來。剛開始他還是一天一封信，漸漸到一個禮拜一封，最後終於變成一個月才寫一封信。而卡拉寫給他的信原本還維持相同的步調，但幾個月之後她也開始配合史坦利的時間，一個月只寫一、兩封信。

約莫在這段期間，史坦利遇見了黛西，她的父親將終生都奉獻給了海軍。黛西很快就接受了史坦利的深情愛慕。就在他和黛西訂婚後不久，史坦利寫了封信告訴卡拉他就要和另一位女子結婚的消息。「我一直沒有接到回信，」史坦利說道：「我感覺糟透了，我不禁要想如果今天換做是卡拉寄了這樣一封信給我的話，我會有什麼感覺，但同時我也認為自己不得不這麼做，這樣對我們兩個都好。」

就在他結婚之後，史坦利前往位於維吉尼亞州海灘市的造船廠向他的驅逐艦報到。當史坦利的船艦被派往中東進行艦艇維護工作時，黛西則留在他們麻薩諸塞州的家裡。而史坦利也努力安排讓黛西跟著搬到海灘市來。

一九七五年六月十五日，當時擔任貨款交付官的史坦利正

在辦公室裡，爲只剩幾天就要到了的付款日做準備。他坐在辦公桌前打付款清冊，一直到中午十二點二十分才停下來稍事休息。他才靠在椅子上打盹不到幾分鐘，就被一陣輕敲辦公室門的聲音吵醒，以爲來人是下屬的史坦利怒氣沖沖地開了門。

　　但讓他整個人驚訝到腦袋一片空白的是，他看見了卡拉站在走廊，身上穿著一件半透明的白色睡袍。「卡拉的樣子看起來就和當年我們在德國分別的那天一模一樣，」史坦利說道：「當時看到她哭泣的樣子，讓我的心整個都揪了起來。」目瞪口呆的史坦利好不容易開了口，問她怎麼知道要到這裡來找他，還有她是怎麼能不被安檢人員攔下就登上驅逐艦的。

　　卡拉不理會史坦利的問題，逕自講其他的事情：「史坦利，我來這裡是要告訴你我瞭解黛西——而且我也原諒你。」史坦利想說些什麼，但卡拉舉起手來，示意他安靜，好讓她繼續說下去。「我知道你做的事情是對的，」她用輕柔的聲音說道：「所以我在接到你的來信之後不久，就接受另一個人的求婚了。」卡拉眨了眨眼，將盈滿在眼眶裡的淚水收回去，然後她要史坦利永遠不要忘記她的好。史坦利點點頭，哽咽地回答：「我會記住妳的好，卡拉，」他努力將聲音壓低：「還有妳對我的愛。」

　　卡拉笑了笑，轉身離開，走了幾步後又回過頭來說了一句：「你跟黛西一定要過得幸福喔！」史坦利看著卡拉安靜地離開了門口，快速往走道盡頭移動，直到離開他的視線爲止。史坦利記不起自己在卡拉離開之後站在那裡發呆多久，他只記得是來找他的安檢人員讓他從出神狀態中清醒過來的。「幾分鐘以前你有沒有在走廊看到一位美麗的金髮女子？」史坦利問

安檢人員：「當然，有才怪，」安檢人員笑著說：「我想你應該是來這裡上班，而不是來作白日夢的！你還好吧？」

史坦利嘟囔了幾句讓安檢人員滿意的回答後，轉身回辦公室繼續打他的付款清冊。但是他怎樣也無法不去想剛才的事：不管在那不可思議的幾分鐘代表的是什麼，他整個人已經完全失去判斷力。史坦利試圖說服自己是他睡著了，作了個栩栩如生的夢，或許一半起因於心裡對卡拉抱著的罪惡感。但他怎樣也無法接受這種推論，他知道當他看見卡拉時自己是完全清醒的。

史坦利把桌上的文件推到一旁，開始寫信給卡拉，把剛才那段奇遇鉅細靡遺地寫進去。「我想知道是不是她生病了，或者是當時她太想我了，所以她的影像才會出現在我的辦公室前」，史坦利表示。

幾個禮拜之後，史坦利收到了卡拉母親寫的回信，她說卡拉在六月十六日一大清早騎摩托車出了車禍，頭部遭受直接撞擊當場死亡。卡拉過世的時間，正是維吉尼亞海灘市當地的六月十五日中午十二點二十分。

「卡拉的母親說她一直在找我的地址，想通知我她女兒不幸過世的消息時，我的信就到了。」史坦利表示：「就在卡拉出事前幾天她才提到我，說她對沒有回我要和黛西結婚的那封信，感到非常抱歉。卡拉的母親還證實了在卡拉過世之前，她的確已經訂婚了。我們彼此之間一度共同擁有的愛情，讓她在上天堂前的一刻能夠記得來向我道別，一個溫柔又寬恕的天人永別。」

第五節　三個關於最後道別的故事

——摘錄自 Ghost to Ghost 網站（www.ghosttoghost.com/stories.htm）

最後一次：來自英國吉娜的眞實故事

「當我母親年紀還小時，她認識一位住在她家路口的老伯。每天早上她走路去上學時，這位老伯總會跟在她後面，陪她走了大半上學的路。他從來沒有讓母親落單過。」

「一天早上大約九點鐘左右，也就是母親要離家去上學的時間，老伯和平常一樣出現，陪著她一起走。當他們走到街尾時，他對母親說他必須先離開去店裡買點食物。這不是他平常會做的事，但是母親認爲這只是件小事，沒什麼大不了的。所以她想回頭跟老伯揮手說再見，但是卻怎樣也轉不過身去。好像有個東西不讓她轉身或回頭。」

「母親那天放學回家後，她告訴我外婆早上發生的事。外婆告訴她，那老伯約在陪她走路上學的那段時間過世了，而且還有個鄰居擔心母親的安危，因爲那天她走路上學時，這位太太看見她一個人自言自語。當然，那個鄰居不明瞭的是母親當時正在和那位老伯說話，那是他陪著我母親走路上學的最後一次。」

爺爺的探視：十五歲索拉雅的故事

「我一直都夢想能和住在伊朗的爺爺見面。我很遺憾沒能當他還在世的時候就和他見面，在新千禧年開始後的第三天，他因爲中風過世了。當母親告訴我這不幸的消息時，我在房間裡哭了好久。收拾起眼淚後，我們家人到堂哥家去談爺爺後事的

處理。」

「叔叔對我們說爺爺曾告訴過他和其他叔伯們，在他老人家走了的時候不想讓身邊的人太難過。一回到家，我又哭倒在床上。我一直哭、一直哭，過了一會兒我感覺有人站在床腳旁邊。我抬起頭一看，什麼也沒有，但是我感覺得到有人在我房間裡。我相信那是爺爺，他想來安慰我。他俯身靠向我，在我的臉頰上摩擦著一個個的圓形，我可以感覺到他那雙非常溫暖的大手。於是我停止哭泣，換成一個大微笑掛在臉上，因為我知道我終於和爺爺見面了。」

「幾天後當我在寫作業時，我聽見樓下傳來父親哭泣的聲音。我以前從來都沒有看過或聽過父親哭，這次是因為爺爺過世讓他太難過了。那天晚上我告訴父親幾天前發生的事，父親問我：『當爺爺摸你的臉，他有沒有畫圓圈？』我回答道：『有！』」

「父親告訴我，爺爺都會做這種動作來安慰他所有的孩子。我很高興能告訴父親這件事，因為當他知道爺爺的靈魂仍存在之後，就不再感到難過了。這時候我也更確定，當天晚上出現在我房間裡的真的是爺爺。有時候我真的很希望他能再回來看我們，但是沒關係，因為我知道總有一天我們會再見面的。」

水晶酒杯：來自俄亥俄州大衛的故事

「我母親長大的故鄉位於賓夕凡尼亞州伊利市外，一個叫做威斯利維的小鎮，當時她的好姐妹貝蒂就住在對街。她們一起走路上學、一起玩耍、一起去看電影，直到外公告訴她全家要搬到俄亥俄州那天。母親當時才十六歲，她感到相當沮喪，沒

有了她最好的朋友陪在身邊，她該怎麼辦才好呢？」

「搬家的那一天終於到了，兩個好朋友承諾一定要保持聯絡，她們真的做到了，歷經了經濟大恐慌和二次世界大戰，兩人的聯繫未曾中斷過，戰後她們還擔任彼此婚禮的伴娘。在母親出嫁的那天，貝蒂送給她一組美麗的水晶酒杯當作結婚禮物。」

「貝蒂和母親都各生了兩個兒子，貝蒂一家人也經常來俄亥俄拜訪我們，反之我們也常回伊利市去探望他們。到了一九五八年，貝蒂生了一場重病，健康狀況急速惡化，我們大家心裡都有數，她的日子已經不多了。有天夜裡，當時母親躺在床上掛念著她的好朋友，她聽見了餐廳傳出玻璃碎裂的聲響。她直覺地看了看時鐘，時針指著凌晨三點。母親下了床，打開電燈到餐廳去查看發生了什麼事。她全部巡過一遍，並沒有發現什麼不對勁的地方——直到她看見用來展示水晶餐具的櫃子，發現貝蒂十三年前送給她的其中一個水晶酒杯破掉了，除此之外櫃子裡的其他東西都完好如初。」

「母親回到床上，一直想弄懂究竟是怎樣，才有可能讓放在展示櫃裡的酒杯倒下來，明明就沒有人去動它啊？我父親在他們的房間裡睡得正熟，而我們兄弟倆則睡在樓上。」

「隔天早上大概七點半左右，貝蒂的先生唐恩打電話來告訴我們，

貝蒂送給她好友當作結婚禮物的水晶酒杯組。©Dave Van Slyke

貝蒂在昨天夜裡過世了。『是幾點的時候？』母親激動地問。唐恩的回答是：『凌晨三點鐘。』」

「這是個絕對眞實的故事，我也一五一十地說出一切的細節。是貝蒂讓水晶酒杯倒下來，當作給我母親的暗示嗎？一種她離開了這世界，但還活在其他空間裡的暗示嗎？」

「母親和我已反覆討論這件事好多年了，試著要找出個合理的解釋。我們都很清楚酒杯不是因爲地震而倒下，住在俄亥俄州我們偶而會經歷一些小地震，但發生的頻率實在太低了。如果那天晚上發生了稍微大一點的地震，隔天報紙一定會有報導，而我們也會記得的。此外，酒杯的底部夠寬，地面一點輕微的搖晃還不至於會讓它翻倒。」

「如果它是在白天就倒下來的話，那我們兄弟倆肯定是頭號嫌疑犯。但當時是凌晨三點鐘，我們兩個在樓上房間睡得正香甜。再加上母親是個淺眠的人，我們下樓時的腳步聲她一定會聽見。」

「此外，爲什麼就只有那一個酒杯倒下來，而櫃子裡的其他東西都沒事呢？」

「母親和我都是凡事講究道理的人，然而我們都相信是貝蒂自己在過世時的那一刻把酒杯打翻的。我們認爲這是她對我們說『永別了』的方式。」

第六節　伊恩‧柯里教授的檔案故事

曾任教於加拿大安大略省的基輔大學，講授人類學與社會學，同時也是《你不會死》（*You Cannot Die*）一書作者的伊恩‧柯里教授，與我們分享以下的故事。

某天清早，一位駐守在德國的美國軍人出乎家人意料地，突然出現在他們位於底特律市郊區的家中。他的母親當時正在準備早餐，看見兒子回家又驚又喜，連忙幫他添了一份餐具。

「抱歉，媽，」他說道，用淡淡的一笑拒絕了母親的愛心。「我不能留下來吃早餐，我只是想來說再見的。」年輕士兵向母親揮手道別後走出門外。他心碎的母親追了出去，吶喊著要他再待久一點，但他已經完全消失在空氣裡了。幾個小時之後，一位軍官來到他們家門口，告知一家人他們的愛子在六千英里遠之外的德國，於一場訓練意外中不幸喪生了，正確的死亡時間是他神祕現身在家中的半小時前。

在另一個伊恩‧柯里教授提供的故事中，有兩個朋友成為事業夥伴，在波士頓合開了間服飾店，但後來其中一人偷走了所有錢，逃出城外。儘管合夥人自私背叛，服飾店的生意依舊越做越好。大約在六年之後，當服飾店老闆看見他的老朋友兼前任合夥人走進店裡時，驚訝到下巴都快掉下來了。

這位捲款潛逃的前合夥人一聲招呼也沒打，直接切入他這次來訪的主要目的。他說他是來為自己以前的所作所為，致上最深的歉意。於是兩個老朋友互相擁抱，被丟下來獨力照顧店的合夥人大方地原諒了前任合夥人，不再怪他偷了自己的錢。這位許久不見的老朋友臉上立刻出現一抹光輝，「謝謝你！」他說道，然後便快速地離開了服飾店。幾天之後，服飾店老闆才知道他的前合夥人，在走進店裡求他原諒自己的三小時之前，就已經過世了。

第七節　等著說再見

在某些故事中，死者的靈魂有時會等待更適當的時間才出現道別，而不僅在肉體死亡的瞬間。不少目擊者指出，在他們的朋友或家人過世之後，過了好幾天、幾個禮拜甚至幾個月後，死者才出現向他們道別。死者的靈魂還可能會在死後多年再出現，向親友們傳達他們還存活在另一個世界的訊息。

透過播送音樂說再見：派崔克的眞實經驗

「我母親在一九八一年因腦癌過世。葬禮結束的幾個禮拜後，當我在爸媽的房間裡整理東西時，我打開了收音機。廣播電台的頻率設在母親生前最喜歡的鄉村音樂電台，節奏輕快的音樂聲充滿了整個房間。突然，在 DJ 沒有事先介紹的情況下，播放了一首貓王的《我輕輕地離開了妳》（*Softly as I Leave You*）。這首歌唱的是一個在醫院垂死的男子，有天醒來時感覺到自己快離開人世。他看見妻子坐在床邊的椅子上睡著了，但他沒有叫醒她，留下了一封短箋給她。他告訴妻子他會輕輕地離開她，在她開始想念他之前，在她的手可以抱住他、求他多留下來一小時或甚至一天之前。」

「我感覺內心的情緒澎湃洶湧，我坐在那靜靜地聽歌，眼淚幾乎要奪眶而出。母親在我來得及見她最後一面之前就離開了。因爲她病得很嚴重，一直都住在姐姐家裡，而在她過世的那個早晨，我離開她回自己家睡覺。就像這首歌寫的一樣，她在『我開始想念她之前』就離開人世了。我突然有種強烈的感覺，貓王是她這輩子最喜歡的藝人，母親正透過廣播歌曲要對我說再見。」

「一九八六年我父親也跟著過世了。在去瞻仰他的遺容之前，我到外頭去熱車，一打開收音機，音響立刻流瀉出洛伊·歐比森的歌曲《好時光》（*For the Good Times*）。歌詞說著不要對已成過去的事太難過，日子還是得過下去，值得高興的是，我們曾經共度過一段美好的時光。這幾句讓我哭了出來，只好把收音機關掉。在母親過世後，父親就和我住在一起。我們以前的關係並不太親密，但是在母親離開後的五年之間，父子間的感情變得越來越好。我的確高興父親和我曾經『共度過一段美好的時光』。這幾句歌詞雖然簡單，卻道盡了我滿溢出來的情感。」

「一年後我遇上了件極不尋常的事。我的一個好友被診斷出患有致命的病症，他要我答應他不將祕密洩漏出去，而除了我之外只有另一個我們的共同好友知道。在他告訴我這件事之後，我得出門去接另一個朋友。在半路上我們這位朋友問我發生了什麼事，我回答沒什麼，但他直說我看起來怪怪的，好像在煩惱什麼似的。我繼續裝作沒事，把手伸過去轉開收音機，比利·喬的歌曲《英年早逝》（*Only the Good Die Young*）在車裡響起。於是我關掉收音機。這一切都是巧合嗎？我可不這麼認為。」

第八節　警告事項

有些黑暗靈體和寄生靈，就棲身在這世界上我們看不見的黑暗角落裡，它們將能夠控制人類行動或侵占一個活生生的肉體，視為它們最大的樂趣。以下的兩個故事教我們務必要小心，即使你有證據讓自己相信真的是在和已逝的家人或朋友有所互動時，仍然不得不提防。如同本書中反覆強調過的一樣，靈界確實存在著一些會偽裝成其他身分的靈體。它們這麼

做只有一個目的，就是要給我們帶來破壞與災難。

老爸不是應該安息了嗎？：辛蒂的眞實經歷

「自從父親在一九九八年過世以來，我斷斷續續碰過各種靈異現象，在他過世後的前三年內，發生的頻率更是高得嚇人。如果說我和已過世的父親有過親身接觸，大家會作何反應？我確信那是我父親，因爲我是在非常近的距離看見他的。」

「他是在我睡著時和我進行親身接觸。當他進入我的身體時，我感覺整個人像被電流貫穿，從腳底到嘴巴都麻痺了，但大腦卻很清醒！我掙扎著逼自己喊出『老爸』時，他立刻就離開了我的身體。之後我不發一語，動也不動地躺著。這眞是一次可怕的經驗。」

「另外幾次他進到房裡來看我的時候，我都可以感覺到那股能量；像是有個活生生的人在我房裡。我的工作需要輪值大夜班，在上班的地方我也有過同樣的感覺。這幾次的經歷都和我家『老爹』有關，偶而有點嚇人，因爲他會突然地出現，就算是我也得花一點時間來習慣它。」

「我必須先澄清，這些經驗大多發生在我意識清醒的時候，只有一、兩次是在睡著後才出現。我清楚記得老爸俯身靠近我，看看我是否一切安好。他也試過其他方式來進行接觸，讓我知道他和我同在。我告訴老哥發生在我身上的事時，才得知他也同樣有過幾次這種體驗，但是沒有一次比得上我經歷過的體驗。老哥還不確定自己該不該接受這種靈異接觸，他的心裡還存有疑惑。我似乎顯得較堅強——或者說是接受度最高的一個。」

「老爸現在不是應該安息了嗎？還是他找到了來往於靈魂界和俗世的通路了呢？我相信科幻小說、超自然現象和神鬼之說，對這類靈異現象存在的可能性抱持相當開放的態度，再加上親身體驗過這些靈異事件，更讓我成為這方面堅定不疑的信徒。我始終未跟母親提到老爸來找我好幾次的事，因為她是位虔誠的基督徒，我可不想嚇到她。」

※ 作者註：我不想嚇到辛蒂，但我必須建議她，她對父親的愛以及對超自然現象的開放態度，可能會讓她容易受到其他偽裝者所欺騙。它有可能偶而偽裝成過世父親的靈魂，以進入她的身體為樂。與已逝親友的靈魂有所接觸，和允許一個精神靈體占有個人肉體完全是兩回事。根據我的看法，任何人永遠都該抗拒企圖占據自己肉體的靈體，不讓它們越雷池一步——不管它宣稱的身分是否獲得證實，我們也不可允許其他靈魂和自己有任何肉體上的親密接觸。

分辨善靈與惡靈：傑克的真實經驗

「在匿名戒酒會的聚會上，我認識了一位自稱瑪莉的女子，她比我大十歲，酗酒資歷長達二十九年。她曾經一度是匿名戒酒會的演講者，在全國各地的匿名戒酒會巡迴演講。她傳出罹患Ｃ型肝炎之後，便縮減了許多公開活動。在瑪莉因病過世之前，我們已是十分要好的朋友。」

「瑪莉過世的那個夜裡，我意識到有人在房裡而甦醒，它向我靠近後籠罩住我。它像是一股電流，但卻一點也不痛，這是一種前所未有的感覺。它像擁抱一樣將我整個人包圍著，我還感覺到臉頰被親了一下，然後它就消失了。我在床上坐了起來，大聲說出：『再見了，瑪莉。』我知道是她，因為她不是

那種會不告而別的人。」

「第二天晚上，我又感覺到有其他人出現在我房裡，但那不是瑪莉，它給我的感覺相當黑暗。在我想入睡的時候它壓在我的床緣，讓我知道它在這裡，但當我轉過身去看是誰的時候卻什麼都沒有。幾天後的某個晚上，我聽見浴室裡傳出窸窸窣窣的聲音，聽起來像是有人在搖一罐維他命。我起床看個究竟，罐子好端端地擺在那兒。起初我以為那可能是老鼠發出的聲音，所以自己擺了幾個捕鼠器，但卻連一隻小老鼠都沒捉到。」

「接連幾天什麼事都沒發生，直到某天晚上我被一股突如其來的腐肉臭味薰到快昏過去了。我下床到儲藏室、冰箱和垃圾桶等處逐一檢查，但臭味並不是從這些地方發出來的。我氣憤地大吼，不管自己對著什麼東西，我告訴它，這樣整我一點都不好玩。」

「隔天晚上我打開收音機聽《潔夫‧任斯秀》，布萊德‧史泰格（本書作者）是當天的特別來賓，於是我決定打電話到節目裡，告訴他這整個故事。布萊德建議我舉行淨化儀式，且誠心的禱告。我照他說的方法去做，真的有用！從那之後，我的公寓就變得非常平靜了。」

淨化儀式

想像自己被一團紫色的光線包圍住，然後請求你的守護天使，將你連結到至高造物主觀念中最高的頻率。想像並感覺那道溫暖的紫光在你的上方移動著，看著它、感覺它觸碰著你的每一吋肉體和靈魂，以及在場所有人的肉體與心靈。然後大聲地對你的守護天使說：

「請幫助我召喚來自偉大造物主的最高能量，召喚和諧的律法，因為我（以及我的同伴）發現我們身處於不見光線的幽暗之地。允許轉化和淨化的紫光照亮這整個地方，讓這股淨化的能量掃除所有負面能量、所有不好的回憶、所有邪惡意圖的實體、所有以作惡為樂的邪靈，以及所有煽動邪惡欲念的低頻生物。讓這股轉化的能量用光明取代所有的黑暗，除去所有的混亂能量，用最純潔的能量、愛的力量和所有正面善意的靈之光輝來取代。請賜給我們光明，讓我們得以用十足的身心靈健康、十足的喜悅、十足的光明和十足的智慧，迎接這淨化過的、重生的嶄新一天。阿們，照您的旨意成就吧！」

臨死警示

第一節　母親的靈魂讓他逃過納粹攻擊

維多的親身經歷

「二次大戰期間，我搭乘的貨輪不幸地在大西洋正中央拋錨，隨波逐流了好幾天。引擎在離港後第七天就故障了。儘管我們隸屬於一支目的地是義大利的護衛隊，但受戰爭對物資的迫切需求，其他船艦不得不先拋下我們繼續前進。」

「一九四二到一九四三年的大西洋底下布滿了納粹潛水艇，每艘艇艦上都不乏野心勃勃的指揮官，恨不得擊沉任何一艘敵船。貨輪船上每個人都神經緊張，孤立無援的我們，做好納粹軍隨時會來襲的心理準備。」

「像待宰羔羊般在海上載浮載沉的第三天，全體船員的緊張情緒已經到達臨界點。甲板上只有寥寥幾門機槍，且除非潛水艇浮上水面，否則根本毫無用處。遑論會有敵軍指揮官專程浮上水面，和我們來場傳統海戰。他們只消躲在海底，按個按鈕發射魚雷，就能擊沉我們。」

「這天傍晚我躺在自己的床上，想在站哨前多睡一點。當時艙房裡只有我一個人。睡到一半時，有隻溫暖的手像是要叫醒

我一樣輕推著我的肩膀。我咕噥著晃了下肩膀，想甩開這擾人清夢的討厭東西。然這隻手和它的動作給我一種似曾相識之感，於是我張開了眼睛，看見母親就站在床邊。她的出現讓我驚訝地瞪大了眼睛，她持續輕推著我的肩膀，邊笑著對我說：「維多，親愛的！」用她一貫的溫柔和藹語氣：「你最好趕快起來，起床時間到了。」在我能做出任何反應之前，母親的形影就消失了。

「當時我母親已經過世八年，起初我以為自己在作夢，夢見了童年時期母親叫我起床準備上學。我反覆思索著剛剛出現的幽靈，越發覺得不安，於是決定盡快穿上衣服，離開讓我心底發毛的地方。」

「因為在經歷那場似夢非夢的詭異情境後，不想一個人獨處，且離站哨時間還有幾個小時，我決定到引擎室去和這幾天來辛苦維修的工程師們聊聊天。當我才跟死黨點頭打完招呼，一陣猛烈的爆炸讓整艘貨輪猛烈搖晃起來，所有人都失去了平衡、跌在地板上。我當時單膝著地蹲下，有幾個人則是直挺挺地向後倒了下去。」

「我們被德軍魚雷擊中了，幾分鐘內所有船員都擠上救生艇，划離下沉中的貨輪，所幸沒有任何人員傷亡。但當我回頭望向緩緩沉沒的貨輪時，可以看到船的右舷側被炸出了一個大洞：在魚雷撞擊貨輪的前幾分鐘我還睡在它的正上方呢！我想是母親從天堂告假，下來警告我及時逃離死神的魔掌。」

第二節　亡夫的呼喚

一九九二年三月，七十一歲的克莉絲汀‧Ｆ寫了一封洋洋灑灑的信

給我，跟我說她的故事，她原本安穩地睡在位於北明尼蘇達州家中舒適的大臥房裡，卻聽見已過世的丈夫，大衛，的聲音清楚地叫著她名字。

克莉絲汀的親身經歷

「我從床上坐了起來，在伸手不見五指的黑暗中，拚命摸索著電燈的位置。我身上的每個細胞都確定自己沒有聽錯，那個聲音的確來自我此生最愛的大衛。即使他已在五年前因心臟病發而離開我，但我永遠都不會忘記他的聲音。」

「好不容易終於找到了電源開關，我這才下床。『克莉絲汀！』那個聲音再次開口了，像是從我右後方發出的。『要注意啊，親愛的！』我聽見大衛對我說，『有東西燒起來了。妳有危險了，我的愛人。注意！』」

「我發狂似的在房間裡繞圈，希望能看見大衛，那怕只有一眼也好。雖然我什麼都沒看見，但錯不了就是大衛的聲音。好幾年前，我們同時愛上了一部英國電影。裡面有個軍官，每次在發號施令前都會中氣十足地加上一句『注意』當開場白。後來我們每次要對方立刻去做家事時，總會開玩笑地用這句話來代替。」

「房子裡的暖爐是電子式的，我在睡前就已經定好自動調溫器。我相信自己不致讓電器，像烤箱或熨斗之類的，一直開著沒關。大衛從以前就一直害怕房子會燒起來，因為他小時候曾親眼目睹過阿姨家失火。那棟美麗的老房子被燒成灰燼，但更慘的是大衛最喜歡的表妹嚴重燒傷，身心都留下了難以撫平的創傷。」

「有一次，大概是在我們結婚那年（一九四三）的三、四年

後吧，大衛在夜裡醒來發現廚房的垃圾桶裡有東西在悶燒著。他發現是自己不小心連同菸灰缸，把一根沒捻熄的菸屁股倒進垃圾桶，覺得很不好意思。後來他驚覺如果房子著火了，那他不就是縱火的兇手嗎？從此之後他變得更怕火了，甚至就從那個深夜起，他把菸戒了，再也沒有抽過半根菸。」

「我走進客廳尋找聲音的來源，回憶起這些事，邊想著或許是在心裡播放記憶中的大衛聲音錄音帶吧！這時我聽見後院傳出聲響，探頭往窗外看到幾隻動作優雅的野鹿走到湖邊去。貓頭鷹悽涼的叫聲從林中深處傳來，一切都是寂靜的森林夜裡應該有的樣子。」

「正當我說服自己是作了一場怪夢後，大衛的聲音像是要回應我內心的結論一樣又對我說話了。但這次的訊息既短促又急迫：『房子著火了！』」

「這句話讓我更困惑了，內心也開始害怕了起來。我走遍了小屋裡的每個房間。什麼異狀都沒有啊！我找不到任何會引起火星的徵兆。當晚稍早我煮了杯熱可可喝時，是有在火爐前堆了幾塊木頭生火。但幾小時前火早就全滅了，只剩下一些餘火還在火爐柵欄後面隱約閃爍著紅光。」

「『失火了！』大衛的聲音又出現了，同樣急切又帶著命令的語氣。我忍不住沮喪地哭喊出來：『在哪裡啊？』，我大聲地問他：『告訴我在哪裡嘛！』我靠在火爐的煙囪上，幾乎要崩潰了。這時我突然感覺到磚牆是熱的！當我轉過身去把手掌放在牆壁上時，碰不得的溫度簡直把我嚇壞了。我找到壁爐架和牆壁間的一條小細縫，瞇著眼睛往裡頭看，竟然有一團熊熊火焰正猛烈地燃燒著。我家失火了！」

「我逼自己先冷靜下來，然後走到廚房撥打電話叫消防隊。我們的村子雖然小，但仍有支素質精良的義消隊，我知道他們會以最快速度趕到家裡來。掛上話筒後，我才覺得自己好像終於完全清醒了。我可以很清楚地聽見火舌朝屋頂延燒的恐怖劈啪聲，清楚地看見濃濃黑煙蔓延過整個客廳，像從火焰中伸出了貪婪的手，尋找下一個被它吞噬的犧牲品。在消防隊到達之前，先到院子等會安全點。當我準備在睡袍外面加上一件厚大衣時，就聽見消防車尖銳刺耳的警笛聲由遠而近，呼嘯而來。『謝謝你，大衛！』我抬起頭對著滿天星斗說：『謝謝你，親愛的，你救了我一命。』」

「感謝義消兄弟們的即時出動，我家才沒被燒掉，但是後來估算的整修費用，卻成了我決定搬到附近城市公寓的主要原因。我很想念湖邊小屋的隱居生活，但我可以強烈地感受到，因為我現在住在朋友和家人附近，大衛的靈魂放心了許多。」

第三節　母親的靈魂揮手示警
蘇珊的真實經歷

「在我十二歲那年母親就過世了，當時我們住在加州的依瑞卡鎮。不只我們幾個小孩悲傷得不知如何是好，母親的死也對父親造成不小的打擊。我們家裡有四個小孩，我排行老二，大姐黛博拉當時十四歲、老三寶拉八歲，最小的弟弟道格拉斯才六歲。一九七三年三月母親的葬禮結束後的幾個禮拜，我們每晚都因為想念媽媽而哭著入睡，也聽得見從父親房間裡傳出的哭聲。我們都太想念母親了。」

「父親強忍住悲痛，直到學校放暑假為止才說出他的決定。

他說我們要搬離鎮上，到別的地方重新開始對全家人會比較好。他希望我們能夠展開新的生活，別讓自己沉浸在回憶中，日子就不會這麼難過了。」

「父親決定嘗試過全新的生活，他透過一個親戚知道在奧勒岡州一個小鎮外有棟舊農舍，於是認為我們應該去看看。六月十六日那天，當我們步出旅行車，幾個小孩子看了一眼這間快要倒塌的老房子後，每個人心裡都暗自祈禱著父親不會喜歡這棟鄉下的破房子。」

「這房子的確夠大，裡面有六間臥室、一間大型的鄉村式廚房和一間體面的客廳，窗台上還有一整排花架。但問題是，它真的破爛到了極點，勢必得花一大筆錢整修。黛博拉和我都知道母親的病已花掉了父親大半的積蓄，更別提還有喪葬費了。儘管這棟老舊的大房子開價很低，可能符合父親的預算，我們只想到父親不知還要花多少錢來整頓這個農舍，好讓它真能住人。但是寶拉和小道格對這大農舍感到相當興奮，尤其它旁邊的穀倉和馬廐。兩個小傢伙已經開始想像他們騎馬的樣子了。」

「在父親和地主討價還價時，我們這四個小孩子早就在這間爬滿了藤蔓的房子裡展開冒險了。我們甚至決定好房間的分配，還爬上積了厚重灰塵的樓梯到閣樓去，在那裡發現了好幾個珍貴的衣櫥，裡面裝的是前房客留下來的一些衣服和帽子。我們高興極了，這些拿來玩變裝遊戲是再好也不過了。最後只剩下地下室還沒去過而已，寶拉聲明她不喜歡去地下室，因為哪裡又暗又臭又可怕。小道格也說他確定怪獸就住在樓梯下面，而且一想到要下去那黑暗的不明空間，他藍色的大眼睛就張得更大了。我開玩笑說他是個小娘娘腔，向他們保證一定可

以在下面找到一些別人留下來的好東西。但是寶拉還是堅持要和小道格待在上面，要黛博拉和我下去地底世界探險。」

「『如果我們真的要住在這裡，』大姐黛博拉對他們說：『你們就不能害怕到地下室去。』一聽到這個，寶拉禁不住全身顫抖：『噢！我希望我們不會住在這恐怖的老房子裡。』」

「『那是讓爸爸來決定的。』黛博拉提醒她：『走吧！快，我牽道格的手。寶拉，妳牽蘇珊的手。我們一起跑下去好了，這樣你們就不會怕了吧！』」

「不甚情願的寶拉和道格拉斯只好硬著頭皮照做。當我們跑到樓梯的一半，所有人同時間緊急煞車。因為我們都看到了媽媽就站在樓梯最下面！」

「我們四個都清楚看到已過世的母親，就站在我們面前。事後當我們聚在一起討論看到了什麼，每個人敘述中的母親完全相同。她穿著一件非常漂亮、上面繡著大花的背心裙。她長長的金髮紮了辮子，像經常在溫暖的陽光底下曬過一樣健康的顏色。最重要的是，我們都看到了她美麗的微笑。她對著我們深情地微笑。我永遠也忘不了那天在那個老舊地下室看到的母親模樣。」

「若非母親做出警示動作，要我們走上樓梯回去的話，我們肯定會衝向美麗、滿臉笑意的母親懷抱裡吧！當寶拉向下朝母親走了一、兩步後，母親皺了下眉頭，示意寶拉不可再往下走。我們全都邊哭邊叫著母親，說我們好想要抱她、親她，但母親還是一直揮著手，要我們回頭。就在我們打算無視母親的手勢、衝下樓梯時，她的影像突然憑空消失。」

「我們跑上樓梯找父親，告訴他我們看到媽媽站在地下室樓

梯下面。因為我們四個都同時又哭又叫地喊著，父親不能不把我們當一回事，糾正我們什麼都沒看到。」

「八十多歲的老地主聽懂我們發生在地下室裡的事後，變得比我們還激動。『不行，不行，你不可以讓這些小孩跑到地下室去！』因為他有點耳背，說起話來更大聲。『樓梯正下方有個舊水槽。木板已經都爛掉了，我得把它修好，以免有人不小心掉下去。』」

「父親對地主未事先告知這項潛在的危險，感到非常生氣，但顯然這位老先生也根本記不得太多事情，因為他很快就忘記了為什麼我們這幾個小孩子會想要在這棟老房子裡探險。」

「當父親下去調查時，他發現地下室和老地主所說的一樣。所謂的水槽指的是一口未加蓋的井，大約八呎深，底下有約三呎高的積水，被樓梯底部的陰影完全遮住。依照我們跑下樓梯的方式，肯定會全部跌到井裡，不但會受重傷，說不定還會送了小命。父親當下就決定放棄不租這間老農舍，他也沒有懷疑我們說母親帶著美麗的笑容，回來人間救了我們這些寶貝小孩的事。」

「『因為她是一開始給了你們生命的人，』父親說：『就算她已經過世了，還是會盡全力來保護你們的。』父親泛紅了眼眶又說：『孩子們，現在你們知道愛是永遠都不死的吧！』」

第四節　守護家人的亡夫靈魂

　　一九九二年當我們結束在聖地牙哥的一場專題討論會後，一位名叫瑪格麗特‧G 的女子告訴我和雪莉，她先生在過世後仍保護著家人的動人故事。

瑪格麗特口述的真實故事

「有天晚上我坐在起居室的躺椅上看報紙，本來快睡著了，突然間聽到了像是我三歲的女兒西西在她房裡啜泣的聲音。」瑪格麗特說。

「同時我也聽到房子後面的小巷傳來翻找垃圾桶的聲響。我躡手躡腳地走到廚房，向窗外窺視，看見垃圾桶旁邊的陰影處站著一個人。」

瑪格麗特好不容易才抑制住讓她全身發抖的戰慄。深呼吸一口氣集中注意力後，她安靜地走回起居室，打電話報警。

「我坐在躺椅上，告訴自己要保持冷靜，並全心禱告，祈望在我數到十之前警車就會停在巷子口。然後我又聽見小女兒的哭聲。我突然被一股恐懼感攫住，心臟開始狂跳：會不會歹徒已經闖進到家裡來了？」瑪格麗特打開西西的房門，看見一個陌生人斜躺在女兒的床上，禁不住害怕得放聲大叫。她孤身一人，警察又還不見蹤影。這個入侵者會不會傷害她女兒？頓時她的心裡縈繞了千百種不同的恐怖情節。

讓瑪格麗特感到詫異的是，陌生人竟然溫柔地對西西唱起歌來。當她回神後才發現，他嘴裡哼的曲調是一首她先生生前最喜歡的六○年代歌曲。「你……你是誰？」瑪格麗特出聲詢問。陌生人穿著套頭運動衫，拉起帽子遮住了他的臉，在朦朧的燈光下瑪格麗特看不清楚他的長相。「你到底是誰？」瑪格麗特再次詢問，但是聽得出聲音裡強忍住的恐懼。

陌生人抬起頭轉向她看過來時，瑪格麗特簡直不敢相信，竟然是她的先生——威廉，下一刻他就消失了。「就在我快倒

下去之前聽見了**警察敲門的聲音，**」瑪格麗特說：「警察說他來看看我們是否平安無事。他告訴我剛剛才在我家後巷抓到一個歹徒，**警察說這個歹徒的襲擊和竊盜前科紀錄，攤開來和他的手臂一樣長。**」

瑪格麗特感謝警察這麼快就逮捕到這名歹徒，顯然他當晚是鎖定她家下手的。「很高興能為您服務，太太。」警察說：「但妳很幸運，今天晚上有男主人在家陪妳。」

「我先生？」瑪格麗特的聲音空洞呆滯。

「是啊，」警察繼續說道：「妳知道的，大部分闖空門的竊賊都只想在不被發現的情形下進出受害者的家。但這個歹徒殘酷成性，假如碰巧被他發現屋裡只有一位女性，他就公然闖進去洗劫，加害落單的女子。萬一家裡還有小朋友在，他也會毫不猶豫把小孩子痛打一頓。」

瑪格麗特必須確認在西西的房間裡看見什麼：「你是說歹徒看見我先生在家裡？」警察點點頭：「是啊，歹徒說他從窗戶偷看妳家，看到一個高大的男人一直站在妳的椅子右邊。他好幾次想繞道從小孩子的房間裡進去，但是他又看到妳先生靠在妳女兒的床上，唱歌給她聽。他說妳先生穿了一件連帽的套頭運動衫，像剛去健身還是跑步回來似的。所以說他回到家裡是件好事，」講到這裡警察疑惑地皺著眉頭，環顧客廳一周後說：「妳先生呢？他在睡覺，還是去做什麼了？」

「警察先生，」瑪格麗特回答：「我先生威廉已經過世快兩年了。當時他和幾個好朋友一起在沙灘慢跑，突然打算跑到退潮看見的幾塊大石頭那邊。但是當他跳到岩石上時冷不防一個大浪打來，他滑倒後跌了下去，當場被大浪捲走。或許是他身

上那件厚重的棉質套頭運動衫一下就吸飽了海水，才造成他的溺斃吧！他的屍體直到隔天早上才被沖上岸。」

　　聽完之後，警察沉默下來。他道了晚安後就離開了。「我不曉得他相不相信我說的話，」瑪格麗特說：「不過我不在乎。因為我明白威廉深愛著我們，在那天晚上從另一個世界回來保護我們，阻止打算搶奪財物並對我們施暴的惡徒。我永遠不會忘記在西西的房間裡看到他的那一幕，以及他對著女兒唱的那首歌。除了解救我們不被傷害和保住財物之外，威廉給了我們一個最珍貴的禮物：證明人死後，生命和愛仍然繼續存在。」

第五節　從強暴犯手中解救她的藍光
桃樂絲的真實經歷

　　「我曾遇見一個善意的鬼魂，這件事發生在一九七〇年。當時我和大衛剛結婚不久，身上沒有多少存款，住在堪薩斯市裡一個相當簡陋的房子。我們在婚後搬進這一排五棟房子裡的第三間，這些老舊不堪的房子看起來都一模一樣，大約是在十九世紀末或二十世紀初期興建的。住在那裡時，我們一直告訴自己，總有一天要搬到更好的地方去。

　　「通常下班後我會比大衛還早兩小時到家。大衛說讓我去做服務生的工作實在是太丟臉了，在他們家裡，一向只有男人出外工作。他願意接受我出去工作的唯一原因，是這樣可讓我們更快達到想要的好生活，因為住處龍蛇雜處，所以他堅持我如果要去工作，一定要在天黑前回到家才行。更糟的是，社區裡有好幾位年輕女性都曾被一個持刀的強暴犯攻擊，至少有六人

被強暴，還有一人遭到殺害。」

「大衛每禮拜有三個晚上下班後要到夜校上課，所以我必須把晚餐保溫到十點他回來爲止。這讓我們兩個都很辛苦，但我們都希望大衛去修習的這些商業課程，將會成爲我們邁向美好生活的入場卷。」

「這件事發生在十月寒冷的夜晚。大衛還在學校，廚房裡正在溫熱他的晚餐。我坐在客廳休息，把脫去鞋襪的腳放在板凳上，一邊讀著新書。半小時之以內大衛還不會回到家，在工作一整天後坐著休息，眞的很舒服。大約在八點五十分的時候，我想去廚房看看大衛的晚餐，免得熱過頭而乾掉了。」

「當我走到客廳和廚房中間的門前，突然被一股隱形的力量擋住去路，我感覺到有道看不見的障礙物壓住胸口和手臂，把我推回去。我遲疑了一下，懷疑是否是我的感覺麻木或是錯覺，決定用全力衝向門口。但那股力道之大，把我整個人彈了回來並失去平衡，單膝跪倒在地上。我身高約有一百六十公分，不算是矮個子。這件事發生時我才二十二歲，身手敏捷、體格結實，而且有六十三公斤重。從小就在密蘇里州農場幹活長大的我，被一個隱形障礙物打倒在地，這經驗對我而言確實是種震撼。」

「我蹲到沙發後面，仔細研究那扇打開的門，試圖找出不讓我進廚房的到底是什麼東西。我想了好久，認爲可能是我這陣子工作得太累、睡得太少，體力和精神都有點衰落的關係。門口什麼都沒有，至少我看不見任何足以擋住我走到廚房的東西。於是我站了起來，準備再次衝向門口。」

「這次當我又撞到那隱形的障礙物時，看到了一道一閃而逝

「的藍光，而且感覺到有股強大的震撼力，像電擊般從背後把我震了回去。我搖了搖頭，甩開心理的恐懼和困惑。我抬起頭往門口一看，有道藍光在那邊忽明忽滅的發出微光。不到幾秒鐘，那道光就變成一個高大、孔武有力的男子形狀，隨後就消失了。我真的被嚇壞了。我們家有個不讓我進到廚房裡的鬼。我感覺到一股寒顫沿著脊椎升起，集中在我的胸口，大衛和我根本不知道這地方不乾淨。」

「慢慢地，我站起來走向門口。這次我先將手指頭伸向門口，又看見了那道藍光。不可置信的是我的指尖輕觸到一個全身由閃爍藍光組成的高大男子，他伸出一隻輪廓隱約可見的手掌。當我還想通過門口時，這隻手從我的指尖移到我的胸口，然後我又再次感覺到他把我推回客廳裡去。」

「當電話突然響起時，我嚇了一大跳，以為整個人會彈到天花板上去。大概響了三、四聲，我才意識到要把電話接起來。是住在我們家隔壁的鄰居珠兒打來的。她用低啞的聲音告訴我保持安靜，先聽她要說些什麼：『妳知道這一排的五間房子都蓋得完全一樣，』珠兒說：『所以我知道妳們家的電話會放在哪個位置。妳就在那邊坐著跟我講電話，千萬不要離開沙發。』」

「我感覺頭昏腦脹，先是有個藍光變成的鬼擋住我走進廚房的路，現在隔壁的鄰居又告訴我別離開電話。珠兒的聲音還是壓得很低，但她的話開始傳達重要的意思。『現在妳先不用怕，我看見有個人就站在妳家廚房的門外面。他手上還拿了把大菜刀，很明顯他在等妳走回廚房。』我忍不住驚恐地喘起氣來，感覺頓時冒出了一身冷汗。」

「『妳現在別大叫，也不要害怕。』珠兒語氣堅定地說，『妳在沙發這兒講電話他是看不到妳的，所以妳千萬不要動！』『可是妳說他有刀？』我低聲對話筒說，『妳認為……他是……？』」

「『好吧，我認為他可能就是那個強暴殺人犯。』珠兒老實說了。『所以妳就乖乖坐在那邊不要動。我一看到他走上我們的後巷就打電話給警察了，他們隨時會到。』就在這時候，好像我內心無聲的禱告得到了回應，我聽見了警車的蜂鳴聲：『感謝主，』珠兒說：『我聽見警車已經來了。』我動也不動地僵在原位，然後幾乎是同時，大門上咚咚的敲門聲和廚房外面的打鬥與叫喊聲，一齊傳到我的耳朵裡。」

「可憐的大衛一回家，就看見那個等在廚房外面要襲擊我的歹徒，被警察銬上手銬帶走。從他一路衝進房子、邊發抖著、邊流著淚抱住我的動作說明了一件事，他真的深愛著我。」

「一位警察告訴我們，強暴犯是名身材瘦小的男性，明顯是受我的體型所吸引，他瞄準我會是個很好的征服對象。但這隻小禽獸也是個孬種，被我的身高嚇到了，所以才躲在廚房想趁我不備時攻擊我，而不直接走進客廳對我下手。」

「當我告訴大衛我遇到了一個不讓我進廚房的鬼魂時，他和我一樣清楚，因為鬼魂阻擋我進入廚房的舉動，才使我沒有送命。大衛說一定是我的守護天使在保護著我，我也頗贊同大衛的看法。」

來自幽冥界的訊息

第一節　預見身後世界

　　在「美國心靈研究會」一九一八年出版的期刊中，有篇關於黛西‧卓登，一個十歲小女孩不可思議的故事。在一八六四年十月，也就是她生命中的最後三天，黛西經歷了無數次的靈魂離體現象，也看到了「另一個世界」的景象。黛西在靈魂離開肉體之際，遇見了七個月前過世的弟弟艾力的靈魂。黛西不但與弟弟交談，也和許多其他靈體有所接觸。在黛西過世之前，她的母親詳盡記錄下女兒描述她所目睹的一切事物和天堂景象。

　　儘管醫生向卓登家人保證，女兒的傷寒病很快就會康復，但黛西卻向家人表示艾力已經告訴她，很快她就要和他一起到靈界去了。彷彿已知有非物質世界共存一般，黛西大聲地提出疑問，想知道在她離開塵世後，是否還能夠見到這個世界裡她所愛的人。「我來問問艾力！」她對圍繞著她病榻的親朋好友說。在短暫的沉默之後，黛西轉述了弟弟的回答：「他說當然有可能，我能夠偶爾回來看看你們，但是你們不會意識到我的存在。儘管如此，我還是可以跟你們說話。」

在過世前兩天，黛西的主日學老師來探望她，臨走前老師對黛西說：「我親愛的小黛西，妳就快要穿過那條黑暗冥河了。」當老師離開後，黛西問父親，老師說的黑暗冥河指的是什麼。卓登牧師費盡一番唇舌，向黛西解釋冥河只是一種暗喻，代表分隔生與死的界限。「胡說！」黛西先是一陣大笑，然後以嘲諷的語氣表示：「這裡根本沒有什麼河，也沒有分隔什麼的界限。這個世界和身後世界之間連條線都沒有呢！」黛西繼續形容人死亡後前往的身後世界的樣貌。「在現在這個世界裡的一切，也同時存在那個世界裡。我知道如此，因為我看得見你們全都在這裡，同時我也看得見其他人在那邊的樣子。」

黛西的母親要她解釋什麼是「在那邊」，小女孩說：「我很難向妳解釋清楚──那和我們的世界實在相差太多了，多到我無法讓妳了解。」黛西的母親走到她的床邊，握住女兒的手。「親愛的媽咪，我希望妳能看見艾力。」黛西微笑地說著：「他靠得和妳相當近呢。」卓登太太反射性地回頭，但黛西繼續說道：「他告訴我妳是看不見他的，因為妳的靈眼閉起來了。我看得見他，因為我的靈魂正被一條很細很細的生命之繩，縛在我的肉體上。」

隔天當黛西的主日學老師再來看她的時候，黛西告訴老師她的兩個孩子也來了。老師的孩子在多年前就已去世了，假使他們還活著，現在剛好成年。所有當天在場的人都很確定，黛西之前從沒聽人提起過老師的孩子，若不是她在靈界與他們見過面，她絕對無從得知這些事。黛西的老師要她形容一下孩子們，小女孩口中形容出的大人，和她自己的印象完全連不起來。「妳現在講的是兩個大人，」老師認為她的形容不正確：

「但他們過世時都還只是小孩子而已啊！」艾力透過黛西向女老師解釋，當兒童進入到另一個世界後，他們不會永遠都是兒童的樣子。「他們會長大，就像還活著的時候一樣。」

黛西的主日學老師不可置信地搖著頭：「但當時我的小瑪莉跌倒了，受傷得很嚴重，讓她連站都站不直。」

黛西對老師投以微笑，並要她放心，因爲現在的瑪莉已經沒事了：「她已經是個亭亭玉立的美女了；妳的兒子也是看起來既高貴又快樂。」

*　　　*　　　*

在黛西生前最後幾天的報告中，她的母親寫道：當另一個親友前來致意時，黛西告訴她幾年前她已過世的女兒，現在另一個世界也已成年了。這位婦人本來對黛西描述她女兒的相貌感到十分陌生，直到她說：「妳女兒的左頸原來有顆痣，現在那顆痣已經不見了。」加上了這補充的說明，婦人才相信黛西所說的話。

卓登太太問女兒怎麼跟艾力交談。「我都沒有看到妳開口說話啊？」黛西微笑著回答母親：「我們用思想對話。」卓登太太還想知道，艾力是以何種形態出現。「他穿得和我們不一樣，」黛西說：「他的身體被一種炫目的白光包圍住。眞的是很亮很亮的光。喔，媽咪，妳眞的應該看看他的袍子有多美麗、多燦爛——有多白啊！」卓登牧師引用了《舊約》裡的句子說：「他披上亮光，如披外袍。」「對對對！爹地，」黛西猛點頭：「你說得對極了」。

黛西很喜歡聽姐姐露露唱她最愛聽的聖歌。有一次當露露唱著關於天使翅膀的歌曲時，黛西開始咯咯地發笑。「喔，露

露姐姐，我們總是聽人家說天使都有翅膀。但這是錯誤的，天使並沒有任何翅膀。」露露對這般說法難以接受，「親愛的黛西，祂們一定有翅膀，否則祂們要怎麼從天堂飛下來呢？」黛西只得做進一步解釋：「祂們不是用飛的，只是『過來』而已。妳知道嗎！每當我想到艾力，他就立刻出現在這裡了。」

在旁邊聽著女兒們對話的卓登太太，也想知道黛西是怎樣看見天使的。黛西承認，她不是一直都能看見祂們：「但是當我在心裡冥想的時候，牆壁就消失了，我可以看到很遠很遠的地方——我可以看見好多好多的靈魂，有些是我認識的人，但其他的都是我從未見過的人。」

黛西過世的當天，她向母親要了一面小手鏡。卓登太太遲疑了一下，擔心女兒看見自己形容枯槁的臉會被嚇壞。但在冷靜仔細地打量自己在鏡中的倒影後，黛西說：「我可憐的軀體已經耗盡了，像媽咪掛在衣櫥裡、不會再穿的舊洋裝一樣。但我擁有靈體，會取代我原有的軀體。我的靈體現在已經在我身上了，它上面有我的靈眼，讓我可以看見靈界——即使我俗世的身體依舊和靈體連接在一起。你們可以把我的軀體放在墳墓裡，我會被包覆在另一個身體裡，一個比這舊軀體更美麗的身體——就像艾力一樣！媽咪，親愛的媽咪，請不要為我哭泣，因為如果我必須要離開，那是我的福氣啊！上帝知道什麼對我最好。」

小女孩要求母親把窗戶打開，卓登太太含著淚水順從了女兒的要求。「我想要看這美麗的世界最後一眼。」黛西說：「因為明天太陽出來以後，我就不在這世上了。」黛西要父親把她的身體抬高一點。「再見了，我美麗的世界。我還是愛你們

的，只是，我不想再待在這裡了。」

根據卓登太太日誌的紀錄，當晚十點四十五分時，黛西叫她父親到床前來：「爹地，把我抬高點，艾力來找我了。」黛西如願被安置到她要的位置，並要求聽聖歌。陪在黛西病榻旁的大人說：「去找露露來，她是家裡的歌手。」

「不必了。」黛西以溫柔的聲音拒絕了。「她已經睡著了，別打擾她。」在時針指向十一點時，黛西舉起她的雙手說：「我來了，艾力！」就在此時，卓登太太說，她的女兒黛西斷氣了。

黛西・卓登看見天堂景象的案例，震驚了當時的靈學研究者。哥倫比亞大學教授，同時也是《科學與來世》（*Science and a Future Life*, 1905）和《靈學研究的界線》（*Borderlands of Psychical Research*, 1906）的作者詹姆斯・H・西斯勒，在對黛西的案例進行完整的調查研究後表示，他本人能證實其中的每項細節都是真實的。著名的靈學研究者艾尼斯多・波薩諾和喬治・林賽・強森分別在他們的著作《超自然現象》（*Phenomenes Psychiques*, 1923）和《人有來生嗎？》（*Does Man Survive*, 1936）中引用黛西的案例。

在對黛西・卓登的案例做出的總結中，喬治・林賽・強森表示他堅信「此案例可做為死後生命依舊延續最可信的證據之一，也證實了我們死後一切官能依舊可用。黛西不經修飾的話語有難以估算的價值——遠比所有科學家和神學家提出的學術理論，和經年累月的研究，更接近事實。如同耶穌所疾呼的一樣：「父啊，天地的主，我感謝祢，因為祢將這些事向聰明通達人就藏起來，向嬰孩就顯出來。」

第二節　亡靈向在世親屬傳遞的訊息

從一九六八年起，我們開始進行〈史泰格超自然與神祕體驗問卷〉。以下是在眾多問卷者回函中，他們從已過世的家人和朋友所接收到的訊息整理。

天堂是和諧與愛的集合效應

「根據我先生山姆的靈魂向我透露的訊息，」布莉姬・C說：「天堂似乎是完全的和諧與愛的集合效應。他說這就像是由個人的內在生命所造成的公義和幸福一樣。」

安・H表示她母親的靈魂告訴她，天堂裡的生命實體總是忙著從事令人愉快的活動。「看起來在另一個世界的靈魂永遠都在學習，投入在有意義的事務和娛樂活動上。」

馬力安・帕莫說：「在天堂，愛是最重要的領航星。愛讓所有靈魂充滿了至高的喜樂。我姐姐賈姬的靈魂告訴我，所有在天堂的靈魂，都充滿了無法想像的喜樂。她說，在天堂不用依靠熱情生存，也沒有參透生命本質的神聖能量這些概念。」

地獄與信仰的抽象觀念

地獄似乎是所有善與樂的對立。與其說它是一個特定場所，倒不如說它更像一種狀況或存在的狀態，會讓所有被誤導的能量，如貪婪、淫慾、惡意、憎恨和忌妒的集合，具體成形。

在肉體死亡的那一刹那，剛從血肉之軀的禁錮中獲得自由的靈魂，會受到生前宗教觀極大的影響。因此羅馬天主教徒死後經常會看見聖人或聖母瑪利亞，迎接他們到另一個世界去。

虔誠的猶太教徒，則可能會看到摩西或亞伯拉罕出現。天使或耶穌，可能會是新教徒在死後看到替他們開啓通往天堂之門的靈體。在靈魂適應死後世界的存在後，宗教觀就成爲微不足道的小事了。

樂園

在爲數可觀的報告中，經常可以看到人在死後不是直接進到天堂，剛過世的死者會發現自己處於一般稱之爲「樂園」的地方。

「喬治亞說那裡像是讓新來的靈魂集合的場所，」道格拉斯·J引述他已過世的妻子從死後世界所傳遞的訊息，「她說那地方和生前行惡或行善無關。無論如何，人死後都會先到那裡。這有點像讓靈魂在繼續它們的路程前，先稍事休息的地方。」

道格拉斯表示他曾查過樂園（paradise）這個字，發現它來自於波斯文，原意是指公園或花園。他繼續說道，「就我所能確定的是，靈魂在肉體死亡一段時間後，會開始厭倦其在俗世生活的種種熟悉景象。我能肯定的是，這段時間和感覺的程度不但因人而異，而且與他（她）過世時的個人遭遇也有關聯。但似乎靈魂必須願意捨棄他們對物質界的留戀，才能前進到更高意識界的光裡去。」

死後世界的奇景

佩姬·安·L說有時候她能感覺到先生派屈克的靈魂，但是若用凡人的語言形容，就要她體會死後世界的美景與壯麗，

簡直是緣木求魚。「我不太確定是否單純是因派屈克無法描述死後世界的奇景，抑或是我有限的心智完全無法掌握他所要傳遞的訊息。派屈克告訴我，他剛到那個世界時，覺得一切事物都和他在俗世的生活體驗大相逕庭，無法形容那奇妙的感覺。現在我擔心的是，派屈克已放棄讓我能一窺死後世界的努力了，因為他說過要我耐心等候，輪到我親身體驗時，就可以自己看個夠了。」

未意識到自己的肉體已死亡

縱觀人類歷史，有不少文獻記載指出，有時在死後世界的靈體意識到自己已往生，可能要好幾天、幾個月甚至數年之久。

卡蜜兒‧Ａ在一九八七年九月過世後，她的靈體告訴姐姐路薏絲，在靈界有很多靈魂依舊未意識到肉體已死亡的事實，可能是因為他們在死後立即進入一種類似作夢的狀態之中。根據卡蜜兒的說法：「這種靈魂作的夢和俗世界的夢不同於，這些靈魂醒過來時不再身處於原先那個現實之中。一旦這些靈魂醒來，它會是在一個完全陌生、未知的新世界中醒來。經過一段時間之後，這些靈魂才會從恍惚和無意識的狀態中逐漸恢復知覺，開始相信它們已不再存活在以前的俗世裡了。」

遇見已逝的親友

一般而言，不管一個人過的是怎樣的生活，在他（她）過世的那一刻，會有個靈體（通常是親友）來迎接往生者的靈魂，指引新的靈魂熟悉環境並且安撫它們。若沒有這些嚮導，

往生者的靈魂在新生命中醒過來的那一刻起，會感到絕望般的孤獨和困惑。

「我的妻子雷夢娜告訴我，當她在一場車禍意外喪生後，是她的祖父母和她最好的朋友卡門來迎接她。」裘金・S說：「我當時太難過、太害怕了，直到妻子的靈魂出現，告訴我她在那邊不是一個人。知道那邊有人陪著她，讓我的心平靜許多。」

靈魂是肉身的復刻

許多接收過靈魂傳達訊息的人都很肯定地表示，俗世上的萬事萬物在另一個世界都有它們各自的復刻品。「你在現世裡所看見的一切，在另一個世界都有靈界的複製品。」愛德華・B聽見過世的妻子唐娜的靈魂告訴他這些事。「我們有樹、花、動物、山脈、溪流和海洋。」

好奇的愛德華繼續追問，要求妻子對死後世界的環境做更完整的說明。「我們天上有雲、雨，會刮暴風雨，也有閃電。」唐娜的靈體回答道：「我們有一千零一種大自然的美景。我們這兒有房子、書和衣服。俗世裡的一切事物，在靈界都有它自己的復刻品或複製品。」

在靈界，活人才是「幽靈」

凱茜・B在和妹妹芭芭拉的靈魂交談中得知，我們這些生活在物質界的眾生，是那些死後世界的實體眼中的「幽靈」。芭芭拉的靈魂從另一個世界發聲：「這裡的生活只能用極樂來形容，雖然你們認為在這邊的我們是鬼，但對我們而言，這說法應該相反過來才對。我們將你們視為『幽靈』和『黑影』，因為

在我們的靈視中你們都是透明的。就我們看來，我們才是真實存在的。在這裡的任何人看起來都是完整的實體。」

死後世界沒有痛楚

法蘭克‧Ｍ的靈魂出現在妻子泰瑞莎面前。「這裡的生活簡直是大同世界，」法蘭克說：「所有的靈體都不會傷害或殺害彼此，因為我們的身體既不會受傷，更不會死亡。在這裡連一丁點引發偷竊的誘惑都不存在，因為我們的心裡想不出任何可以偷的東西。說謊更是毫無意義，因為我們隨時能將對方的想法看得一清二楚。我們不飲不食，自然不會有酗酒和暴食問題。」

「儘管仍保有性別之分，但我們不婚不娶。因為沒有肉體，自然也就沒有通姦、淫慾或忌妒的行為或念頭。『附身』在其他生命上的想法也完全消失殆盡。肉體的感官歡愉對我們不再有吸引力，我們追求的是個人心智能力的卓越表現，以及如何讓自己的靈魂更美好。」

超越四度空間

過世近三年的沙芮娜，某天她的靈體顯現在先生羅納德眼前。「親愛的，如果你能領會思想即是具體事物這個概念的話，你會驚奇於自己擁有能理解諸多宇宙本質與奧祕，包括死後世界的美妙能力。因為我能感受到的心靈共鳴，較你們快得多了，因此我能在你們魯鈍、重物質感受的俗世中，出現在你面前。同樣的道理，我還可以穿過門和牆壁，因為這些都是三度空間的物體。我現在存在於四度空間之外。」

提防心靈共鳴較低的靈體

「如果你遇到的靈體，明顯對血肉之軀頗感興趣，而且是既自私又只想利用你的話，」傑克‧Ｋ的靈體警告我們：「那一定是來自靈界較低層級、靈性差的靈體。在心靈共鳴層級較高的靈界中，愛是最高的情感。」

克莉絲‧Ｃ的靈魂告訴她母親，志同道合的靈魂會互相吸引。「在這裡，靈魂的快樂端視自身的資源豐富與否。我們不會為了生活的享樂而工作賺錢，全憑各自喜好自由發揮個別的長才。因為我們的思想和個性完全開放、赤裸裸地展現在所有人眼前，根本沒有偽裝的必要。心靈共鳴頻率接近的靈魂，就是會自然地靠在一起。」

「那些不知為何較慢適應死後世界的靈魂，可能會停留在低層級的靈界好幾年。有些甚至長時間處於一種心靈黑暗的境界中。那是件相當悲慘的事，因為天堂的生活是一種智慧、見解和愛的增長。」

靈性的範圍

佛洛依德‧Ａ的靈魂在妻子莉莉安面前現出形體，向她解釋靈性的三個不同範圍，或也可稱為「三維」。「在死後世界中，有乙太、理智和心靈三種維度。親愛的，妳所身處的俗世是物質的世界，妳所擁有的肉體受到妳的理智所控制。但是在我們那邊，出現在我們身上的是理智形成的乙太體，由我們的靈性來控制。這一切的關鍵在於要以理智的方式來演繹肉體，並藉由心靈方式來控制三者全部。」

在艾爾・M於一九八八年九月過世前，他被輪椅限制行動長達十一年之久。艾爾的靈魂告訴妻子泰莉：「在這裡，時間和空間似乎有了不同的意義，我已經不用再被困在那該死的輪椅上了，我現在只要心想到世界任一角落，就可以隨心所欲地環遊各地。」

以心靈感應溝通的靈魂

根據歌蒂・C表示，她父親的靈體告訴她，心靈感應是一般靈魂之間以及靈魂與人類溝通的方式。「心靈感應免除了語言的不便和聲音的累贅，」老先生的靈魂說道：「這是一種讓靈魂與在任何國度的人類溝通無礙的機制。來自古老時代的靈魂，也得以運用這種溝通方式，讓二十一世紀的人類了解它們。」

來自死後世界的診斷書

菲力浦・A的靈魂在妻子桑雅面前顯靈，要她立刻去看醫生，檢查左胸部的腫塊。「菲力浦可以看進我的體內，」桑雅說：「他向我解釋在另一個世界，他們對顏色的觀察力遠勝過我們的肉眼，他們的視界範圍更非我們凡人有限、狹隘的視野所及。他們的視覺能力甚至還超越我們所謂的紫外線。菲力浦說我周遭的一切事物在他眼裡看起來完全不同，與他以前記得的樣子相去甚多。」

「讓我感到驚奇的是，菲力浦告訴我，死後世界雖沒有陽光，但一切景物都明亮耀眼。我猜這是我的肉體或多或少在他的靈眼裡看來像是透明的原因。他的視力能夠像X光那樣看穿

我身體內的分子。」

守護現世的遺愛

當瑪莉‧R的先生賴瑞，於一九五二年參與韓戰戰死時，他們的三個孩子都還未滿五歲。然而即使到了五十多年後的今天，瑪莉依舊能感覺到亡夫的靈魂一直在身邊守護著她、指引她方向。

「我漸漸了解到當靈魂在死後世界開始發展出自己的靈性後，它們會轉移到更高層級的領域去。」瑪莉說道：「大部分進到這級靈界的靈魂，最終都會完全失去對凡間、物質和塵世的興趣。當靈魂發展出愈高的靈性，它們愈不會存有與俗世相關的念頭。事實上，高級靈體幾乎不會顯現在俗世間的任何人面前，除非靈魂和人世間存在著相當強烈的感情連繫，讓靈魂時常回到俗世探望他們，直到這些遺愛也跨入到死後世界為止。我知道賴瑞的靈魂仍會惦念著我們，直到我們和他重逢為止。」

死後世界是一種念相

蒂芬妮‧J說他先生諾曼的靈魂告訴她，俗世和死後世界生活最大的差別，是我們生活其中的物質世界裡，萬事萬物都受到物理定律所控制。

「在身後世界裡，」蒂芬妮表示：「靈魂生活在心靈層次中，思想取代了身體的行動和一切粗鄙的事端。思想成為有形的實體，時空的限制在靈界中並不存在。」

「另一項主要的差異在於，」她補充說明：「在身後世界

中，愛是控制所有思想、行為和共鳴最主要的能量。」

鬼魂只是脫離肉體禁錮的人類

　　科學家喬治・林賽・強森在探索死後的生命現象、研究世
紀之謎的過程中，審慎地觀察他認為的事實：「宇宙是高度密
集的活動、運動和智慧中心——透過恆久的進化不斷發展。這
過程包含兩種系統——自然或物理的，以及超自然或心靈的世
界——每個系統都受到一套律法所管控，作用各自不同。這兩
種世界系統的運行永無止息，對彼此的影響相當長遠；物理的
世界會漸漸成為靈界的附屬品而受到控制。而靈界的人，其實
不過是從禁錮住他們的肉體囚籠中解放出來的人類而已。」

鬼魂打招呼

第一節　妹妹臉上的傷痕

　　一八七六年，旅行推銷員G先生（F. G.的代稱）坐在密蘇里州聖約瑟市下榻的旅館內。當時是日正當中的午時，G先生邊抽著雪茄，邊忙著寫訂單。突然他感覺有人以單手放在桌上的姿勢坐在他的左邊，當G先生抬起頭時，赫然看見他已過世的妹妹清楚的臉孔。他妹妹在一八六七年因感染霍亂死亡，當時青春年華的她才十八歲。

　　「我非常肯定那是她沒錯，」G先生在後來接受「美國心靈研究學會」訪問時表示：「我興奮得從椅子上跳了起來，叫著她的名字，往她的方向靠過去。」但當他試圖接近她時，妹妹的影像就倏地消失了。G先生坐回位子上，這突如其來的狀況讓他失了神。他嘴裡還叼著雪茄、手上還握著筆，連訂單上的墨水痕跡都還沒乾。G先生慶幸他不是在夢裡看見妹妹，他知道自己是百分之百的清醒。

　　「我和她的距離近到伸手就可碰觸到她，而且她的五官和表情都是那麼清晰，連她身上的衣服皺摺我都看得一清二楚……她看起來就像還活著一樣。她的眼睛親切而自然地和我四目相

望。她的肌膚充滿生命力，我甚至還看得見健康的膚色和水分，她整個人的外貌完全都沒變。」G先生受到極大的震撼，讓他隨即搭乘下一班火車回家，告知雙親他看見這不可思議的景象。母親一聽到他說出妹妹「右邊的臉上有道鮮紅色擦傷」這句話時，幾乎當場昏厥過去。

G先生的母親淚流滿面地說，他看到的確是他妹妹沒錯，因為那道傷疤是她在女兒過世後不小心造成的。母親很小心地用粉掩蓋住這道細微擦傷，而且沒向任何人提起過這件事。「幾個星期後我母親過世了。她帶著滿足的喜悅離開我們，因為她相信將會和最愛的女兒在一個更好的世界重逢。」G先生事後覺得妹妹這樣突然顯靈在他面前，實在非屬巧合。

著名的超自然現象研究者，同時也是心靈科學界名著《人格及其於肉體死亡後的存在》（*Human Personality and Its Survival of Bodily Death*）的作者弗瑞德列克‧邁爾斯發表他的意見。他認為是女兒的靈魂感應到母親即將不久人世，才顯靈在哥哥面前，由他扮演訊息傳遞者的角色。此外也因而安排G先生在預定外行程返家，讓他得以見到母親最後一面。

案例中的靈魂以健康幸福的女孩外貌，而非冰冷的屍體出現，並以臉上紅色傷疤做為身分識別的證明，進一步激起了邁爾斯的好奇心。他對於妹妹幽靈的出現可能是母親心裡的投射現象所造成的理論存疑。邁爾斯對這著名的「臉頰擦傷」案例做出以下的結論：「在靈魂死後還能知道自己肉體的狀態，從其他通報的案例中可以看出，這種特殊的死後感知能力並不罕見。但不管我們從哪方面來解釋，這個案例是到目前為止我們處理過被證實的案例中真實性最高、最不尋常的案例之一……

看起來的確很有可能，這是種相當聰明的識別方式……」

第二節　詹姆斯‧查芬的另一份遺囑

一九二一年九月七日，家住北卡羅萊納州大衛郡的老農夫詹姆斯‧查芬，因為不慎跌倒而一命嗚呼。雖然他身後尚有查芬太太和四個兒子在，但根據他生前所立下的遺囑，他名下所有財產全歸老三馬歇爾所有。

在四年後的一九二五年六月某個晚上，老農夫的二兒子小詹姆斯半夜醒來，看見父親的靈魂就站在他的床邊。幽靈告訴他還有另一份遺囑存在。據小詹姆斯說，當晚父親出現在面前的形貌和他生前看來一模一樣，還是穿著那件熟悉的黑色大衣。「你會在我這件大衣口袋裡找到另一份遺囑，」幽靈對他說，還抓住大衣的翻領，拉開來讓小詹姆斯看他所指內側口袋的位置。

隔天早上小詹姆斯醒來後，深信昨晚他真的看見了父親的靈魂，父親來找他，目的是要糾正某項錯誤。父親過世後，那件黑色大衣就留給了大兒子約翰。為了檢查大衣的口袋，小詹姆斯啟程前去拜訪大哥。兩兄弟找到大衣時發現這暗袋的襯裡被縫死了，他們割開縫合線後，看見裡面有一小捲紙條，上面寫著：「去讀我的《舊約聖經‧創世紀》第二十七章。」

這發現讓小詹姆斯更加肯定父親的靈魂說的都是事實，於是他找了幾位證人一同回到母親家，在翻箱倒櫃的尋找後，一行人在頂樓房間的衣櫥上層抽屜裡，發現了這本被遺棄的《聖經》，並在《聖經》內頁折成的口袋裡發現另一份遺囑。依日期顯示，老詹姆斯是在一九一九年一月十六日重新立下這份新遺

囑。在這份遺囑中，老農夫表示要把財產平均分給四個兒子，告誡他們務必要奉養母親終老。雖然這第二份遺囑尚未經過證實，但根據北卡羅萊納州的法律規定，如果能證明這整份遺囑是由老詹姆斯親手寫成的話，它將具有完整的法律效力。

原始遺囑的唯一受益人馬歇爾‧查芬，在父親過世後的一年內也離開人間了。馬歇爾的遺孀和兒子在得知這個消息後，對第二份遺囑的有效性提出異議，大衛郡的居民都預期查芬家族的遺產爭議，將會是場曠日耗時的官司。然而在首次開庭時就出現十個證人，舉證第二份遺囑確實出自老詹姆斯‧查芬的手筆。親眼見過這份新遺囑後，馬歇爾的遺孀和兒子當庭撤銷對這份遺囑的異議。顯然他們也相信這份遺囑確實是立囑人親筆所寫。

事後小詹姆斯告訴來自《心靈研究學會期刊》的調查員，他的父親在開庭前又出現在他面前，對他說這場訴訟會以上述方式終結。小詹姆斯說：「我的很多朋友都不相信活人能和死人交談，但我父親確實在這幾個特殊的時間點出現在我面前，這信念直到我死的那一天都不會動搖。」

「心靈研究學會」的調查員們一致認為，發生在查芬家的這樁案例無法歸為任何一種類型，究竟是小詹姆斯的潛意識裡知道那本舊《聖經》裡有這份遺囑的存在，還是只意識到暗藏在大衣口袋裡的訊息？至於詐欺的疑慮，在那十位熟識老詹姆斯筆跡的可靠證人出庭證實遺囑確實是老詹姆斯所寫時，早已被抹除了。同樣地，從原告馬歇爾的遺孀和兒子在獲准檢視遺囑本文後，只看了一眼就立刻撤銷告訴看來，指控這份遺囑是偽造的謠言也不攻自破。他們的舉動很明顯看出，他們也認得遺

囑上是老詹姆斯的筆跡。

期刊對老詹姆斯遺囑的奇異案例做出結論,表示任何人想要以常規來解釋這樁案例無疑都是緣木求魚。「如果『可以』接受超自然現象的說法,有一點必須注意的是,此案例屬於一種相當罕見的類型,因為感知者有不只一項的感官接收到幽靈的存在和訊息。小詹姆斯先生同時『看見』父親、也『聽見』他開口說話。就聽覺方面,嚴格說起來他接收到的訊息並不算百分百準確:因為在大衣口袋裡的並不是第二份遺囑,只是相關的線索而已,但最終的結果都是相同的。」

第三節　爺爺來見她最後一面

時間是一九二三年六月十一日深夜,熟睡中的葛蕾蒂絲‧華生被叫著她名字的聲音喚醒。當她坐起身時,認出那個朝她靠過來的黑影竟是她最愛的外公。「別怕!是我!我才剛死不久。」老先生對她說。華生太太一聽就哭了出來,別過身去搖醒床上的先生。「他們要我穿這件衣服下葬,」帕克爺爺指著自己的西裝和黑色的蝴蝶領結說:「我只是想來告訴妳,當妳奶奶被上帝接走之後,我等這天等了很久。」

華生家位於印第安那波里斯的宅邸,就在專司臨床研究的「莉莉實驗室」旁邊;從實驗室中透出的昏黃燈光,微微地照亮了主臥室,讓葛蕾蒂絲可以清楚地看見外公的形貌。在她叫醒先生之前,帕克爺爺已經消失了蹤影。

葛蕾蒂絲的先生被妻子搖醒後,堅決認定她只是作了場惡夢而已。「妳在威明頓的爺爺身子骨硬朗得很,」他告訴葛蕾蒂絲。但她堅信她真的看見了帕克爺爺,不是在作夢:爺爺是

來跟她道別的。於是在凌晨四點零五分，華生夫妻撥電話到葛蕾蒂絲位於德拉瓦州威明頓市的娘家。葛蕾蒂絲的母親帕克太太接到電話感到相當不可思議，她整個晚上幾乎都沒睡，陪在公公身邊。她本來決定要等到早上再打電話給女兒和女婿，告訴他們帕克爺爺過世的消息。

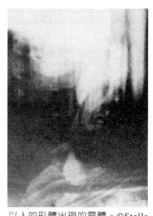

以人的形體出現的靈體。©Stella Lansing

葛蕾蒂絲約在凌晨三點半被爺爺的幽魂喚醒，然後她和先生打電話到威明頓的時間是在凌晨四點零五分左右。葛蕾蒂絲的爺爺，是在東部時間凌晨四點往生——就在葛蕾蒂絲看到他出現在房間裡的半小時前。

葛蕾蒂絲為「美國心靈研究學會」的期刊發表了關於這事件的紀錄。在這篇文章裡，葛蕾蒂絲提到她和先生都是浸信會牧師的子女，「從出生起便在被灌輸不可迷信的觀念中長大。」而當調查員問她，聽見爺爺說話的感覺是比較接近聽一個血肉之軀的聲音，還是比較像聽見某人「心裡的話」時，葛蕾蒂絲回答當時她的外公就像個活生生的真人，用一種堅定而溫柔的語氣對她說話。

葛蕾蒂絲的父親渥特·E·帕克牧師寫給「美國心靈研究學會」的信中提到：「葛蕾蒂絲一直都是我父親最疼愛的孫女，我和內人都答應她如果爺爺生了重病，一定要讓她知道。他在過世前一天發病。我們請醫生來看過，以為他很快就會痊癒了。但一切來得太突然了，凌晨四點他就離開我們了。我們本來打算到早上才連絡葛蕾蒂絲。我發自內心相信我女兒，關

於她這次經歷所說的每一句話都是真的。」

第四節　追討生前債務

　　在他的著作《不朽的死者》（*The Dead Have Never Died*）中，艾德華‧C‧藍道提到他與靈媒艾蜜莉‧法蘭契二十年來合作無數次實驗的經過。法蘭契天生就聽不見，身體又極度虛弱，但藍道卻覺得正因為她喪失聽力，反而提供她發揮身為靈媒能力的最佳驗證條件。藍道表示，因為法蘭契是個聾子，聽不見想要控制她靈魂的聲音，有時她還會持續自故自地說話，不理會話說到一半被她打斷的靈體。沒有其他靈媒像她有這種能耐，可以同時用三到四種不同的聲音說話，而且每種聲音都談論著各別、與其他聲音完全不相關的主題。藍道承認這種狀況經常會產生極大的混亂和困擾，但每次也都更大幅增加他與法蘭契進行了超過七百次（根據他的估計）與神靈對談的真實性。

　　一八九六年五月二十六日，位於紐約州水牛城的布朗大樓在進行維修時發生倒塌。頓時整個水牛城內充滿甚囂塵上的謠言，大家都在流傳有多少人死於這場悲劇中。當天晚上在與法蘭契一起召靈時，出現的四個聲音都宣稱他們是這次意外事件的罹難者，還分別說出各自的姓名和地址。藍道在書中寫到，幾天後當埋在瓦礫堆底下的屍體被挖掘出來時，這些名字和地址，與罹難者資料比對後確認無誤。

　　在另一次的召靈會裡，身為律師的藍道聽見了他父親的聲音。老藍道告訴兒子當時分遺產時有一小筆帳被他遺忘了。藍道有些不客氣地回應靈魂的話，責備父親終其一生只會汲汲營

營於累積財富。藍道對父親的靈魂說：「遺產已經都分完好久了，為什麼現在還要提這個來煩我？」老藍道的靈魂回答，他一輩子都在努力賺錢，不允許有任何資產沒有回歸到他名下。

老藍道說出那筆借給賓夕凡尼亞州伊利市某人的一小筆錢。在借據到期之前，當時還沒過世的老藍道就已經向伊利市的書記官提出強制償還的申請。雖然在他生前並沒有留下這筆貸款的紀錄，老藍道告訴兒子，他可以在書記官的辦公室裡找到關於這張借據的判決紀錄。「我要你幫我把這筆帳討回來。」靈魂的聲音最後做出這個結論。

當藍道發現這筆紀錄真的存在時著實大吃一驚，也因為這項證物他拿回了借據上載明的金額，還連同一筆利息。藍道不辭辛苦逐一探訪父親以前的員工，為的就是要確定除了立據人和伊利市的書記官之外，是否還有其他人聽過這筆債務存在。但藍道找不到第三個聽過這筆借貸的人。當然，法蘭契更不可能打聽到關於這筆未揭露債務的任何資訊。藍道在書中寫道：「當時我父親的聲音相當清晰，我一聽就認出那是他。我引用這個例子，是要給那些認為凡事都要有實質證據的人知道，我所說的一切都是有真憑實證的。」

第五節　知恩圖報的鬼魂

來自蘇格蘭格拉斯哥市的證券經濟人兼會計師亞瑟・芬德利，在一九一八年起開始投入超自然現象的研究生涯。儘管當初是以懷疑論者的身分開始他的研究，芬德利很快就知道他對約翰・史隆———一個原本他還想揭穿其詐騙伎倆的人———這位擁有真正通靈能力的靈媒，信心與日俱增。

參與史隆超過五十次的召靈之後，芬德利不只對這位靈媒的正直深信不疑，同時他也堅信人類死後續存的事實。以下這個出現在芬德利寫的《乙太邊緣》（*On the Edge of the Etheric*）一書中的案例，是他認為毫無欺詐心電感應、千里眼互動的真實事件。

肯·韋伯斯特在英國契斯特古鎮多德斯頓的家是一個超自然現象密集出現的所在地。1985 年 5 月，一開始是他的電腦接收到奇怪的訊息，接著手寫的訊息出現在地板上，都宣稱來自一位身處十六世紀的「托瑪斯·哈登」。托瑪斯表示他所知當時英國的皇后是凱薩琳·帕爾。照片中是留在韋伯斯特家地板上的訊息。

一九一九年，芬德利帶弟弟約翰去參與史隆的一場降神會。有一個自稱「艾力克‧桑德斯」的聲音顯靈，宣稱自己是約翰的舊識。約翰否認他認識叫這個名字的人，但靈魂的聲音堅稱他們結識於軍中。約翰問道：「你說的軍營是指哪一個？我服役過的地點除了在英國的奧爾德蕭特和法國的畢斯里之外，還有很多地方。」約翰列舉出其他許多英軍駐紮過的地點時，故意漏掉洛斯托夫特，這是他度過大半軍旅生涯的地方。「我認識你的地方不在你提出的清單上，」自稱桑德斯的靈魂說：「我們是在洛斯托夫特附近認識的。」聽到這句話，約翰嚇到差點從椅子上跳了起來。他努力克制住激動的情緒，反問桑德斯：「為什麼說是在洛斯托夫特附近？」

　　「因為當時我們的部隊並不是真的駐紮在洛斯托夫特，而是在一個叫做凱欣地的小村子、比較靠近大城市的地方。」靈魂回答道。約翰勉為其難地承認這段敘述的正確性。但由於記不得桑德斯這個人讓他有點惱羞成怒，而且心裡依舊懷疑這是一場騙局，約翰繼續質問靈魂：「那當時我們的連長是誰？」

　　桑德斯回答連長叫做麥克納瑪拉，又是一個完全正確的答案。但約翰依舊繼續考驗桑德斯的靈魂，他說：「那你一定是我的路易斯輕機槍排的排兵。」

　　「不是，」靈魂避開約翰話中的陷阱回答道：「你教我們用的是哈乞開斯重機槍，不是路易斯輕機槍。」只聞其聲、不見其影的桑德斯，繼續答出所有問題的正確答案。他說他是在一九一七年八月那次大徵兵之後，在越過英倫海峽時戰死在法國。約翰問他「大徵兵」是什麼意思。

　　「你不記得了嗎？」機槍兵的靈魂有點不可置信地說道：

「那個月徵召到法國去的新舊兵人數多到超乎想像，連上校都到閱兵場來對我們演講。」約翰表示他說得沒錯。事實上，這是唯一一個他記得上校親自對士官兵們說再見的場合。這位艾力克‧桑德斯的身分似乎被確認了，約翰又問了機槍兵為什麼要回人間來和他說話？「因為，」這聲音略為激動地回答道：「我永遠不會忘記你當時對我的恩惠。」

艾力克‧桑德斯在說明約翰善行之前就消失了。降神會結束後，約翰告訴他哥哥，他依稀記得曾在某個特殊情況之下，批准了一個機槍兵的特別休假，但他誠實地表示自己不確定那個士兵是否就是桑德斯。

六個月後，約翰剛好有機會碰見他以前的下士。這位下士班長說他也不記得連上有沒有名叫艾力克‧桑德斯的士兵，但是他身上有本筆記簿，裡面登記著所有他帶過的士兵的名字。在連上一九一七年的紀錄中，他們看到艾力克‧桑德斯的名字旁邊加了註記：「一九一七年八月」。他的名字被一條紅線從中間劃過，後面就接著這個註記。下士解釋當有人上船到海外作戰時，他都會在這些人的名字中間畫上一條線。

一個機槍兵在死後還是惦記著一段早被遺忘的恩情，在親自證實死後生命續存的證據後，約翰訝異得久久都說不出話來。

第六節　神祕來訪的牧師靈魂
安妮塔‧史戴波頓的親身經歷

「死後仍有生命存在，只是宗教信仰的觀念嗎？還是為了安撫悲痛的生者一廂情願的想法？或者已經被證實為真了呢？大

多數人都曾經在心裡思考過這些問題，也都聽過或看過有關於幻覺和幽靈，以及來自『死後世界』的口語或書寫的訊息等等的故事。這些是真有其事，抑或只是想像、錯覺、自我催眠、心電感應，或其他大腦作用底下的產物？身為一個天性好奇的人，長久以來我都在反覆思索著這些問題，直到那天我得到了一個最出乎我意料之外的答案。」

「在一九八九年，一個對當時我們家而言再普通也不過的日子。那天晚上我做完了所有家事後，本來是在客廳看著電視，看到累了想先去睡，我先生還繼續看著電視播放的午夜場電影。」

「當時臥室並非一片漆黑，因為窗外有皎潔明月所照進來的亮光。我才剛躺下不久，準備進入夢鄉時，突然驚覺房裡除了我還有其他人在。衣櫥正前方站著一個穿著類似神父的中年男子，直盯著我看。我揉了揉眼睛，捏了幾下手臂，確定自己是完全清醒的，難道我看到的是幻覺嗎？」

「像神父的男子站在原地，動也不動地看著我。他的身形相當瘦小，從他凹陷的雙頰和歷經風霜的臉孔，看得出來他過著貧病交加的一生。如果他還有頭髮的話，也全被帽子遮蓋住了。他散發出一股全然安祥與寧靜的氛圍，讓我連絲毫恐懼的感覺都沒有，他看起來就像真人，一點都不像鬼。既然沒什麼好害怕的，我便決定和他說說話，盡可能將聲音壓到最低：『您好，神父，上帝保佑您！』」

「『上帝也保佑妳，孩子。』神父馬上就回答了我的話。他的言談得體，語氣柔和，聽得出來他的英國腔。在幾句簡短的問候，並向我強調死後生命續存是真有其事後，神父透露了自

己的身分，他名叫弗列德瑞克・威廉・法伯，生於一八一四年，死於一八六三年，終生都待在英國。我計算出他四十九歲就英年早逝時，神父確認了我的答案，並補充說道他是死於腎臟病。在輕聲地交談幾分鐘與信仰有關的話題後，神父向我告別，接著就消失了。」

「我對這不可思議的奇遇感到百思不解。儘管已經很晚了，但我怎樣也睡不著。我立刻寫下這位神祕訪客的姓名和其他細節，然後下樓告訴我先生剛才發生的奇遇。而他的第一個反應是完全不相信，他肯定是我剛剛睡著時作的怪夢。當然，我很確定自己是完全清醒的，但想著想著我也開始懷疑這整件事發的經過。法伯這名字聽起來不太像是英國人的姓。身為德國後裔，我認識好幾個姓法伯的德國人。我想起以前和我一起上學，名叫希德嘉・法伯的女孩。難道是我潛意識的心理作用在捉弄自己嗎？這神祕事件困擾了我好幾天，我思考著要怎麼找出事實的真相！」

「後來還是我先生提醒我，在倫敦的「薩摩塞特館」①裡保存了所有英國人出生和死亡的紀錄，但是他不知道這些紀錄最早能追溯到多久之前。如果真有法伯神父這個人的存在，那他也已經過世超過一百年了。該寫信給薩摩塞特館嗎？我猶豫了，因為萬一結果證明這一切只是我的幻覺，可不就白忙一場了？但過了幾天之後，我還是鼓起了勇氣寫信給薩摩塞特館，向他們提出查詢要求。館方寄來一張表格，要我把查詢對象的詳細資料填寫上去，再附上一小筆查詢費用後寄回去。我很快就完成了這個動作，剩下的就是等待薩摩塞特館回覆結果了。這齣神祕而懸疑的戲碼即將達到劇情的高潮，不是我收到查無

2000 年 4 月，在北威爾斯的一家人，家中的牆壁開始出現奇怪的圖像，十字架、圓圈、威爾斯文字和僧侶的畫像都清晰可見。©Fortean Picture Library

此人的通知，就是……我連想都不敢想第二種可能性。」

「兩個禮拜後我收到了一封來自倫敦的航空信，寄件者是薩摩塞特館。我的手抖得很厲害，那封信像根燒紅的鐵棍一樣，燙得讓我都快抓不住了。好不容易我鎮定下來，把信拆開看了一眼後差點昏過去。信封裡裝了一份死亡證明的核證副本，紀錄了弗列德瑞克・威爾・法伯神父的死亡日期爲一八六三年九月二十六日，享年四十九歲，他生前是密德塞克斯郡布朗普敦的神學博士。至於他的死因，證明上記載的是死於腎臟病。也就是說，我手上這份官方文件，證實了那天晚上出現在我房間裡的幽靈告訴我的一切都是事實。」

「如果這還不算是眞正來自地府的幽魂造訪，那它到底是什麼？『薩摩塞特館』可不會大費周章編造出一份虛構的文件證

明，還讓它越過大半個地球來到澳洲，就只爲了支持某人的想像或幻覺。在我有限的知識中，法伯神父並非著名人物，因此我讀過記載他相關事蹟的書但卻忘記了的可能性幾乎是零。而到今天還活著的人，也沒人年紀老到足以記得法伯神父的存在。」

「有件事是眞的，那就是我住在英國的那段期間，從沒去過任何墓園，這就排除我從墓碑上看過法伯神父全名的可能性。而且我百分之百肯定自己從沒聽過法伯神父這個人。儘管我絞盡腦汁，還是找不出一個合理的解釋。但我現在知道的是，死後生命還是存在的。這個事件爲深埋在我內心的多年疑惑，給了一個最具體的解答。」

※ 作者註：在許多羅馬天主教文獻中都找得到弗列德瑞克·威廉·法伯神父的紀錄，他被形容爲是一個深具群衆魅力、辯才無礙的傳道者。法伯神父同時也是位著名的聖歌作者，他的作品有《越過群山幽影》（*The Shadow of the Rock*）、《永恆的天父》（*The Eternal Father*）和《救主，請保守我們》（*Sweet Savior, Bless Us Ere We Go*）等。儘管神學家們可能對法伯神父很熟悉，我們大可以認同安妮塔·史戴波頓的論點，她認爲非宗教界人士當然不會曉得這位神父的存在。這個事件的懸疑之處在於，爲什麼法伯神父會選擇顯靈在澳洲的一位家庭主婦面前，提供她死後生命續存的證據？但就像安妮塔所寫的一樣，她認爲看見神父的靈魂出現，是上帝對她莫大的祝福。

第七節　衣櫥裡的紅髮男子

湯姆的親身經歷：摘錄自 Ghost to Ghost 網站

「在一九八〇年代中期，我們買下了一棟約有兩百年屋齡的老農舍。在交屋時還有一些和房子有關的紀錄也到了我們手

上，讓我們可以對這段期間以來房子內外部進行過的改變和修建有個概念，例如餐具室的橡木門原本曾經是房子的大門。現在這扇門被一支三吋長的彈簧鎖鎖住，但當我們從外面回到家，或早上起床時卻常常發現它是開著的。我怪妻子沒把餐具室的門關上，同樣地，她也會說都是我的錯。後來我們被煩到受不了，就抓了把椅子頂在外面，讓它無法開啟。這招成功持續了好幾個禮拜。」

「有天晚上因為要準備迎接客人，我在另外一個舊大門的空房間裡拖地。我們從來沒用過這扇門進出，門的裡面也用螺栓閂住了。但是我竟發現地上有鞋印，而且是從門口開始，穿過整個房間。」

「我在廚房告訴妻子這些鞋印的事，她開玩笑地說鞋印大概是那個一直打開餐具室門進來的傢伙的，因為我們把他鎖在外面了。她看著餐具室的橡木門說：『好吧，如果你喜歡用這扇門，那就讓你用吧！』」

「話剛說完，門鎖立刻發出卡嗒聲，餐具室的門應聲彈開，把椅子推得老遠。不用說我們兩個人已嚇出一身冷汗了。我們許久都沒擔心過這扇門會再打開，也沒看過什麼奇怪的東西。」

「但顯然我們那三歲大的兒子可能有看到什麼。在那次餐具室門應妻子之邀自動彈開的靈異事件過後，有一天兒子興沖沖地跑下樓告訴我們，他和一個藏在衣櫥裡的紅髮男子討論有關種田的事。很多小孩子都會有自己想像出來的朋友，所以我們也沒想太多。但我兒子繼續說道，那個跟他討論種田和製作馬車的紅髮男子警告他，在河邊千萬要特別小心。當我們問他這位農夫的長相，兒子說他個子滿矮的，留著紅鬍子，走起路來

彎腰駝背，還一拐一拐的。」

「幾年後當我對這棟房子展開研究，準備向『國家古蹟紀錄處』登記爲古蹟時，我發現在二十世紀初之前，住在這裡的屋主身材矮小，並留著紅鬍鬚和紅頭髮，以製作四輪馬車維生。因爲某次意外事件，讓他走起路來有點瘸。」

「在農夫死後不久，他兒子立刻改建房子。變更的地方包括隔出現在的餐具室，並把一間朝南的臥室變成樓上的衣櫥。至於爲什麼要警告我兒子關於河邊的事，經我追查後得知，原來是紅髮農夫自己的兩個小孩，都溺斃在那條離房子只有一英里遠的河裡。」

【註解】
① 薩摩塞特館（Somerset House），一棟位於英國倫敦泰晤士河畔的政府建築物，內有戶籍署和其他政府機關。

通靈者

第一節　靈媒、薩滿與通靈者

認為人類在死後依舊存在、生命的存在乃不死不滅的觀念，深深影響了許多對它深信不疑者的生活。如基督教、伊斯蘭教、猶太教或其他宗教，都向其信眾許諾死後仍有某種形式的生命存在一樣，自人類有史以來，有不下數萬名男男女女堅信他們透過靈媒顯現的種種續存跡象，接收到了在死後依舊有生命存在的證據。

從一九五七年開始投入靈媒的調查和研究以來，我走遍美國和加拿大，與不下數十位靈媒，一起進行所謂的「會談」。這些人認為自己有能力以某種特殊方法，在生者與死者間建立聯繫，並轉達來自死後世界的安慰和支持訊息、以及與個人切身相關的重要消息給生者。有些靈媒能在完全清醒的意識下，接收來自靈魂的意念，其他人則會進入出神狀態；此時通常會出現各種違背已知物理法則的超自然異象，如無人碰觸到的物體會自主移動、靈媒的身體在空中漂浮和靈魂現出實體形狀等。要成為靈媒必須具有極端或異於常人的敏感度，讓亡靈能更容易接近並利用他（她）的精神和靈魂，因此靈媒也常被冠上

「神通者」的名號。

在深入研究各種通靈方式其及相關的超自然現象將近五十年之後，目前我獲得的結論是，擁有通靈能力的人，他們的精神和靈魂裡或多或少保有部分古時薩滿教的特質和必要條件。所謂的薩滿，是在民眾和靈界間扮演中間人角色的巫師。原本薩滿（shaman）指的是西伯利亞蒙古通古斯族中的巫醫和驅魔師，但近年來這稱號也被用來形容在北美洲各部落間行醫的男女，他們同時也是各自部落的靈媒、治療者和看得見異象的人。在部落中仍有許多恪守薩滿傳統者，對薩滿教的智慧抱持著敬畏的態度，他們認為薩滿可在沒有形體的心靈導師陪伴下，自由前往死後世界。

人類學家艾佛‧利斯納長時間待在西伯利亞，並與通古斯族及北美洲的原住民相處後，對薩滿下了定義：

「一個知道如何和鬼神打交道，並影響它們的人……要成為薩滿，不可或缺的人格特質是他興奮、出神和容易陷入出神狀態的情緒……這種心神恍惚狀態的構成因素是一種與世俗存在分離的自我斷絕形式，一種更敏感的狀態和更高層次的靈性覺識。薩滿會在受到神靈感召或進入狂喜狀態時，失去肉體的意識。當薩滿處於狂熱狀態中，會看見夢一般的幽靈、聽見聲音，並接收到真實的幻象。尤有甚者，薩滿的靈魂有時還會離開身體，四處遊蕩。」

在降神會進行時，靈媒多半都會陷入出神狀態，並宣稱他們受到死者亡靈的控制或指引。一旦靈媒與另一個世界裡的特定靈魂搭上了線，這些靈魂會透過靈媒開口說話，並傳遞訊息給這場降神會的參與者。這些人不論男女都有著同樣的目的，

那就是希望透過這場儀式讓他們獲得已逝親友的音訊。

根據薩滿教的傳統，靈魂嚮導或沒有形體的心靈導師通常會出現在那些選擇參與幻象探索的參與者面前。在入門者開始接受這項考驗之前，部落長老和薩滿會先花幾個禮拜的時間指導他們，讓他們知道該做些什麼準備，以及有什麼事情在等著他們。在許多薩滿教的傳統中，這些沒有形體的心靈導師身分相當於靈界派往人間的大使，而且經常以動物的型態出現，伴護著造訪另一個現實空間的訪客。

至於當代的靈媒，通常稱呼自己爲「通靈者」，而出現的靈魂嚮導，可能會是曾以人類形態生存過的生命體、發光體、地球以外的生命，或甚至是天使。不管這些名詞各自代表了何種意義，在我看來，現今的靈媒或通靈者都還是遵循著古老薩滿教的傳統作法。

第二節　靈媒與靈魂嚮導

西方社會的靈魂嚮導觀念可追溯到古代。在偉大的哲學家蘇格拉底向我們揭示的眾多哲理中，最著名的例子莫過於他提到在古時候人可以自由地和指導他的聲音，也就是所謂的守護神「Daemon」對話（請勿與「Demon」，墮落天使或負面、消極的實體搞混了）。「Daemon」解釋爲守護天使或謬思的意思會更恰當。蘇格拉底認爲他的守護靈不分晝夜地守在他身邊，保護、警告他即將接近的危險。

靈媒相信當他們陷入出神狀態時，同時也落入了守護靈的控制之中。守護靈會藉由靈媒傳話，並透過他們讓各種超自然現象逐一出現。雖然曾經是在俗世間存活過的人類，這些守護

靈進入靈界後，靈性意識便逐漸提升到相當高的境界。

　　部分超自然現象研究者歸納出一個結論，所謂的靈魂嚮導可能是人類心智中一種鮮為人知的力量，可讓靈媒的意識主體浮現出另一個同樣具有完整個人特質的人格來。儘管有許多靈媒坦承，當他們陷入出神時主體心智並沒有被完全排除，但他們強調他們的潛意識會被一個具有更熱切情感與智慧的靈體接管，落入其控制之中。

　　備受尊崇的靈媒，同時也是浸信教會牧師的亞瑟・奧古斯都・福特（1897～1971），在他與瑪格麗特・哈蒙合著的自傳中，提到他和自己的靈魂嚮導佛萊契愉快的合作關係。根據福特的說法，佛萊契是他的兒時玩伴，長大後在一次世界大戰中為國捐軀。每次當福特想進入出神狀態時，他會在沙發上躺下、或是斜臥在一張舒服的椅子上，然後開始緩慢而規律地呼吸，直到感覺自己的能量集中在腹腔為止。接著他會集中注意力開始想像佛萊契的臉，當這影像變得越來越清晰時，他感到守護靈的臉孔就壓在自己的臉上。在兩張臉合併的剎那，福特感到一陣「被電擊的感覺」。這時福特已經失去了意識，在降神會結束後才會醒過來，過程就像「睡了舒服的午覺」一樣。

　　二十世紀最偉大靈媒之一的奧羅夫・強生，曾告訴我當他在冥想時和宇宙意識接觸，突然了解到在其他存在界中還有其他靈魂生命的存在。強生是位感覺敏銳的通靈者，曾參與過太空人艾德加・米歇爾在一九七一年二月「阿波羅十四號」出勤時，在地球與月亮之間進行的超感官知覺實驗①。他說人類可以用任何與自己心靈最相通的方式來詮釋宇宙智慧。「某個人可能會看見一個像印第安人的實體，」強生說：「其他人看見

的則是年長的智者，但是也有人看見聖人。然而這些外觀看起來各自不同的存在體，都是一種良性、有益的智慧無相體（bodiless form of benign intelligence）。這些無形的智慧之所以會偽裝成西藏高僧或宇宙導師的外觀出現，是因為比起原本沒有形體、忽明忽滅的智慧本身，人類大腦能夠較快接受看起來像人類的靈體存在。」

強生說他相信靈魂存在體有能力理解人類的行為以及思想，然後用更好的方式導引人類通往宇宙和諧。「這些存在體不用語言，而是透過潛意識層影響人類。」強生說道：「心電感應是一種最好的證明。我們不用文字，而是用觀念和感覺來思考。有人知道上帝說的是哪種語言嗎？在自我潛意識層間交流的感覺與和諧，構成了一種全人類共通的『語言』。」

來自德州的著名感覺敏銳通靈者和靈媒──博蒂‧凱欽絲表示，當一個人死亡後，他（她）的靈魂會比在肉體時更活躍、更有生命力。凱欽絲之所以能夠傳遞死者的訊息給他們尚在人世的至親好友，在她看來的原因是：「靈魂希望和世間的親友們連絡，讓他們知道自己還好好地活在另一個現實空間裡。」凱欽絲說，有許多靈魂和在世的親人聯繫上時，都感到相當驚訝和興奮。「通常會有眾多朋友和家人在等著他們，團聚的喜悅與歡樂讓所有人都很開心。」至於她的靈魂嚮導，凱欽絲說有時候她會在深夜被一個悅耳的聲音喚醒。「我會被告知一些未來即將發生或是我必須去做的事，」她解釋說：「我已經習慣了，這並不困擾我。」

在一場控制式的對照實驗中，狄翁‧費蕊這位能力超強的靈媒，派她的靈魂嚮導理查‧史派德博士從芝加哥前往倫敦，

在現場目擊者面前，移動一面掛在他們眼前的鏡子。費蕊第一次與靈魂的接觸，發生在她父親過世的當晚。「我當時才十五歲，」她娓娓道來：「那天晚上我見證了永生的存在。生前從未上過教堂、也不相信來生的父親，他的靈魂出現在我床邊對我說：『如果連我的生命在死後都還繼續，那所有人一定也都還活著。』」

根據費蕊表示，理查・史派德博士第一次出現在她眼前是在一九四二年。他的外貌清晰可辨，身著正式的黑外套。「我被派來指引妳，做妳的導師。」史派德博士這樣告訴她。

我參加過多場由費蕊擔任靈媒的降神會，她和我一樣都相信，一個人只要認真地研究、訓練並詳加觀察，假以時日都能夠培養出通靈或薩滿的能力。「造物主上帝的大能一直都在我們身上作工，」她說道：「我們愈運用神賦予的能力，愈能夠讓自己壯大起來。我們一定要學著去感受那道光，讓它通過身上每個毛孔，給它力量，好讓其他人能透過你感受到它的存在。一旦成為這道光的中間傳遞者，此後無論你接觸到任何人，他們身上都會因為你而留下這道光的痕跡。」

備受歡迎的芝加哥靈媒艾琳・休斯，也就是那位參與在本書第一章提到的調查活動的靈媒，向我說明她如何判斷她的靈魂嚮導想要為無形實體傳遞訊息的方法。「我會不發一語，完全地放鬆自己，陷入深沉的冥想中，」她說道：「這時我可能是獨自在家，或是和一群朋友在一起禱告。先是我的右膝會感到一股寒冷的刺痛感，接著是左膝，然後慢慢地全身都被這股刺痛感所覆蓋。雖然我像被手套緊緊包覆著——甚至表情都會因為刺痛而改變——但我卻有一種自在、受到保護的感覺。這

一刻我已經在通往那發出金色光芒的意識之流，也就是我們俗界所稱的『靈界路』上。這時的我還只是在半出神狀態而已，當我陷入完全出神後，我就什麼都記不得了。」

當她沉浸於靈界時，她的身體會變得「像死亡一樣冰冷」，但同時她的內在自我會被一股愉快的暖意團團圍住。沒多久她的靈魂導師凱吉就會出現，像個摯友般對她點頭微笑，示意她已獲許進入靈界。然後他會輕揮手臂，帶出那些想要透過她傳話的靈界生命。「我和我的靈魂導師間被看似空氣般稀薄，但卻像電纜線一樣強韌的帶子緊緊聯繫著，」休斯說道：「在他意識裡一閃而過的每個念頭，在我的意識中都如水滴般清楚透澈。」

第三節　靈媒、通靈者和超感官知覺

根據部分超自然現象研究者的主張，通靈者（psychic-sensitive）和靈媒（trance medium）兩者之間的主要差別，在於通靈者的能力屬於超感官能力的顯現，例如千里眼、預知能力或心電感應；至於靈媒則是能與靈魂互動。也有其他研究者觀察到，疑似靈魂的現象所展現出的智慧，凌駕於靈媒個人所能理解的程度。這類的超自然現象研究者承認，有時候傳遞的訊息內容多半超越靈媒已知的客觀知識；但他們也強調，人類的主體心智界限為何目前尚未有最終的定義。

懷疑論者指出，靈魂經常可以透過暗示的力量加以控制，並回答一些沒有事實根據的問題。這些批判的研究者表示，他們可以和想像中的人物毫無困難地溝通對談。當有些靈媒傳遞的「靈界訊息」，實來自於某個懷疑論研究者所創造出的虛構個

體；又或提供他們眾多幽靈建議的對象，其實是個還在世的真人時；他們會認爲自己成爲眾人的笑柄，或有種被摸清底細的感覺。

在珍・羅伯茲的《靈界的訊息》（*The Seth Material*）和《靈魂永生：賽斯書》（*Seth Speaks*）出版後，在一九七〇年代，「通靈者」（channeling）成爲靈媒另一種更廣爲人知的名稱。在羅伯茲進入出神狀態時與她接觸的靈

據傳這位靈媒能夠讓心靈體（或靈魂本質）物質化，從她的嘴裡流出。©The Steiger Archives

體就叫做賽斯，而羅伯茲的先生羅伯・巴斯負責記錄下靈體所傳遞的思想、見解和觀念。賽斯口述的資料品質都相當高、非常發人深省，很適合已成年的嬉皮世代和出生於戰後嬰兒潮的成人。不久之後全國各地都出現了賽斯讀書會，傳頌「人人都能創造出自己的神性」、「我們當下的力量源源不絕」，和「在我們生靈的表面下存在著自己的神性」等觀念。同時還有爲數眾多的「通靈者」，在極盛時期似乎每條商店街裡都有一間專業通靈者辦公室。

這些人都是「速成靈媒」居多。一群容易接受暗示的男女，在上過幾堂新世紀的課程、讀過幾遍《靈魂永生：賽斯書》後，就相信他們能自由地傳遞靈魂嚮導要透過他們說的話。大多數被一時矇蔽而自我任命的通靈者，會在幾天後恢復正常生活，然而也有不少具有天賦、能讓他人信服的個人，在大批信

眾和追隨著的簇擁下成為國際名人。一九八○年代中期，幾個著名靈媒在與各自的靈魂嚮導，如傑克·伯蕭和「拉撒烈」、凱文·萊爾森與「麥克佛森」通靈時，現場每每都是座無虛席。

　　顯而易見的是，不論是在群眾或是通靈者心裡，靈媒的觀念似乎都已成為一種既定印象。一提到靈媒，自然就會聯想到古時傳統那種燈光昏暗的降神室，也自然地會有種不合時宜的厭惡感。現今二十一世紀的靈媒，經常都是在完整舞台布景和燈光效果下，或是在電視攝影棚內轉述來自嚮導或靈魂導師的訊息。無論那些自稱能傳遞靈魂訊息的人希望用什麼名號來稱呼自己，這整個溝通的過程自古至今都沒有改變：靈魂實體占據了通靈者或靈媒的肉體，並透過他們發聲。原本平凡無奇如蘇莉亞·布朗、詹姆斯·凡·普拉和約翰·愛德華等人，透過一系列的電視節目和媒體曝光率，讓自己成為鎂光燈下注目的焦點人物，更引發世人對與死後世界生命通靈的關注，達到前所未有的熱烈。

　　從十九世紀後半期開始，靈媒開始面對聲勢日漸壯大的唯物論和機械性科學的嚴重挑戰，許多靈魂和身、心靈的二元性觀念都被一一抹除。永恆靈魂的觀點，受到強調大腦細胞、制約反應和僅存於肉體活著時的記憶模式等學說的侵逼而逐漸消逝。

　　在一九四○年代期間，Ｊ·Ｂ·萊恩博士針對靈媒進行研究並做出總結，他表示研究的結果相當多樣化而混雜。然而參與二○○一年三月在亞利桑那大學靈媒研究的科學家均表示，他們必須對人類意識在死後是否續存，提出各種相當重要的根本性問題。身為這次研究團隊領導者的蓋瑞·史瓦茲教授表

示，許多能力和技巧卓越的靈媒能夠直接與死者聯繫，而不只和參與降神會的人員心靈交流。參與這次研究的科學家們都認為，他們蒐集到的所有資料都「一致性地符合死後意識續存的條件」。根據他們最新的資料來研判，蓋瑞・史瓦茲教授說：「最保守的說法是，靈媒能夠直接與死者交流。」

第四節　鬼魂現形：靈媒能力的終極展現

　　或許靈體的物質化，可以說是降神會中最卓越的現象，它會以某種可辨識的形態出現在眾人面前。在降神師的會所或營地內，靈媒通常會引導靈魂在一間小密室中現形，讓它與周圍的眾人交談。這些密室可以是刻意打造的木頭建築，或者只是用繩子串起幾條毛毯，圍出一個空間讓靈媒在進入出神狀態保有些許隱私。

　　《心靈報》（*Psychic News*）的創辦人兼編輯墨利斯・巴巴尼爾（1902～1981），在他的著作《這就是招魂術》（*This Is Spiritualism*, 1959）中寫道：「鬼魂現形最玄妙之處，就是只要用幾分鐘的時間，就能在降神室內重製出一般必須在母體子宮內花上九個月才會誕生的生命。」有無數的超自然現象研究者宣稱，他們親眼目睹有一條細到幾乎看不見的繩子連接著已現形的靈體和靈媒，與臍帶成明顯的對比。靈魂學家將構成靈體的此一物質稱為「心靈體」（ectoplasm），而他們力主這物質是來自於靈媒體內。雖然心靈體是在一九二〇年代，由法國超自然現象研究者查爾斯・里奇博士所命名，但另一位德國籍的調查員巴倫・史川克・納辛卻有更進一步的接觸。他獲得某位靈媒的首肯，讓他「切除」一小段心靈體以進行分析。納辛發現

這是一種無色無味、淡鹼性、沾有些許皮膚碎屑、血肉、唾液和粒狀黏膜的液體。巴巴尼爾表示他的靈魂嚮導「銀樺樹」向他說明心靈體有表意賦形的性質，因此能夠被靈媒的心靈「子宮」塑造成人類肉體的形態呈現。靈魂存在體與心靈體混合，直到顯現出一個「會呼吸、走動，還會說話，而且連指甲都清楚可見」的人類形體。

我看過確實是由靈媒體內排出心靈體的場合，用一雙手就能數得完，當代只有極少數的靈媒會願意嘗試在降神期間讓心靈體現形。今日專業靈媒進行的降神會，大致可分為底下三種類別：

一、「直接聲響」溝通。靈魂嚮導透過陷入深度出神狀態的靈媒，直接對列席降神會的現場人員說話。

二、「朦朧」溝通。靈媒的意識狀態有些許改變，並以對話方式將靈魂嚮導的訊息傳遞給降神會列席者。

三、「宣讀」溝通。靈媒的意識狀態完全清醒，當眾朗讀與降神會現場列席者有個人關係的靈魂，欲「展示」的影像及欲「告知」的訊息。

第五節　在陰間的女兒給母親的訊息

一九三三年二月十日，巴巴尼爾和靈媒艾絲特・羅伯茲（1899～1970）同坐在一間未開燈的小房間裡，一個年輕女孩的靈魂透過羅伯茲女士怯生生地開口說話。「說出來啊！」本身也是著名靈媒的巴巴尼爾鼓勵這沒有形體的聲音：「告訴我妳想說什麼吧！」

「我叫做貝西・曼寧，我想請您幫我帶句話給我母親。」女

孩的聲音告訴他：「我母親一直都有看《心靈報》上您寫的幾篇關於直接聲響的降神會報導。請告訴她您有和我說過話。」。巴巴尼爾要女孩放心，他保證隔天早上一定幫她把話帶到。貝西很高興巴巴尼爾給她的正面回應，便繼續說道：「請告訴我母親，我現在二十二歲，藍眼睛。去年復活節時我因為感染結核病而死，是我九年前騎摩托車出意外過世的哥哥湯米來接我的。您可以帶我母親到這房間來嗎？」

　　巴巴尼爾十分願意替貝西完成她透過羅伯茲女士提出的要求，但他還需要女孩提供更多完成這項任務必要的資訊。「我要知道妳的母親住在哪裡？」他對女孩說。貝西毫不遲疑地回答：「布雷克本郡坎特伯里街十四號。」

　　第二天巴巴尼爾發了封電報給貝西‧曼寧的母親，告訴她艾絲特‧羅伯茲的靈魂嚮導「紅雲」將她女兒帶到前一晚的降神會中。貝西靈魂給的地址正確無誤，幾天後巴巴尼爾就收到曼寧家的來信，表示他們「極其欣喜」知道貝西與他們的接觸。經曼寧太太證實，她女兒的靈魂在降神會中告訴巴巴尼爾的話句句屬實——貝西是在去年的復活節前後過世的，而湯米死於九年前的車禍意外。

　　「我認為貝西‧曼寧返回人間這件事，足以作為死後世界確實存在的完美證據，」巴巴尼爾在他的書《號角將要響起》（*The Trumpet Shall Sound*）和《這就是招魂術》中都曾提到這件事。「心電感應或潛意識的理論都無法提出合理的解釋，也沒有勾結或詐欺的成分存在的跡象。曼寧太太這輩子從沒見過艾絲特‧羅伯茲，也未曾和她或她的家人通信聯絡過。她亦沒有寫過信給我，或其他參與那些直接聲響降神會的人。但我們卻

得知關於她家鉅細靡遺的背景資料。」

巴巴尼爾後來安排曼寧太太前來倫敦，讓她親自與貝西的聲音對話，以判定她女兒是否真的在死後續存。「我聽見女兒對我說話，用她一貫的可愛語調，和她獨有的說話方式。」曼寧太太在寫給巴巴尼爾的信中提道：「她向我提到一些除了我跟她之外沒有其他人會知道的事。而我身為她的母親，是最有力的裁判，在全能的上帝面前發誓，那千真萬確是貝西的聲音……我不怕所謂的死亡這件事了。我期待著與我心愛的家人歡笑重聚的那天到來。」

第六節　亞瑟·福特的電視轉播降神會

一九六六年二月，聖公會主教詹姆斯·Ａ·派克二十二歲的兒子自殺身亡。兒子過世後沒多久，派克主教在好幾個場合都發現到時鐘的指針，恰巧都排列成詹姆斯二世自殺的時間。

一九六七年九月三日，透過浸信會的任命牧師亞瑟·福特的靈媒能力，派克主教聽見他往生兒子的靈魂給的訊息。這場在多倫多舉行的降神會最獨特之處，是在加拿大的一家電視公司裡的攝影棚內錄影，然後在電視上播放。一手策劃了這場電視轉播降神會的，是當時任職《多倫多星報》宗教版編輯的艾倫·史博萊吉德，他同時也是「加拿大聯合教會」的前任牧師。

九月十七日這場降神會在電視頻道上公開播送後，隨即在超自然現象研究者圈內內掀起軒然大波。派克主教一直是個充滿爭議性的人物，經常因為和教會對於某些傳統教義有不同闡釋而引起爭議，加上他相信生者能與死者溝通的立場，讓他不

時成為新聞媒體注目的焦點人物。節目播出後派克主教告訴媒體，他堅信自己在這場降神會中，曾經不需透過福特的靈魂嚮導佛萊契的中介，而直接與兒子對話。但是當我們在事後聚會討論這場降神會時，史博萊吉德告訴我佛萊契一開始不只引導出詹姆斯二世的靈魂，他還帶來了許多其他人物。而且佛萊契自始以終都扮演著控制整場降神會的中間人角色。

在降神會正式開始之前，福特要先進入出神狀態。他用一條深色手帕遮住自己的眼睛，表示沒有光線會比較「好睡」，而且因為攝影棚內的強力燈光會讓出神狀態的這項必備條件更難達成。「有很多人都把通靈與暗房聯想在一起，」福特說：「所以我讓你們派克主教和其他觀察者留在燈光下。任何會發生在黑暗中的真實現象，也會在光亮處出現。」

當福特一進入出神狀態，佛萊契就出現了。佛萊契說他那邊除了有兩個人急著要跟派克主教說話外，還有其他人在等著。率先開口的靈體表明自己是詹姆斯二世，一個在死前受到精神疾病所苦的年輕人。他告訴在場人士他有多開心能和父親對話。

佛萊契接著介紹的第二位是喬治·佐布里斯基，生前在維吉尼亞神學院教歷史的律師。當佐布里斯基說到他「或多或少塑造了」派克的思維方式時，派克主教很快地就表示同意。第三位向派克問候的靈體是路易斯·彼特。派克主教認得彼特在自己當上哥倫比亞大學宗教系主任前，曾在該校擔任代理牧師。

然後佛萊契形容第四位是個老先生，派克主教以前經常上他的課。他有個蘇格蘭姓氏，曾養過詹姆斯二世的兩隻貓。史

博萊吉德問佛萊契能否提供這位老先生的名字。靈魂嚮導表示這名字的發音聽起來有點像「麥坎尼、麥坎農、唐諾‧麥坎農」。派克主教確認這名字是唐諾‧麥金農，當他在劍橋時對他的生涯發展影響最大的人。

最後一個出現的靈魂告訴佛萊契，他自稱為「教會乞丐」。派克主教似乎立刻就認出了這個稱號的主人，但是史博萊吉德還是要求佛萊契給個名字。「喔！」靈魂嚮導說：「是布雷克或是卡爾‧布雷克、布拉克之類的。」

「是卡爾‧布拉克，」派克主教說出最後一位靈體的身分，「加州的第四任主教。我景仰你、尊崇你，但我希望你不會覺得有些改變太糟糕。」布拉克透過佛萊契告訴他的繼任者，他完成了一件偉大的工作，但還有很多事等著他去完成。

事後派克主教告訴「美聯社」，他不認為福特能夠在降神會舉行前做任何詳細調查和研究，但他竟然能揭露如此多關於他最深入的私事，或通曉那幾位對自己想法影響至深的重要人物。派克主教認為這些細節都有前後因果關係，不單單只是片段的敘述、支離破碎的事件，或拼湊成的事實。「全都是連貫的，」派克主教表示：「那幾位傳遞訊息的人都有一個共同點──每個人都以不同的方式與我的思想有所關聯。」

史博萊吉德則是對「美聯社」記者說，他雖然接受福特聯繫上真正靈魂嚮導的這種可能性，但他相信仍有其他方式可以解釋這場降神會；例如福特和派克之間可能有某種超感官知覺或心靈上的溝通。

位於紐約的「超心理學會」前任行政祕書馬汀‧艾邦，應要求對此事做出評論。他認為派克主教代表「自我研究和調查

者，他發現主觀證據之處，是許多科學家主張無法以當前的研究方式取得客觀證據」。艾邦推斷，儘管這場降神會可能無法作為死後世界的結論性證明，但它也展現了「高度而專業的超感官知覺」。他對這事件的結論是：「靈媒可能挑起了派克主教的記憶。」

至於最注重科學方法的超心理學家，在發表對這場降神會的意見時，用字遣辭都相當小心謹慎。他們表示由於自己不在現場，無法對發生的事情做出評斷，且任何人都無法單憑一場降神會就認定出事實來。根據「美國心靈研究學會」調查處處長卡利斯·歐西斯博士的說法，從超心理學研究方面發現的部分事實看來，肉體死亡後還有生命體續留的可能性的確存在。「人性研究基金會」的Ｔ·Ｂ·萊恩博士表示，目前已經證實人類精神有種非物理性的容量，但他強調自己無法為派克主教所接收到的溝通訊息真實性做出任何結論。

事實上在這場降神會開始前，派克主教已經表現出他相信人類能與死者聯絡的可能性。降神會結束後不久，他在回答關於這方面的問題時表示，他堅信死後還有生命存在。他也主張有時候在俗世存在界的人，能夠和冥界的生命溝通聯繫。

一九六七年，派克和他的妻子黛安·甘迺迪·派克合著《另一個世界：我的超自然現象經歷》（*The Other Side：An Account of My Experience with Psychic Phenomena*）。一九六八年他從聖職退下後成立了「宗教變革中心」，隔年派克死於和黛安到耶路撒冷附近的沙漠遠征中。一九七〇年，黛安出版《追尋》（*The Search*），書中記載了派克生命最後幾年的靈魂探索歷程。

一九七二年我與黛安討論關於靈魂的議題，她表示在她看

來，分辨訊息來自靈界或更高的意識界，是相當重要且必要的。「如果更高等的存在體想對人類說些什麼，」她說道：「我認爲祂們會用一種有選擇性的方式傳話。當訊息從其他意識界傳到俗世時，用我們的世俗表達方式多會扭曲原意。人們在接收和敘述這些訊息時，往往太過注重精神方面的表達，但這遠超出他們的理解範圍之外。他們認爲和自己溝通的是更高等的智慧，事實上並不是。當然，問題來了，你要如何分辨其中的差異呢？」

黛安說以她個人而言覺得，耶穌的靈魂顯現考驗是最無問題、最安全的一種顯靈形式。黛安認爲那些接收到來自更高等領域啓示訊息的人，將會在他們的生命中顯現出高尚的人格特質，和高度的理解能力。在經過溝通交流後，這些性格會讓他們感到平靜，產生深沉的天人合一之感。「我認爲當一個人獨自踏上心靈之旅時，會顯現出所謂自我特質的性格，但這純是一種迷惑、自我肯定或驕傲等等，並非靈性高度發展的人會擁有的性格。」

黛安補充說道，任何靈魂溝通或聲稱來自更高層領域的啓示，如果其目的是要引發恐懼，那絕非如此。根據黛安的看法，「所謂的啓示，若是告訴你要害怕從某處向你而來的事物，或向他人提起這件事時會激起他們內心恐懼的話」，接收訊息者應當不予理會這類啓示或訊息。

一九八一年，黛安以「瑪莉安・帛流士」的筆名發表一系列的著作。書中精心設計過的內容旨在以當代人能接受的方式，向他們宣揚「古代智慧」的教義。黛安女士目前安居於亞利桑那州史考司代爾市，她和好友愛琳・勞倫斯在當地成立了

「鐵流斯學院」。

第七節　亞瑟‧福特與胡迪尼密碼 ②

亞瑟‧福特的靈媒能力經常引發不小的爭議。在一九二九年他接收到自認來自已逝偉大魔術師哈利‧胡迪尼（1874～1926）的靈魂傳遞訊息，當時的福特將這則訊息轉達給胡迪尼的遺孀碧翠絲（貝絲）。他的舉動旋即在媒體間掀起猛烈的正反兩極評論風暴。因為眾所皆知胡迪尼在臨死前留給妻子貝絲一則加密過的訊息，約定好在他死後會嘗試從另一個世界，用這個密碼和她聯繫，以證明死後仍有生命存在。部分媒體的專欄作家擁護福特，力辯他這份來自胡迪尼訊息的真實性，其他人則引用胡迪尼遺孀的話說這不是他們約定的那則訊息。

然而根據福特支持者的說法，一九二九年二月九日，貝絲在寫給福特的信中提到：「不管否定的聲浪有多大，我要對大眾公布此事：亞瑟‧福特給我的那則訊息，正合胡迪尼和我之間事先約定好的那則訊息，一字不差。」

胡迪尼密碼終於被公諸於世，組成這則祕密訊息的文字就是：「羅莎貝爾，要相信」。惡意詆毀福特的人主張，這位靈媒提供給胡迪尼遺孀的祕密訊息中，並沒有任何異常或超自然因素存在。他們認為，福特定是縝密地研究過貝絲在一九二八年接受訪問的內容，因為她在談話間不慎將這則密語透露給了幾位記者。根據貝絲事後的解釋，胡迪尼要從死後世界傳給她的訊息，其實是根據他們昔日的舞台表演默契所沿用而成的祕密拼字代碼。

第八節　克拉麗莎・貝恩哈特：女先知、靈媒

我初次與克拉麗莎・貝恩哈特這位瑞典籍美裔的敏銳通靈者會面，是在一九七三年她的家鄉奧克拉荷馬州。過去幾年來，貝恩哈特女士因其準確的地震預測能力，在國際間享有「地震夫人」的封號。同時她也是位靈媒，為來自另一個世界、想和世人溝通聯繫的靈體扮演中介的角色，可說是舉世聞名、判斷力精準的超級通靈者之一。此外，她也是內人雪莉和我本人的知心好友。

靈媒克拉麗莎・貝恩哈特。
©Clarisa Bernhardt

雖然克拉麗莎接受「神靈媒介」此一封號，但她卻未依靠任何一位靈魂嚮導。相反地，她擅於接受來自天使和其他高等智慧的指引，將祂們稱為偉大的「宇宙家庭」。克拉麗莎選擇將她與靈體的接觸和互動形容為「跨次元交流」。她身為一位感覺敏銳的通靈者，自然見過為數不少的鬼魂。「有些見鬼的經驗會讓我震驚不已，」她說道：「有時很嚇人，但有時對我或其他人是很有助益的。」在說明她如何進行靈媒的通靈工作時，克拉麗莎表示，她既不需要靈魂嚮導，也不必進入出神狀態，就能接收到來自冥界的生命傳遞給她的訊息。

克拉麗莎分享見鬼遭遇

「有一次當我在北德州作客時，應要求去到了一位威瑪・S女士的家中。喪母之痛給她和全家人帶來相當大的打擊，因為

全家人都很敬愛他們的『老奶奶』。在我和一位認識的記者朋友一起到達他們家後，他們家人告訴我，他們強烈地感覺到過去這一個禮拜以來，老奶奶時常出現在家裡。當我一踏進走廊，就看見一個能量場發狂般的四處飄移。突然間它朝向我快速移動，我隨即退到一邊，讓路給它。」

「它停了下來，退回到走道盡頭的門旁，在那裡來回飛舞。我感覺到屋子充滿著一股因為不安和焦慮而引起的共鳴，於是我要求所有人保持安靜，讓我可以集中注意力在目前發生的異象上。然後我回到走廊，朝那股能量正在附近活動的門走去。這時我僵住了，因為我看見一個女子的身影，她正在用身體撞擊那扇門。我甚至還聽得見門板被衝撞的聲音。接著我突然領悟，她是要警告我：她的家人有生命危險。走廊的幽靈在顯現如此不可思議的能量爆發後，突然間就消失了。」

「我走回前廳，問他們家人走廊盡頭的那扇門後面是什麼。威瑪回答：『喔，那有個通往地下室和酒窖的樓梯。』我再問他們最近一次下去那邊是何時，威瑪回答說大概是一年前了，因為底下堆了太多東西，很難整理。我告知他們老太太傳達給我的訊息，她說地窖裡有危險，要他們立刻查看，威瑪說她會照辦。」

「我們走到屋外後，他們帶我快速地檢查了一遍房子周圍的土地。在接近上面是二樓房間的車庫時，我又聽見威瑪母親的靈魂說話的聲音。她告訴我她在那附近埋了一筆錢，還提到一些和牛仔靴上的銀馬刺有關的事。我把這兩件事都轉告給威瑪女士的家人……說過再見後，我便離開了他們家，心裡期願著威瑪家人會聽從我的忠告。」

「幾個月後當我在亞利桑那州的聖多娜避寒時，接到道格（威瑪的姪子）打來的電話。他說他阿姨遵照外婆透過我傳遞的靈界訊息去做了。當威瑪打開通往地下室的門時，一股瓦斯味撲鼻而來，他們當下就明白，原來母親是要警告他們瓦斯管漏氣了。因為及時發現而避免了一場悲劇發生。道格還告訴我，後來他們在架設新木樁時，發現了一對銀馬刺埋在籬笆附近。他們還找到好幾個裝了五十元美金紙鈔的罐子——對威瑪和她的家人而言，這的確是一場極具意義又管用的通靈經驗。」

【註解】

① 艾德加・米歇爾（Edgar Mitchell）在一九七一年的「阿波羅十四號」任務中做的實驗。當時他在距地球十五萬英里的太空中，將注意力集中在一系列由二十五個數字隨機組成的數字串上，再由地面四個人接收他的意念。艾德加一共想了二百個數字串，猜對的平均數是四十個，但卻有兩個接收者猜對了五十一個。這不尋常的結果讓科學家們大感意外。

② 哈利・胡迪尼（Harry Houdini），本名艾瑞其・懷茲（Ehrich Weiss），被稱為史上最偉大魔術師、脫逃魔術師及特技表演者。

復活

第一節　靈魂出竅

自有人類存在以來，不論男女皆指證歷歷，說有另一種鬼魂存在，指的乃是在生者的靈魂出竅。在每個時代，都有人宣稱自己在陷入冥想，或因肉體遭受極度痛苦、陷入半昏迷狀態的幻覺中，曾經短暫地離開過自己的肉體。他們在靈魂體內的其他現實空間裡漫遊，然後又再度回到物質界。更有成千上萬人宣稱，曾親眼目睹類似朋友或親人的靈魂影像出現在他們面前；而可確定的是，當時出現在他們眼前的雖是靈魂，但它身處數千英里之外的本尊，還活得好好的呢！亦有無數人稱言自己曾有睡眠中靈魂出竅的經驗，他們堅稱在那些「詭異」的夢中發生的事，後來都一一化為現實。甚至還有些人認為，在這趟靈魂旅程之中，接受到或傳遞出重要的個人訊息。

根據個人的研究和經驗，我發現靈魂出竅大致可分為底下七類：

一、當主體進入睡眠狀態時，靈魂的出竅現象。

二、當主體遭受手術、生產、拔牙等事件時的出竅現象。

三、在意外事故中的出竅現象。當主體遭受劇烈的肉體震

盪時，他（她）的靈魂似乎從肉體中被拋出來。

四、當主體遭逢極度肉體疼痛時的出竅現象。

五、當主體發高燒或生重病時的出竅現象。

六、主體在瀕死狀態中「死去」的那幾分鐘期間，出現的出竅現象。出竅的靈魂可能會出現在與主體有情感聯繫的在世者面前，也可能會出現在其他生命次元之中，隨後才隨著主體復活時重返人世。

七、當主體蓄意從肉身中釋放出靈魂時、有意識的靈魂出竅。

在英國醫學期刊《刺胳針》（*Lancet*）二○○一年十二月號刊裡，有篇刊載了某項研究結果的文章，這是個對荷蘭十家醫院中三百三十四名曾經一度心跳停止、但後來成功復活的病患所做的實驗。研究人員指出，在與這些倖存者從臨床死亡中復活的頭一週內交談的內容中，可以發現：有百分之十八的病患，對陷入臨床死亡之際時發生在他們身上的事情，還留有片斷的記憶。其他百分之八到十二的人，記得曾有過瀕死體驗，例如看到隧道的盡頭有光，或是和已逝世的親友交談等。

最近三十年來，有越來越多人，包括醫生和宣稱曾經歷過此一現象的個人，開始注意到「瀕死經驗」（NDE）此一現象。在著書研究「瀕死經驗」的研究者中，最著名的幾位有伊麗莎白・庫柏勒─羅絲、雷蒙・穆迪、肯尼斯・林恩、卡里斯・歐西斯、羅伯特・克魯考和Ｐ・Ｍ・Ｈ・艾特華特等人。在數十本論述「瀕死經驗」的著作中，多半描繪些關於某人看起來已經死亡而又復活時所發生的現象，其中少不了會有出現在隧道盡頭的光、或天使和已逝親友出現作伴等的故事。在當事人靈

魂出竅、暢遊死後世界的旅途中，這些脫離了肉體的靈魂會被告知他們在俗世的陽壽未了，必須返回人間。通常他們都會帶著要完成某項特殊任務的指示一起回來。

從著名的靈魂研究者哈利・普萊斯發表的論點看來，他認為我們在俗世的生命，極有可能是為了要在臨終時提供這一生以來的記憶，做為建構一個有意義的影像世界之用。對那些會經歷這死後世界的人而言，即使有看似深切的身體髮膚上的感受，但這樣一個世界仍是精神上而非肉體的世界。普萊斯推測，在另一個世界生活的居民，其記憶和欲望（包含被壓抑或潛意識）的具體成像。它可能和我們現在生活在其中、有感知的情俗世界，一樣的鉅細靡遺、生動且複雜。我們還會發現，這世界可能也包含了和某人肉身相關的生動且持續存活的影像。

根據普萊斯的概念，存活的個人其實只是一種精神的存在體：「然而如果在這世界之中，有人習慣了認為自己是有肉身、有形體的（這是很有可能的，而且這想法至少會持續一段間），那他（她）自己的肉身可能會以前世的形態出現，成為他（她）在這影像世界存活的中心，如同有感覺的肉體是他（她）存活在現世生命中、對這世界的感官中心一樣。」

雖然這是本有關真實幽靈的書，但我之所以把這些重返人世的「幽靈」，寫成一章放在這裡面，是因為他們提供的證詞不但證明了死後還有靈魂和另一種生命形式，也證明了這些幽靈都是真實的。

第二節　生者之靈

離體騰空飛翔

當密蘇里州聖路易市的里察・伊凡斯穿越某個繁忙的十字路口時，一輛從轉角疾駛而來的汽車，在他還沒來得及踏上人行道前就壓過了他。伊凡斯後來寫到，在被撞擊的前一刻，那永恆的一刻，他的真實「靈魂體」似乎從肉體中跳脫出來。伊凡斯彷彿高飛在街道上空，他看得見車子即將撞上自己的身體。「我的臉上出現一種鹿被車前大燈嚇呆了時的表情，」伊凡斯說：「人行道上有位目睹這一切的女士似乎下一秒就要放聲大叫了。我知道那輛車就要撞上我了，但我那真實的意識卻似乎一點也不感到恐懼。」

下一刻，里察・伊凡斯看到自己的身體被撞飛在空中，宛如一顆被勁射而出的足球。他感覺不到任何疼痛，且對於在空中以拋物線墜落的這個人，似乎有種事不關己的奇異疏離感。現在的他，和那個被高速行駛的汽車撞上的身體間，沒有任何意識上的連結，「他」只是個冷漠的旁觀者而已。

伊凡斯倒臥在地上，人群開始聚集到他周圍，而另一個仍漂浮在街道上空的伊凡斯則想要離開現場，自由地翱翔在天際。但有個東西把他留在底下那悲慘的場面裡——快速接近中的警車響起了淒厲的警報聲，引起了他的注意，後面還緊跟著一台救護車。一名醫生從開啟的車門中躍出，蹲在伊凡斯的身體旁邊。他看到醫生將注射器裝滿了一個小瓶子裡的液體，然後再注入到他的身體裡。

注射器裡的液體進到他的身體之後，就像塊磁鐵般，把伊

凡斯拉回到他的身體裡。他形容這感覺為：「彷彿自己是一顆被綁在橡皮筋上的球，在到達橡皮筋所能延展的極限之後，又被拉了回來」。接下來伊凡斯意識到他回到了自己的軀體裡，一邊眨著眼睛觀看四周一片模糊景像。最重要的是，此刻他意識到了難以忍受的劇痛。伊凡斯由衷地希望能夠再次飛翔在街道上空，遠離這難耐的痛楚。

受傷母親的造訪

時間是一九五七年七月十七日的凌晨兩點，派翠西亞·曼恩睜開朦朧的雙眼，瞥見房裡有個形態極似母親的影子。這個幽靈開口對她說：「快來，我需要妳的幫助。」派翠西亞的母親住在離她家十英里遠的地方，但她深信這個鬼影確實就是母親。她隨即拿起電話打給母親，卻只聽見占線的嘟嘟聲。打電話到電信局確認後，得到的答案是線路故障。

冥冥中，派翠西亞知道她不能就這樣枯等，直到隔天早上才去確認母親是否真需要幫助。於是她匆忙穿好衣服，開車到母親家。當她到達時，看到屋裡所有的燈都還亮著，還聽得見電視機以最大音量發出刺耳的沙沙聲。派翠西亞使勁地敲門、喊著母親的名字，但毫無回應。好不容易，在找到一扇未上鎖的窗戶奮力爬進去後，她發現母親倒臥在血泊中，一手還緊抓著話筒。派翠西亞連忙打電話叫救護車。

母親在急診室裡把碰傷的前額縫合好之後，她告訴派翠西亞事情發生的經過。後來派翠西亞把這項奇異的經驗做了整理描述：「母親跌倒之後，看到汩汩湧出的鮮血，知道這傷口很深。在她正想打電話給我時就昏了過去，但她記得有叫出我的

名字。她還知道，跌倒的那時約是凌晨兩點左右。」

（派翠西亞・曼恩，〈真實的不可思議體驗〉，刊登於一九六七年二月號的《命運》雜誌）。

讓身體獲得喘息的靈魂

有天夜裡，莎拉・諾里斯睡眼惺忪地醒來，不情願地從床上丈夫身邊溫暖的被窩裡離開。時間是凌晨三點，到了餵小寶寶的時間。事件的過程如同之後莎拉在〈史泰格神祕與超自然現象問卷〉中回答的一樣：她走進廚房，轉開瓦斯爐，用一隻舊鍋子為奶瓶加熱。在等水沸騰的同時，莎拉望向窗外籠罩在月光下的農田，傾聽四周的夜聲。

那晚要上床睡覺前，她已經累癱了。那年夏天異常悶熱，即使她挺了個大肚子，還是得要下田幫忙。雖然整個生產過程漫長又辛苦，但莎拉在孩子出生後不久就出院了，因為她必須回田裡幫忙收割。總是睡眠不足的她，還要煮宵夜給那些臨時請來幫忙收割的工人吃，因為家裡請不起佣人來分擔這些家務。而在丈夫沉眠夢鄉之際，她還得在半夜爬起來照顧小寶寶。莎拉願意付出任何她給得起的代價，只求能一覺到天明。只要一個晚上，不必被打斷睡眠的晚上就好。

奶瓶熱好了。她在手臂上滴了幾滴牛奶試試溫度，然後走進嬰兒房，在小寶寶放聲大哭之前將奶嘴塞到他嘴裡。莎拉不想讓小寶寶的哭聲，吵醒她丈夫和睡在隔壁的兩個兒子；也不想讓此時無憂無慮、像作夢般的狀態，因刺耳的哭叫聲而消失。

當莎拉回到臥房，看到自己正睡在丈夫身旁時嚇了一大

跳。那個形體分明就是她的身體：散亂的頭髮、微張的嘴。可是，自己怎麼會同時出現在兩個地方呢？一股恐懼感讓她顫抖著……一種奇怪的拉扯感……然後莎拉猛地抽搐一陣，醒了過來。是夢，一場詭異的夢。

而小寶寶呢？他竟然在床上滿足地吸著奶瓶。這看來似乎是莎拉的靈魂，她那非肉體的「自我」和已熟睡的身體分開，讓她這副已累到骨子裡的軀體，可以不受打擾，好好地休息。她的靈魂跑去照顧小寶寶。莎拉不但將她的靈魂從肉體中釋放出來，還看見了自己的軀體。

重返肉體的醫生幽靈

當堪薩斯州史奇地市的韋爾瑟醫生自認來日不多後，便召集了家人和朋友，一一向他們道別。根據負責照顧他的雷恩斯醫生事後轉述（原文刊載於一八八九年的《聖路易醫學和外科期刊》，轉載於一八九二年「心靈研究學會」會議錄第七卷），當時韋爾瑟醫生沒有脈搏也察覺不到心跳的時間，持續了足足四小時之久。但是雷恩斯醫生也提到，他或許有看見過幾次病人吐出極其微弱的氣息，而自己卻沒有察覺。

在這麼長一段臨床死亡期間，韋爾瑟發覺自己處於一個後來他稱之為「意識存在」的狀態中，與肉體間失去了聯繫。他開始來回擺動，企圖破壞在肉體形態內那脆弱的組織與纖維。當他的靈魂像「橡皮筋縮回」那樣，開始從腳底往上升、集中到頭頂時，他感覺到、也聽到「無數個小組織『啪』一聲斷裂的聲音」。這時韋爾瑟醫生感覺他的真實自我集中在頭部，並開始從頭頂向外冒出。在他爾後提出的報告中，韋爾瑟醫生強調

自己清楚地記得，當時的他感覺自己像是「一種類似有顏色和形狀的水母」。（※作者註：許多人，無論男女，在由俗世界投射的瀕死經驗中，經常有摒棄肉體形象的觀念，且稱他們是「發光的雲」、「明亮的汽球」、「蛋白」或「像水母的東西」。）

當他的眞實自我從頭頂冒出時，韋爾瑟體驗到在瀕死投射現象中常見的漂浮感。他感覺到自己輕飄飄地上下擺動，直到奮力讓自己平穩落在地面爲止。這時他逐漸站起來，將身軀延展回原來肉體的大小。「我好像是一股透明、帶點藍色且全裸的霧氣」，韋爾瑟醫生說。他瞄了一眼病榻上自己悲慘的肉體，認定它不會再有任何用處，便直接朝前門走去。

韋爾瑟走到門口時，發覺他的兩個朋友正站在門邊，毫無察覺他的出現。而讓他又驚又喜的是，他發現自己可以直接穿過他的朋友們；他就穿過他們的身體，穿過大門離去。韋爾瑟醫生說，當他走到外面時，發覺街坊從來沒有像這次一樣，如此清楚地呈現在他的眼前。環顧四周後，他發現身上還是有條像蜘蛛絲般的細線，將「他」與屋內的肉體連結在一起。下一刻韋爾瑟醫生飛到了天上，從空中俯瞰整個街景。然而當他全心享受這剛從血肉之軀的禁錮中獲得的解脫之際，韋爾瑟發現到，他正站在一條小徑上，被陡峻岩石阻擋前方去路。他打算爬過這些岩石，但當他這麼做時，一朵烏雲出現籠罩住他，接下來韋爾瑟醫生發現自己回到了臥房，再次被囚困在他屛弱的軀體裡。

韋爾瑟的體驗引發諸多疑問與討論：例如，爲什麼那些遭遇瀕死體驗的人通常都會看見自己穿著衣服，而不是像韋爾瑟初次看見自己身體時一樣赤裸？我的看法是，既然瀕死經驗牽

涉到人格的本質要素，投射出的心靈可能會運用和一種作夢相同的心理機制，「創造」出一套服裝來。韋爾瑟的案例，提供我們一個不同的角度來觀察瀕死經驗的玄妙之處。當他首次將真實自我由頭頂投射出來時，他察覺到自己變成「一種類似有顏色的水母狀東西」。接著因為心靈適應了他身處的世界，在以肉體觀念進行思考之後，「水母」便延展成裸體成年男性的體格大小。當韋爾瑟在門口遇到他的朋友時，突然發覺自己是穿著衣服的。即使確定他們看不見以靈體狀態出現的他，在俗世界的保守文化底下的這一生，還是決定不讓他光著屁股四處走動。這解釋了為什麼我們從未看過裸體的鬼魂，兩者可能都是基於相同的心靈機制。

值得注意的是，韋爾瑟的瀕死經驗，在遇到阻擋去處的陡峻岩石時就中止了。一般而言，瀕死經驗中似乎有兩種不同的環境：

一、俗世的環境。出竅的靈魂，可在此觀察到自己的一舉一動，還可看到發生在遙遠地方的真實事件。這些事件在後來都被證實為真。

二、其他生命界或其他現實空間。出竅的靈魂可能會遇見他認為是天使、大師、導引者、聖人的存在體，或是已過逝親人的靈魂。這些靈魂界的地理位置，看起來與俗世相當類似；然而個人不同的宗教觀點，通常決定了其所處的靈魂界會是天堂、樂園，或是西方極樂世界。

那些阻止韋爾瑟前進的「岩石」，可能是存在其他生命界裡的石頭，或者也有可能是他心理作用的結果，象徵他不應該再

往前進，而是該折返，回到他的肉體去。

靈體飛行

著有多本經典名作如《靈魂出竅的研究與實例》(*The Study and Practice of Astral Projection*)的羅伯特・克魯考博士，曾描述過一個瀕死經驗的案例。此報告首見於一九一六年的《莫斯科期刊》；在這瀕死經驗中的主角是位俄國人，他不相信靈魂能以任何形式存活在死後世界中。

這位主角記得，他在住院時突然感到一陣暈眩，當醫生來看他的時候，他察覺到身體裡有「某種分隔的狀態」。他能意識到肉體的存在，但同時又對這副肉身有種漠不關心的感覺。好像他其實是兩種存在——其中一個是主要的他，另一個深藏在表面、較不重要的「他」，就在肉體裡的某處。他感覺到他的「主要自我」被一股無法抗拒的力量拉到某處去。他覺得這就像自己被允許使用一陣子的東西，現在要被索討回去原來的地方了。但同時他也深信，他的本質自我將不會消失。

整個醫院裡的人似乎都聚集到他的床邊來了。他的「主要自我」雖然向前移動，但他卻看見自己的軀殼還躺在病床上。他試圖去抓住肉身的手，但靈魂的手卻撲了個空。這奇異的現象讓他震驚不已，他想要找個人來了解到底發生什麼事。他呼叫醫生的名字，但空氣似乎沒能把他的聲音傳遞過去。他費盡一切方法要讓眾人知道他的存在，但整個醫院的人似乎都沒發覺他「真實」自我的存在。

他死了嗎？他覺得這令人難以置信，因為死亡不就代表著生命的存在中止了嗎？但是他沒有失去意識，依舊和活著一樣

清楚知道自己的存在。他看得見、聽得見、能走動、有感覺，還能思考。當醫生宣布他的生命終了時，這個一頭霧水的俄國人拒絕接受這個事實。此時有個護士轉身朝著一幅宗教畫像祈禱，求神賜福給這位往生者的靈魂。護士的話還沒傳到他的耳朵，就有兩個天使出現在他的身旁。祂們挽起俄國人的手，帶著他直接穿過牆去到街上，然後快速向上飛升。

雖然已是夜晚，四周一片漆黑，但他還是可以清楚地看見每樣東西。比起以前的視野，現在的他能看見更廣袤無垠的景象。在持續飛升之間，他們突然被「一群可怕的惡靈」團團圍住。這些惡靈的目的是要把他從天使身邊搶走。這位終生堅稱是無神論者的俄國人，發現此時自己正在祈禱，求神能來解救他。更讓他感到驚訝的是，突然間出現了一陣「掩蓋住那些醜陋惡靈的白霧」。當一道強光出現在他們面前時，他的飛行煞然而止。此時一陣雷鳴般的聲響傳來：「時辰未到！」話一說完，天使旋即帶著俄國人向下飛。

一開始，他還不太明白光裡傳來的那幾聲轟隆隆的話是什麼意思，但很快整個城市的輪廓映入了他的眼簾。他看見了醫院，接著被帶到一個完全陌生的房間。房間裡站著一整排的桌子，他在其中一張被白床單蓋住一半的桌子上，看見了自己的屍體。守護天使朝他的肉體指了指，示意要他進去。起初俄國人感覺像是有東西在壓著他，一種令他渾身不暢快的冰冷感。隨著這緊密的感覺持續增加，就在快失去意識之前，他突然有種悲傷的感覺，悵然落失。

當他清醒時，主治醫師正站在床邊，為自己所目睹的這項奇蹟震驚不已。俄國人毫無疑問地相信，他的靈魂曾一度離開

他的身體，然後又再回到裡面去。

一九三七年的皇家醫學會報告

一九三七年二月二十六日，英國愛丁堡皇家醫學會的一場集會中，身兼醫生和解剖學教授的奧克蘭・凱德斯爵士，在與會的一群聲望顯赫的專業醫師面前提出了一篇相當不尋常的報告。一位他不願具名的同事，在經歷了今日我們稱之爲「瀕死經驗」的事件後，想讓他的醫學專家同僚們注意到這個現象。當這位匿名的醫生處於瀕死階段時，他領悟到自己的「存在」和肉體分了家。復活之後，他立刻招來祕書，將這段不可思議的體驗口述記錄下來。

根據這位醫生的說法，某天晚上剛過午夜不久，他的腸胃炎突然發作，病情相當嚴重。到了隔天早上十點，他連打電話求救的力氣都沒有。但儘管自己的身體處在極端痛苦之中，他的心智官能依舊相當清醒，還能檢視自己的財務狀況。他深信這次他的大限已到。就在這個時候，他發覺自己有兩層各自分開的意識。事後在向他的祕書口述這段經歷時，他把這兩種意識狀態標示爲「A」和「B」。他的自我——眞實的精神自我——是「A」意識狀態，而「B」意識依舊停留在他的肉體裡。

這位醫生觀察到當他的肉體健康狀況持續惡化時，「B」的性格逐漸消失，而「A」的性格則開始成爲他的完整自我。隨著這過程的持續發展，「A」性格完全脫離他的肉體，他看見了自己的身體動也不動地躺在床上。在他的意識逐漸增加時，他發覺自己還可以看見整個房子和花園。在他爲自己所存在的新領域範圍做了測試後，他發現只要在心裡想，便可立刻出現在俗

世的任何地方。

他也察覺有位指導者或是導師之類的人物出現，向他解釋目前身處在另一種空間的時間維度裡，也就是四度空間。此一四度空間在結構上，與所有存在於三度空間的一切都相同；而所有存在於三度空間的人、事、物，也都存在於此一四度空間中。醫生的指導者指出在這四度空間裡，他的外形是一朵藍色的雲。醫生表示他的靈魂導師給予他最深的印象，就是告訴他「所有人類的大腦都只是從他所處在的三度空間投射到精神流的最終器官……將會隨之漂流到第四和第五度空間」。

一位佣人走進臥房看見主人垂死的肉體時，越來越多的神祕事件紛紛揭露在醫生的面前。他看見這位佣人衝到電話旁，打了通緊急電話給醫生的同事；在此同時，他亦看見接到電話的另一位醫生，因為這緊急事件而拋下候診中的病人。當醫生的同事抵達時，醫生的「A」意識聽得見他心裡想的話：「他就快死了！」他還聽得見出診的醫生對他說話，但他無法做出任何回應。他已經脫離那個存在於他肉體裡的「B」意識了。

出診的醫生從他的包包裡拿出一支注射筒。醫生的「A」意識看到這個動作感到非常氣憤，因為他不想再回到「B」意識裡去。但當這針一打下去、注射液流入他的身體後，「A」意識又再次感覺到他的心跳，漸漸地允許自己被拉回到肉體裡。最後，醫生又再度感覺到自己的完整自我正躺在床上。對於被拉回到他的身體裡，醫生感到非常憤怒。「一回來以後，一切事物的清晰視野都消失了，我又再度被這充滿痛苦的微弱意識所掌控。」

在這份報告的最後結論中，凱德斯醫生向學會成員表示，

這位醫生的體驗，讓他對「我們所有人都存在著的精神上之連續性」的觀念下了定義。

成爲幽靈的那一天——史泰格（作者）

在一九四七年的八月二十三日，那天是我爸媽的結婚紀念日，當時我還只是個十一歲的小男孩，一場發生在我們家農場上的意外事件讓我經歷了一場瀕死體驗。農場機器鋒利的金屬葉片意外掉落，將我的身體壓在下面，血流不止。幾乎就在同一瞬間，我的本質自我離開了我的身體，遠離了這個悲慘的場面。

雖然我對發生的事有清楚的認知，但是對於那個躺在乾草堆上、因爲失血過多而垂死的農家男孩，我覺得自己和他幾乎沒什麼關係。的確，我能感受到七歲的妹妹跑去向大人求救時的不安與驚恐，然而我對她的感覺卻無從思考。我變成了一個橘色的球體，一心只想往上面那不可思議的美麗天空和明亮的光飛去。我有種心滿意足的幸福感，且沉醉在「那一切」的力量與智慧創造出來的單一性，所散發出的美妙光輝與燦爛之中。

接著我發現我的靈魂能讓自己同時出現在兩個地方。我可以是那個躺在父親懷抱裡的肉體；同時也可以在上空，彷彿一個事不關己的旁觀者，冷眼看待底下發生的這一切。就在我關心母親對這場意外的反應時，我發現了一件不可思議的事：「眞實的我」竟然可以隨心所欲去到任何想去的地方。我的靈體再也沒有人類時空定義下的限制。我只需想到母親，下一刻我就在她身邊了。

我對這新發現的自由做了幾次測試。我想到我的幾個朋友——真的是立刻——我就在他們每個人身旁，看著他們和他們父親在田裡工作的樣子。我是個靈體，能穿牆而過、在雲間飛翔，隨心所欲想去哪裡就可去到那裡，這感覺太美妙了。雖然偶爾想到要離開家人和朋友時，一股錐心之痛的悔恨感會急速掠過我的心裡，而每當這世俗離別的哀傷碰撞這新延伸出的自我意識時，我就會看見一連串只能以「絢麗的幾何圖形」來形容的東西。好像這些色彩繽紛的圖形是人生錦織畫的其中一部分，我感知這些圖像的能力，向我說明存在的規律與正確性，並看見萬事萬物的存在背後確有其意義。我恍然大悟，真的有神的旨意存在；而俗世的生命也不僅僅只是某種宇宙事件下的產物。沒錯，我快死了，但這不會是我的終點，也不會是這世界的結束。

　　看著眼前幾何圖形的變化，讓我對死亡不再感到恐懼，我的靈魂本質更靠近了那道光。它也似乎變得更有智慧，向我展現出一股善意的親切感，給了我極大的平靜與安詳。當我更靠近那道光時，突然想念起那單純的田園生活，和我爸媽還有妹妹在農場裡的生活。就在這一瞬間，一個幾何狀的物體出現在我的眼前，它似乎在一閃而過的同時向我揭露了所有存在背後的重大祕密。在前往迪莫伊市急救的一百四十英里路程上，我數度進出軀體。當真實的我想要進入十一歲男孩的垂死身體時，它似乎抗拒這個決定，而又回到沒有痛苦的靈魂空間裡。好不容易在外科醫師正準備幫我動手術時，我終於回到自己的肉體裡。這股回來的力道讓我坐了起來並大喊著，還把實習醫生推倒在地。在麻醉劑生效前，一位修女努力用她冷靜又充滿

慈愛的語調讓我平靜下來。

　　我開始感覺到在那道光本身裡的某種智慧或性格，我問它我能否離開手術室。才剛脫離肉體不久，我實在不想目睹這場手術。這場意外造成我的頭顱多處撕裂傷，頭皮也被剝下來。我的祈禱得到回應，我記得被帶到一個看起來很理想的小村落。在那裡有露天音樂台、賣冰淇淋的小販，友善的村民四處走動。

　　在我住院的前兩週，修女們似乎察覺到我曾經到過「某個地方」、看過「某個東西」。她們反覆追問我成為靈魂時往來兩個世界間的體驗。她們說在我身上嗅得出一股神祕的氣息。我再也不必去追問人類在肉體死亡後是否仍然生存這個煩人的問題，我本身就是活生生的證明。因為遭遇到致命的意外，我才有能力知道我們在肉體死亡後，還能以靈魂本質的方式存活。我毫無疑問地確信我們都是靈魂的存在。不論科技發展到什麼地步、物質環境充足或貧乏、政治或文化的區隔等等，我們都是存在於一個肉體裡的靈魂——靈界裡生存最久的存在體。

　　我從不因為自身的瀕死經驗以及有機會一窺那些宇宙幾何圖形，而覺得自己有任何特別之處。但我得知死後生命不滅的證據後，我對於此生的目的是要向世人證明人類靈魂的永恆，以及那道光裡的慈愛靈體是要來幫助我們、指引我們通往心靈進化的道路這個任務深信不疑。

　　在我經歷這次瀕死經驗後的多年間，我認定那些幾何圖形必須歸類為一種神聖而不足以為外人道的經驗，無法將它化為世俗所能了解的語言。每每當我想要向他人說出有關這幅廣大的活動畫景、向他們說明這些幾何圖形時，因為找不到足以正

確形容的辭彙，我的腦海每每都會陷入一片空白。偶而我會遇到一些同樣有過瀕死經驗、也看過類似幾何圖形的人，他們都同意這些令人敬畏的絕妙信息是言語所無法形容的。

在一九八八年那年，我的妻子雪莉利用電腦製作出一些不規則幾何圖形，作為她治療課程的輔助工具。當她在課堂中用投影機播放出這些色彩鮮明的影像時，我一眼就認出這些圖形，簡直是天大的震撼。有趣的是這些圖形對觀眾產生了深遠的影響，許多人在看了這些圖形之後宣稱它們確實有治療的效果。

第三節　學習控制和投射心中的幽靈

這一章到目前為止提出的案例，都是關於無意間出竅的「靈魂」，然而確實有不少人能運用這種「形而上自我」的機能，隨心所欲令自己靈魂出竅。靈魂研究的先驅弗瑞德列克・邁爾斯曾寫過關於靈魂出竅的案例，他說：「這是人類意志最不可思議的成就，有什麼能力能讓一個人出現在千里之外呢？我認為，在所有生命現象中，這是最具意義的：這種自我投射作用是一種明確的限定行為，它讓一個人在肉體死亡前後的行為看起來沒有兩樣。」

希爾文・J・慕頓，是最早宣稱靈魂出竅可透過認真研究來學習、發展近而精通的醫生之一。在他的兩本著作《靈魂的出竅》（*The Projection of the Astral Body*, 1929）和《靈魂出竅案例》（*The Case for Astral Projection*, 1936）中，慕頓提供了多項個人實驗的相關詳細紀錄，以及一套引發靈魂出竅所需之狀況的系統化方式。根據慕頓的說法，人是有可能讓「靈魂」憑意志離開身體，而且還能保持完整的意識。慕頓也認定，在許多

歷經瀕死經驗的人所通報的案例中，他們提到的那條「銀色細線」是連結靈魂和肉體的聯繫。慕頓說這條細線具有高度的彈性，可延展到相當遠的距離。慕頓還宣稱，當他離開自己的肉體時，他可以移動物體，並可獲知透過正常知覺感官無法獲得的資訊。

慕頓在書中大方地提供讀者各種與靈魂出竅有關的機制，包括豐富而內容詳盡的說明，讓真正感興趣的人可以依照這些步驟進行實驗。根據慕頓的解釋，出竅的基本原則可用底下這幾句話來表示：「當潛意識有了想要離開身體的念頭，肉體就會失去控制的能力，此時潛意識就會讓靈魂離開肉體。」

畢爾德的出竅經驗

愛德蒙・古尼在其開創性的著作《生命之靈》（*Phantasms of the Living*, 1886）中提到一位名叫 S・H・畢爾德的人所進行的驚人實驗。畢爾德讀過一本報導關於人類意志能夠運用的力量有多強大的哲學性刊物後，他在一八八一年十一月的某個星期天晚上，開始了靈魂出竅的實驗。他竭盡全力，集中念頭，要讓他的靈體出現在倫敦坎辛頓霍加斯路二十二號二樓，也就是他未婚妻薇芮蒂小姐家中，當著她的面顯靈，他的實驗成功了。

三天後，當畢爾德前去拜訪薇芮蒂時，她激動地告訴他不只是她自己，連她十一歲的小妹都被那個與畢爾德長得一樣的靈魂嚇得魂飛魄散。薇芮蒂的妹妹向他證實確實有這樣一個靈魂的出現時，尚未揭露他在那次不可思議的探訪中扮演的角色，也還沒向未婚妻提過這個實驗的畢爾德，對這次的實驗成

果極為滿意。

　　事後薇芮蒂告訴古尼，她是在約凌晨一點的時候看見畢爾德出現在她的房間。她說那時她的意識非常清醒，而且「相當害怕」。她的尖叫聲吵醒了妹妹，這個十一歲的小女孩也跟著看見了這個靈魂。薇芮蒂和妹妹在這之前，都沒有出現過任何幻覺經驗。畢爾德之所以不對未婚妻透露這些計畫，是因為他尚未完成此項研究。

　　在第二次實驗中，畢爾德運用意志力讓自己出現在薇芮蒂姐姐面前。他之前只與她短暫地碰過一次面。畢爾德走到薇芮蒂姐姐所睡的床邊，用手拾起她的長髮，再舉起她的手。

　　當古尼得知畢爾德第二次成功靈魂出竅後，他寫了一封短信給畢爾德，請他要進行下一次實驗時務必讓他知道。畢爾德答應了。在他一八八四年三月二十二日回給古尼的信中，他只簡單的寫了幾個字：「就是這個了。」畢爾德在四月三日寫給古尼的下一封信中解釋這個訊息的意思。信中附上了薇芮蒂的聲明：「三月二十二日週六晚上……約午夜時分，我很確定畢爾德先生出現在我的房間裡，在完全清醒的狀態下，我清楚地看見了他。他朝我走過來，撫摸我的頭髮……出現在我房間裡的形體是再清晰也不過了，一點都沒不會錯。」薇芮蒂證明她是自願提供這段文字給畢爾德，沒有受到他任何鼓舞或慫恿。在這次的顯靈事件結束後，畢爾德結束了實驗，因為薇芮蒂的精神狀態「已經受到極大的震驚，必須強迫帶她去看醫生」。

將自己化身為靈魂的名作家

美國小說家西奧多·德萊塞，經常提起他作東招待英國作

家約翰・科伯・波伊斯的故事。在那個特別的夜晚，波伊斯必須提早離開聚會，雙方都很遺憾這相聚的夜晚竟是如此短暫。看見德萊塞眼中流露出極真誠的失落感，波伊斯便對他說：「稍晚的時候，我會出現在你的面前，就在這個地方。你會見到我的。」

「你要把自己變成幽靈嗎？」德萊塞問道，他被這位英國人獨特的幽默感逗得笑了出來。

「我還不確定。」波伊斯告訴他，「我可能會以靈魂或其他靈體的方式回來吧！」

幾個小時後，德萊塞坐在安樂椅上看書。當他抬起頭時，驚見波伊斯就站在他面前，和幾小時前的裝扮一模一樣。當德萊塞朝這個靈魂走過去、想跟他說話時，波伊斯的靈魂便消失無蹤。

第四節　看見自己的幽靈

另一個與靈魂自我出竅作用有密切關係的現象是——出現自己的分身。此一現象又被稱為「自體幻覺」（autoscopic hallucination）。它的出現似乎沒有特殊目的，例如要警告或透露什麼重要訊息。事實上它出現唯一的用處，是讓它的本尊可以不必透過鏡子就能看見自己的身體。一九六六年四月號的《命運》雜誌刊登了一篇標題為〈你有看過自己的分身嗎？〉的文章。作者艾德華・波多斯基博士提出了幾個關於人們看見自己靈魂的案例。根據波多斯基的說法，關於這種自我透視現象的可能原因有兩派理論。一派認為這是因為「腦部某種刺激作用產生的結果，特別是在左右後腦枕葉區（掌管視覺的區域）」。另一派是以心理學的理論為出發點，將靈魂自我出竅視為一種記憶中的畫面投射作用。當一個人遭遇壓力，或是出現其他不正常的心理作用時，「可能會將這些畫面以相當真實的影像顯示出來」。

芝加哥——賀洛德的經驗

一九五八年三月的某天，賀洛德・C帶著嚴重的偏頭痛，結束在辦公室忙碌一整天的工作後返家。當他坐在餐桌前吃晚餐時，就在正對面，他看見了一個和他本人一模一樣的分身。這個讓他瞠目結舌的分身，在這頓晚餐中每隔一陣子就出現一次。從那次之後，賀洛德陸陸續續在不同場合裡看見過自己的分身，巧的是每次都在他的偏頭痛發作之後。

堪薩斯——山繆的經驗

住在密西西比州堪薩斯市的山繆・V，對於每次只要他在花園裡工作，都會看到一個和他本人一模一樣的分身，模仿著他的一舉一動感到相當不可思議。這個分身出現的時間大約持續兩個小時。

潔妮的駭人案例

潔妮・P的經歷是波多斯基提出的案例中最讓人毛骨悚然的。有次當潔妮在上妝時，她看見一個和她本人如出一轍的分身也正在摸著她的臉。當潔妮伸出手想碰觸這個分身時，這個幻影也伸出它的手來碰觸她。而潔妮真的感覺到她那神祕的分身碰到了她的臉頰。

第五節　瓦多革現象

然而在波多斯基提出的兩種關於自體幻覺的理論中，都沒有對被稱為「瓦多革」（Vardogr）的斯堪地那維亞現象提出解釋。早在一九一七年，《挪威心靈研究期刊》的編輯韋爾斯・

詹生就寫了一系列關於瓦多革的文章。擁有瓦多革的人會不自覺地將它用來做爲一種超自然預兆，宣告他（她）靈體的本人即將出現。

「所有關於瓦多革的報告都很雷同，」詹生在書上這麼寫著：「差異不大，發生的狀況都相同……瓦多革會宣告他（她）的到來。聽得見他（她）在樓梯間的腳步聲，也聽得到他（她）打開外門鎖、脫下外出鞋踢到一邊等聲音。不常聽見這些聲音的人，往往在打開門之後發現門口沒有半個人。瓦多革又再次一如往常開了他們一個玩笑。一會兒（幾分鐘）之後，整個過程會再重演一次——只不過這次是眞的，本人到了。」

根據他在一九一七年進行的研究，詹生推論出只有在斯堪地那維亞人和蘇格蘭人身上會發生瓦多革現象。據我所知，這種詭異的超自然預兆不只發生在這兩個種族中，但身爲挪威和丹麥後裔的我，可以證明瓦多革確實存在，這是一種特殊的靈魂顯現方式。

我還記得我與瓦多革的初次相遇是多麼充滿戲劇性，那是在我十六歲時的某個週六夜晚。那天我比爸媽早到家，直接走上樓到我的房間，躺在床上翻一本那天晚上剛買的新雜誌。進房不久後，就聽見樓下傳來清楚的聲響。如同我曾提過的，我童年時期的家是不勝枚舉的靈異現象集中地，例如門會自動打開和關上、不速之客的腳步聲以及偶而出現的幽靈等。

但那天晚上我聽見的聲音，不是這些「幽靈」的聲音；我聽到的是像爸媽和妹妹進到屋裡的聲音。先是打開紗門的聲音，接著是大門的嘎吱聲。然後我聽見走上三級階梯到屋裡玄關的腳步聲，以及分別走到各自房間、準備就寢的不同腳步

聲。幾分鐘後我朝樓下喊：「晚安！」

沒有人回答我。我翻了幾頁雜誌，邊想爸媽和妹妹可能是準備要上床睡覺了，才沒聽見我的招呼。過一會我又朝樓下喊：「大家晚安！」，比第一次大聲。還是沒人回答我。這時候樓下變得非常安靜，對剛剛傳來那些我家人的腳步聲而言未免太安靜了點。我的腦海裡瞬間充滿了各種驚悚的畫面，或許是有歹徒以為家裡面沒人，決定闖空門進來。難道是我的聲音暴露了一個人在家的訊息了嗎？他們下一步會怎麼做？

就在一股冰冷的恐懼感沿著手指、緩慢地爬伸到背脊時，我又聽到爸媽和妹妹回家時熟悉的聲音。這些聲響和剛才我聽到的一模一樣，只是這次當我向他們大聲說晚安時，爸媽和妹妹的聲音很快就回應我了。

第二次再遇到瓦多革時，我受到的驚嚇程度尤勝第一次，而之後每次出現都讓我毛骨悚然。沒有一次我不是被騙得團團轉的。妹妹被這種惡作劇嚇的經驗和次數，和我不相上下。有天晚上我爸媽回家時發現她陷入恐慌狀態。在他們回來之前，她背對著門坐在椅子上，聽見門打開又關上的聲音，以及進屋後直朝她走來的腳步聲。因為當時她全神貫注地看著書，門打開時她根本連回頭看一眼都沒有。過了一會兒，她開始納悶起來，為什麼爸媽不出半點聲響站在她背後，不難想像當她回過頭發現沒半個人在時，心裡的恐懼程度。

韋爾斯·詹生在他的書中提到，一般而言瓦多革只會模仿無生命的物體發出的聲音，像「鑰匙開關鎖的聲音、脫下和把外出鞋放好的聲音、鞋子踩在地板上的聲音等。也有可能會聽到懸掛在馬身上的鈴鐺聲和揮鞭的霹啪聲。」

有趣的是，在他早期的研究中，詹生挑選出斯堪地那維亞人和蘇格蘭人，當作瓦多革的主要實驗對象。幾年前我和兩個都是蘇格蘭裔的同事共用一間辦公室。這種組合肯定產生了相當強大的瓦多革作用，因為不僅一次，葛倫和戴夫到我的辦公室來找我談事情時卻發現我人還沒到。後來他們都發誓聽見我到辦公室並挪開椅子、敲打字機鍵盤的聲音。當我到了辦公室後，經常看見我這兩位同事一臉茫然地站在那裡，搞不懂我跟他們玩的是什麼把戲。不久後他們就知道有瓦多革的存在。因為我妻子雪莉也是斯堪地那維亞裔，我們兩人被彼此的瓦多革捉弄次數也不勝枚舉。連我們說話的聲音，瓦多革都能夠模仿，這真的讓我們感到相當疑惑不解，同時也帶來某種程度的困擾，有時候更會造成我們之間的爭吵。

　　不久前我收到一封署名Ｋ・Ｌ・Ｈ先生的來信：「我有次碰巧看見一集潔夫・任斯的節目，您在裡面提到一種稱為『瓦多革』的現象。聽到這，立刻讓我想起最近發生在家裡的一些怪事。我在家裡的地下室有一間小型工作室，放了一些電腦、樂器和錄音設備。我兒子的房間就在這間辦公室的正上方，他今年十三歲。」

　　「平日他都在下午約三點半時從學校回到家。當我聽到他回家的聲音，都會走上去問問他這一天過得怎樣。但有時儘管我聽見像是他回家時的聲音，上去後卻發現他人還沒到家。在聽到這節目介紹之前，我還不太在意這件事，只把它當作是一般家裡的聲音，像貓或是什麼的；但是當我聽過您的介紹後，決定做個實驗來試試看。」

　　「第一天，我先確認貓不在兒子的房間裡，再關上他的房

門。同時確認所有電視、收音機等等之類的東西都關上了。然後我走到地下室，安靜地等著。」

「在大概兩點半的時候，我開始聽見樓上傳出腳步聲和門打開的聲音，像是他放學回到家的樣子。我當時非常確定這些聲音都是真的，所以以為實驗算是失敗了。然而上樓時我驚訝地發現，兒子根本還沒回家！」

「第二天的情形簡直是第一天的翻版。在接下來的幾天我決定放台錄音機在他的房間裡，這樣我就能把這些聲音錄下來了！」

第十一章

宗教人物顯靈

第一節　已逝教宗現身治癒修女絕症

一九六七年初，都柏林的《愛爾蘭獨立報》報導了一則已逝教宗約翰二十三世的靈魂，探望垂死修女後讓她奇蹟般康復的故事。聖保羅慈惠姊妹會的凱特琳娜・卡畢達尼修女患有嚴重的胃出血，在某次發作後持續出血不止，義大利拿波里的醫師在會診過後決定開刀治療。但不幸的是這兩場手術都沒有成功，而且當卡畢達尼修女腹部手術後的傷口裂開時，她的狀況更是逐漸惡化，終至體力不支陷入昏迷。

主治醫師們急著尋找新的治療方式，本想將修女送往南部，換個環境、多點新鮮空氣或許能改善病情，但不久之後她又被送回拿波里的醫院，因為診斷結果認為她的來日所剩不多。卡畢達尼修女在事後回憶起這段故事時提到，在那場奇蹟般的治療出現之前，她獨自躺在空蕩蕩的病房床上。當時她側躺著，突然感覺有人把手放在她的腹部。修女使盡全身的力量，想翻過身去看看是誰：她看見了約翰教宗站在她床邊，雖然他沒有穿著教宗服出現，但卡畢達尼修女說她一眼就認出來是教宗本人。

在一九六三年已經往生的約翰教宗，他的靈魂用一種安靜但帶有權威性的語氣，開口說出莫大撫慰的話語：「親愛的姊妹，妳，還有聖保羅慈惠姊妹會的許多修女們，都曾經呼喚過我許多次，讓我心痛不已、一定得現身來施行這項奇蹟。現在妳不須再害怕了，因為妳已經康復了。」約翰教宗的靈魂接著告訴卡畢達尼修女，要她請醫師和其他修女們進來病房，如此一來考驗方能順利運作。他再次向修女保證，她身上絕對不會留下絲毫病痛的痕跡。就在他消失之前，約翰教宗要卡畢達尼修女到羅馬去，在他的墓前禱告。

教宗靈魂消失的那一刻，卡畢達尼修女從床上坐起身來，發現自己感覺不到任何疼痛時興奮不已。修女們和醫師們聽見她的呼喚進入病房，發現那道原本在她腹部裂開滲血的傷口已經完全癒合，所有人都不敢相信這是真的。在修女身上已看不到任何傷疤，原本那天大家都以為卡畢達尼修女會撐不下去，但到了晚上她竟然好端端地下床，和其他神職人員共進晚餐。根據《愛爾蘭獨立報》的報導，卡畢達尼修女被治癒的奇蹟發生在一九六六年的五月。這篇報導寫道：「自此之後，她就過著健康的人生，這是一個無法以人類觀點解釋的奇蹟。」

著名的英國《心靈報》也同意卡畢達尼修女奇蹟般的康復，是無法「以人類觀點解釋」的最佳事證。但《心靈報》也提及，當一群傳統基督徒間出現病人被靈體治療的這類事件時，此一行為往往都會被視為神蹟。但若是在其他宗教團體或精神主義者身上出現類似的現象，神職人員很可能會把這個「神蹟」貶抑為魔鬼作祟。

《心靈報》的觀察似乎頗為合理。儘管有充分理由認為是非

人類的存在體治好了卡畢達尼修女，但那眞的是教宗約翰二十三世顯靈？或者其實是其他善意的存在體，選擇對修女而言較能接受的形體出現，以便進行治療呢？還有，如果被報導出的是其他靈體進行治療的話，效果是否會比宗教人物或聖人靈魂來得差呢？

在本書中不斷反覆強調，作者絕無任何詆毀或批評任何宗教信仰的意圖。作者本身以坦率態度認同世上確有奇蹟發生，而且宗教人物出現在個人的超自然經驗中也是司空見慣的說法。本章的內容並非要挑戰任何視某些宗教人物顯靈爲眞實事件的信仰體系，因爲綜觀所有宗教信仰，信徒間傳出目睹善意靈體短暫顯靈的事件是種極爲普遍的現象。然而，那些以特定人物的外形出現的靈體，卻不一定都會顯現出自己的眞實身分。事實上，他們可能會選擇以目擊者較易辨識的形象出現，作爲他們進行援助或治療的媒介。至於以下敘述的各項紀錄報導，是否眞如目擊證人所認爲的是眞實聖靈顯現；或者他們只是來自靈界的守護神或施恩者，顯靈的目的是要提供指示和進行治療；就由各位讀者自行定奪了。

第二節　耶穌顯靈

雖然福音教派的基督徒宣稱他們有位名叫耶穌的良師益友，但奇怪的是，比起聖母瑪利亞曾經出現在數千位虔誠和衷心懺悔的信徒面前，基督幾乎沒有出現在大批群眾面前的紀錄。

一位聖公會牧師在回答〈史泰格神祕與超自然現象問卷〉時寫道，有天晚上他被耶穌的影像喚醒，祂放了某種「燃燒的

煤塊」在他的嘴唇上：「我開始說話。我妻子也醒了過來，後來她說她聽見我用一種她這輩子聽過最奇特美麗的語言一直說話。」隔天在與教區主教的會議中，牧師流利地表達出會眾們的需求，順利贏得上級支持，允諾會給予他們更多的經濟援助。牧師說道：「我知道要是沒有耶穌顯靈的幫助，我一定會畏縮怯場，甚至舌頭打結，沒辦法有效地說服主教同意此要求。」

耶穌像

　　或許是基督教教義中認為耶穌是個人救主的觀點，讓基督教神祕主義者和悔改的罪人，都宣稱能夠和耶穌基督（具有大能的存在體）有心靈上的互動。

耶穌顯靈戒除他的毒癮

　　一位年輕業務員寫了篇見證文，描述過去的他是如何耽溺於毒癮與酒精中毒的絕望深淵中。毒癮和酒癮讓他體重驟降，瘦到只剩四十五公斤重的他簡直像一具會走路的骷髏。究竟是什麼轉變的影響和力量，讓他從悲慘的生命中獲得救贖呢？

　　有天他拿著一瓶酒，帶著他慣有的惡劣態度走進一間汽車旅館，發現一本被前房客留在床上的《聖經》。正當他想把書撥到一旁時，《聖經》突然翻了幾頁，攤開的頁面中有幾行字像發出紅光般閃爍著：「我與你們同在，直到世界末了」。業務員嘟噥了幾句挖苦諷刺的話，說耶穌肯定從沒和他同在過。接著

他的眼前出現一道閃光，然後年輕人發覺有位蓄鬍的男子穿著長袍站在他面前。業務員說道：「祂伸出手來碰觸我，像把電傳到我身體一樣，我感覺一股純淨、滿是關愛的能量充滿在身體裡。我知道那天晚上是耶穌顯靈在我房間裡。下一刻祂就消失了，但祂帶走我所有的惡習和癮頭、痛苦和弱點。從那天起，轉眼至今已十一年了，我再也沒有碰過任何毒品或沾過半滴酒！」

第三節　聖母顯靈

西方社會裡最常顯靈的宗教人物，就屬聖母瑪利亞了，眾多來自不同宗教和文化的人都曾經見過她出現。羅馬天主教徒認為她是耶穌基督生母，對童貞女瑪利亞的虔誠與熱愛經常被誤認為是聖母的所有權。這種說法完全偏離事實，但不可否認的是，出現著名聖母顯靈紀錄最多次的天主教國家裡，他們的信徒人數總是特別地多。

那些以一種具天地萬物的概念解釋瑪利亞顯現的人認為，這些顯現的靈體可能是「大地之母」（Magna Mater），也就是蓋亞（Gaia）的人格化，是大地的女性智慧體來警告她的人類子民，要善待周遭環境以及居住在其中的眾多生物。其他人則推論顯靈的瑪利亞可能是其他善意的自然界靈體，選擇用年輕貌美的女性外表出現，才不至於對目擊著造成太大的威脅感。的確，大多數人對慈母的溫和責備反應，比起對嚴父的憤怒咆哮要好上許多。

但是我們應該認清絕大多數宣稱看見奇蹟或宗教人物顯靈的說法，都未獲得任何有組織的神職人員認可或驗證。儘管世

界各地經常傳出有人目睹聖母顯靈的報導，在羅馬天主教體系中，官方正式認可的瑪利亞顯靈次數僅有七次：

一、墨西哥瓜達盧佩市：一五三一年一位名為璜‧狄亞哥的印第安基督徒看見聖母瑪利亞顯靈四次，瑪利亞還給他一條瑟拉佩①，作為她從天國降臨的證據。近年來一直有希望將璜‧狄亞哥封為聖徒的請願活動，但為當地少數的神職人員和教會歷史學家所反對，原因是沒有足以令人信服的證據顯示確實有璜‧狄亞哥這個人存在過。部分歷史學家還認為璜‧狄亞哥可能是西班牙征服者捏造的人物，目的是向當地原住民部落宣揚天主教思想。

二、法國巴黎：一八三○年，聖母顯現在法國巴黎一位修女面前，請她製作一座聖牌來紀念「聖母受胎日」。

三、法國薩勒特村：一八四六年九月十九日，流淚哀傷的瑪利亞顯現在兩位農村小孩面前，要他們為罪人的悔改熱心祈禱。

四、法國路德鎮：從一八五八年二月十一日，一直到七月十六日，瑪利亞共顯現在十四歲的少女伯爾納德‧蘇畢魯絲面前十八次，宣稱她是「無染原罪聖母」，而當時教會才剛剛宣布聖母有此稱號不久。在某次顯靈時，瑪利亞允諾在她出現的地方會湧現一道靈泉。時至今日，路德鎮因為這道神蹟泉水神奇的治療能力而聞名於世。

五、葡萄牙法蒂瑪村：三位孩童在法蒂瑪鎮附近目睹聖母瑪利亞顯現，她囑咐他們要多唸《玫瑰經》。在一九一

七年五月十三日，到十月十三日期間的六次顯現中，

瑪利亞作出多項預言，其中一項據說至今仍被羅馬教

廷奉爲機密而嚴加保守（詳情請見以下〈法蒂瑪舞動

的太陽〉）。

六、比利時寶蘭村：從一九三二年十一月二十九日，到一

九三三年一月三日這段時間，五位教會學校的孩童在

學校花園中陸續見到聖母瑪利亞顯靈，讓他們永生難

忘。

七、比利時巴紐士村：瑪利亞從一九三三年一月十五日，

到三月二日之間，顯現在一位十一歲女孩面前共八

次，地點位於她雙親簡陋農舍的花園裡。

＊　　　　　＊　　　　　＊

除上述七項之外，尙有許多聖母顯靈的記錄被廣爲宣揚，

其中只有部分獲得教會當局的認可：

一、西班牙加拉班德村：從一九六一年起，四名孩童在上

完主日學後看見聖母瑪利亞，之後連續四年聖母共顯

現多達二千次。這段期間聖母宣告出多項預言，並施

行了驚人的奇蹟（詳情請見以下〈現身加拉班德的天

使與美麗女子〉）。

二、埃及齊墩鎮：約有近百萬人見過在埃及的聖母堂屋

頂，顯現瑪利亞光輝的影像，她在一具十字架旁時而

站、時而跪地禱告。一九六八年到一九七一年間，前

來此地的朝聖者間出現多起奇蹟治癒的神蹟顯現（詳

情請見以下〈埃及齊墩鎮聖母堂上的神祕光輝〉）。

三、南斯拉夫梅杜高濟村：一九八一年，六個住在梅杜高

濟村附近的兒童，看到抱著聖嬰耶穌的瑪利亞顯現。
接下來的五個月，聖母幾乎天天出現，消失之後在當
地留下奇蹟療育的事蹟。

四、紐約灣區：從一九七○年起，直到一九九五年八月三
日過世為止，「灣區女預言家」薇若妮卡·路肯持續
發出來自聖母瑪利亞的宣言，指稱當代社會的心靈污
染與道德敗壞將帶來極大的惡果。

法蒂瑪舞動的太陽

一九一七年五月十三日，當兩道閃電突然劃過晴朗無雲的
天空時，在法蒂瑪村外照顧羊群的三位孩童立刻放下他們手邊
的工作，疑惑地看著彼此：「晴天霹靂？」十歲的露西亞，和
她九歲的表弟法蘭斯柯·馬托（以下稱馬托）及七歲的表妹雅
欣達，將注意力集中在位於伊利亞高原上一株老橡樹的樹葉
間。讓他們感到驚訝的是，樹上竟然出現一個奇怪的光球，閃
耀著炫目的七彩光輝。

當他們看見光球中間慢慢開展出一道光環時，簡直被嚇到
呆若木雞。接著不久，一位約僅十八歲的美麗女性出現在發光
的球體中。女子對又驚又懼、瞪大了眼睛看著她的孩子們說
話，要他們不必害怕。露西亞問她是誰：「如果你們在十月前
的每月十三號都回到此地來，我就會告訴你們我的身分！」女
子對露西亞說，然後露西亞再迅速重複一遍這些話給表弟妹
聽。（一開始，露西亞是唯一能真正聽得見美麗女子說話的
人。）「從現在起，」女子說，「你們必須對我的出現保密，不
可以告訴任何人你們看見過我。還有，你們每天都必須要唸一

遍《玫瑰經》！」話一說完，這名女子就突然消失了。

之後露西亞三人每天都唸一遍《玫瑰經》，但這幾個孩子們卻無法對顯現在他們眼前不可思議的景象三緘其口。家人們對三個孩子說出這件事後的反應都一樣——他們都被責備不該胡說。幾天後，教區牧師分別前往這些孩子們的家裡，原本是要斥責他們，但後來牧師自己也相信了他們的話。

神祕女子出現的故事，很快就傳遍鄰近的各個村落。到了六月十三日，有將近六十位鄰居陪著這三個孩子，前往高原上女子說她會再顯現的地方。儘管他們再怎麼努力地尋找，集結在此的鎮民沒有一個人看見任何異象，但露西亞卻堅持說她看見了一道閃光。所有人就這麼看著露西亞的動作，聽她向一個無形的訪客問了幾個問題。馬托和雅欣達作證說他們也聽見那神祕女子的聲音。雖然這次顯現的時間沒有很久，但美麗女子傳達出的訊息令人傷心又震驚。她說馬托和雅欣達很快就會完成他們在俗世的任務，回到天堂去，但露西亞會留下來散播她的訊息。

這超自然顯現的靈魂所說的話傳遍葡萄牙每個角落。七月十三日那天，全國各地來了將近五千位朝聖著，到那株橡樹底下加入這三位孩童的行列。在她第三次顯現中，女子表明自己的身分是「聖母無玷聖心」。露西亞把瑪利亞對她說的話重複一遍，讓所有朝聖者都能聽見她的訊息。露西亞說聖母告訴她戰爭（一次世界大戰）很快就會結束，但是人類必須停止觸怒上帝，否則將會有更嚴重的戰爭、迫害與災禍發生。

在瑪利亞第三次顯現的消息流傳開之後，露西亞、馬托和雅欣達即被逮捕入獄，因為當時的政府希望將羅馬天主教的影

這張相片拍攝於 1989 年匈牙利的卡拉斯康德教堂。拍攝當時在攝影師的鏡頭上並沒有出現聖母抱著耶穌的影像,但當時在一旁鷹架上工作的藝品修復專家卡洛立‧李格弟卻看得一清二楚。
©Fortean Picture Library

響降到最低。雖然葡萄牙一向有「瑪利亞的土地」之美稱，但傳統的君主政治已被革命時代的共和政府取而代之。新政權極欲毀棄一切天主教的神聖象徵，並誇口要在六十年內讓羅馬天主教及其所有儀式消失在葡萄牙境內。國家當局之所以逮捕這三個孩子，目的就是要揭露他們的「騙局」，威嚇他們撤回所有聖母顯靈的聲明。但任何恐嚇威脅都動搖不了這三位見證瑪利亞顯靈的小孩，即使將他們架到滾燙的熱油鍋前，也無法讓他們改變見證聖母出現過的說法。

到了下一次聖母顯現的八月十三日那天，伊利亞高原上擠滿了一萬五千名朝聖者。當他們得知那三個孩子被關在監牢時，群眾的憤怒衝到最高點。當局察覺群情激憤的民眾人數遠超過他們的預期，有壓倒性數量的群眾相信那三個孩子的說法。在數千人集合起來準備進軍監獄前，高層當即決定釋放露西亞、雅欣達和馬托。在被釋放的幾天後，三個孩子立即前往履行和女子的第四次約定。雖然不是聖母約好的地點和時間，那天她還是出現了，以表示對他們信心堅定的獎勵。

九月十三日的第五次顯現日，三個孩子艱難費力地通過滿山滿谷前來一睹聖母顯現的群眾，才能到達橡樹底下。在這群朝聖者中，多數是那些渴望獲得治療和寬恕的罪人。瞎眼、跛腳、殘廢、耳聾和生重病的人都來到法蒂瑪村，祈求聖母在他們身上賜下奇蹟。當孩子們站在橡樹前、開始唸出《玫瑰經》時，一道閃光出現在眾人眼前，預告聖母即將出現，果然接著聖母就顯現了。她告訴露西亞，這次她會治好幾位希望來此獲得神蹟治療的民眾。但是在十月，她會施行另一項讓世人都會相信的奇蹟。聖母也承諾下次她顯現時，會有其他聖人和她一

起出現。

＊　　　　　＊　　　　　＊

眾所皆知，羅馬天主教會設立好幾個委員會和教會管理機構，專職檢驗所有與奇蹟和聖人顯現造訪有關的眞實性。神學博士曼紐爾・努斯・弗米哥牧師，被教廷指派來調查發生在法蒂瑪這個小村外的事件。讓牧師震驚的是，他一眼就認出法蒂瑪的顯現事件，和一八四六年法國薩勒特村聖母顯靈之間存在著太多的相似點。當時有兩位牧童目睹瑪利亞顯現，要他們傳遞警告信息給其他人：如果他們不停止攻擊上帝的行為，將會有更大的災禍和苦難降臨到法國人頭上。露西亞坦承她聽過薩勒特村聖母顯現的事蹟，但直到牧師提起前她從沒回想起這件事。雖然弗米哥牧師深深爲孩子們的眞誠所感動，但他仍不能確定在這起故事中，有多少只是他們單純的想像而已。他告訴上級，必須等到十月十三日他親自到場見證聖母顯現後，才能評論這些事件的眞實性，做出客觀的判斷。

一九一七年十月十三日一大清早，所有通往法蒂瑪的道路擠滿了來自葡萄牙全國和歐洲各國的民眾，大家都想來見證聖母瑪利亞允諾過的奇蹟。有人拄著柺杖蹣跚跛行而來、有人抱著虛弱到無力行走的孩子，或用擔架扛著其他傷患前來。但無論是貧者或富者，全都抱著被治癒、獲得神蹟啓示或赦罪的希望而來。還沒到中午，估計已有約七萬名民眾聚集在伊利亞高原，而這時突如其來的一場大雨，更升高群眾們焦急等待的不安、慌亂和不耐的情緒。

到了中午，露西亞一步步走到橡樹前，身旁站著表弟馬托和表妹雅欣達，她要群眾們收起雨傘。在傾盆大雨中枯站了好

幾分鐘，卻什麼都沒見著的群眾開始鼓譟騷動。冷颼颼的十月天，所有人都被淋得渾身溼透。突然露西亞大喊，要所有人跪下。現場數以千計的人睜大了眼睛、豎直了耳朵，試圖接收這位十歲小女孩看見、聽見的景象，但即便他們之中最虔誠的信眾也見不著聖母的蹤影。露西亞告訴在場所有人，玫瑰聖母要他們在此地建一座教堂來榮耀她。露西亞詢問聖母關於治療病人和罪人皈依的事，她回答當天在高原上的群眾有部分得以獲救，但所有人都必須改過自新、求神寬恕他們的罪。此時大雨驟止、烏雲四散，太陽出現在一小塊蔚藍天空中。露西亞、馬托和雅欣達看著聖母冉冉升天，接著在太陽左邊他們看見手抱著兒時耶穌的聖約瑟，身穿白袍、披著藍色斗篷的聖母則出現在太陽右邊。

儘管當天在場的滿坑滿谷中，沒有任何人看見露西亞形容的這幾位聖人，但他們也親眼目睹另一個驚人的奇景。根據數千位看見這些異象的人表示，他們看見太陽開始旋轉、火熱的日冕橫跨整個天空。當太陽不斷舞動、旋轉時，大地似乎也變了色。一開始整個地面籠罩在一片暗紅色，接著變成橙色、黃色、綠色、藍色、靛藍色，最後是紫色。目擊者說這令人毛骨悚然的異象重複了三次，接著讓所有朝聖者嚇得魂不附體的是，太陽開始朝地面直衝而來。這駭人的景象讓現場數萬人齊聲驚呼，慌亂失措。有人驚恐地跪倒在地，發抖著求上帝垂憐；其他群眾則是呆若木雞地直盯著天上看，嚇得都忘了禱告。聚集在法蒂瑪村外的七萬人絕大多數都相信那天就是世界末日了。不可思議的超自然力量持續展示其威力長達十餘分鐘，然後像是回應群眾一致祈求憐憫的禱告般，太陽停止了毀滅性的俯衝，緩慢地折返回到它原本的位置。

葡萄牙《世紀報》（*O, Seculo*）的編輯阿維利諾‧艾梅達也以記者身分加入了當天的群眾之中，他一向不信任何宗教，尤其反對羅馬天主教廷。但在一九一七年十月十三日的事件過後，他承認自己原本對宗教冷嘲熱諷的態度，以及關於神蹟的所有存疑都在那天嚴重動搖。在替《世紀報》執筆寫文章時，他表示：「當時，太陽突然的劇烈搖晃和移動，超出所有宇宙法則所能解釋的範圍。它舞動著……出現在成千上萬名被神威嚇呆了的群眾前。直到今天，我們仍可說那是場太陽的死亡之舞。這場法蒂瑪村的奇蹟不僅讓虔誠的信徒流淚讚美主，當然，連自由思想家和其他對宗教絲毫不感興趣的人都永誌難忘。對我這個沒有信仰的懷疑論者而言，這是場無與倫比、令人難以置信的奇觀……我還清楚地記得當太陽從雲端探出頭時，那片一望無際的人海同時轉向它的壯觀畫面。我聽見身旁的圍觀群眾哭喊著：『神蹟，這是神蹟啊！』」

＊　　　　　＊　　　　　＊

在世人目睹過法蒂瑪村的舞動太陽後，露西亞、馬托和雅欣達頓時成為全國名人、媒體的新寵兒。不論這幾個孩子走到哪，都會受到群眾包圍，詢問他們一些像生命的意義何在、或死後世界的樣子等沉重的問題。記者更是寸步不離地緊迫盯人，三個孩子說出口的每句話，都被一字不漏地記錄後刊登出來。

雖然聖母預告過雅欣達和馬托很快就會離開人世，但到此刻為止他們依舊過著無病無痛的日子。事實上，兄妹倆面對自己的世俗任務是如此短暫作何感想的問題時，他們的回答都是滿心期待著回到天國的家去。然而，雅欣達是個相當敏感的孩子，那些朝聖者對她的「崇拜」給她造成極大的困擾。她變得

越來越退縮，竟開始出現預兆和預視能力。雅欣達看見的預兆大多數都是充滿暴力與死亡的場景，她說自己看得見法國和荷蘭受到猛烈的轟炸。她表示因為炸彈像死神一般不斷從天空落下，倫敦和法蘭克福成為一片廢墟。雅欣達說她所預見的恐怖景象，都會在二十五年後發生（也就是一九四二年的二次世界大戰，整個歐洲和大不列顛幾乎被破壞殆盡）。

　　一九一九年初，馬托得了流行性感冒，之後身體一直沒好起來。在四月三日早上，十一歲的他接受了生平第一份聖餐禮；隔天四月四日早上十點，聖母接走了馬托。在哥哥離開人世幾個月後，雅欣達也罹患流行性感冒，好幾位醫生都建議她進行一場複雜的胸部手術，也安排好她到首都里斯本的住院事宜。但就在她準備轉診的前一晚，九歲的雅欣達向露西亞透露，聖母說她會一個人孤單地病死在里斯本。

　　關於雅欣達在離家甚遠的醫院中與死神奮鬥時，聖母出現在她面前的故事，有相當多的版本。雅欣達讓諸多聖母預言的場景一一重現，她也語出驚人的預言當時在身旁照顧她的那些人的命運。例如，她的主治醫生之一請雅欣達在回到天國前為他祈禱，雅欣達先是嘆了口氣，接著萬般不願地告訴醫生他和他的女兒會比自己早一步到天國去。大吃一驚的醫生不可置信地搖著頭離開了病房，而不久之後一場可怕的意外奪走了他和女兒的生命。一九二〇年二月二十日，負責照顧雅欣達的護士發現她病逝在床上，臉上帶著一道喜樂的微笑，彷彿心滿意足地隨著前來接她的聖靈返回天國。

　　就在馬托和雅欣達相繼去世後不久，露西亞進入修道院學校就讀，取了個新名字「悲傷修女瑪莉」。年輕的露西亞以嚴謹

的修道生活，證明她完全服膺聖母瑪利亞的囑咐，獻身於傳揚法蒂瑪的聖母訊息。

　　一九九一年，蘇聯解體震驚全世界，但對於在一九一七年的葡萄牙小村外揭露給三個孩童的預言抱有堅定信念的人而言，這一切都在預料之中。全世界有數百萬名善男信女深信，共產強權的瓦解是聖母瑪利亞的功績，用意在實現她七十四年前向雅欣達、馬托和露西亞許下的承諾。三個孩子們聽取了聖母給的三個預言。第一個預言雖然預告了一次世界大戰即將結束（在聖母顯現當時戰況依舊膠著），但聖母也直言如果人類仍不知悔改贖罪，將會發生另一場更殘酷的大戰。第二個預言預告俄國大革命發生以及後續的共產黨興起，無神論將隨著共產主義傳遍世界各地。但聖母允諾，如果教宗與世界各地的主教共同協力合作，以瑪利亞的聖名將蘇俄人民奉獻給她，共產帝國終將悔改。一九八四年，教宗若望保祿二世在羅馬聖彼德大教堂將蘇俄奉獻給聖母瑪利亞。七年後，蘇維埃帝國宣告崩潰瓦解。

　　露西亞一直保守著聖母的第三個預言，而有傳言指出她早在一九六〇年就將全部內容透露給當時的教宗約翰二十三世。這第三項預言，多年來不斷引發眾多爭議與臆測。但據說已在二〇〇〇年六月二十六日應教宗若望保祿二世的請求公諸於世；祕密預言揭示：「一位身穿白衣的主教」會在教廷廣受打擊壓迫的期間遭火器攻擊。當教宗若望保祿二世在一九八一年遇刺之後，表示這項預言已經實現了。在第三部分祕密預言公諸於世後，教宗向世人宣告，此一預言所要傳遞的訊息，乃是邀請全世界的信眾一起為世界和平禱告。二〇〇二年一月，當時仍居住在葡萄牙孔布拉城加爾默洛修道院內的露西亞修女，

否認外界指稱她接收到來自聖母新啓示的漫天謠言②。

現身加拉班德的天使與美麗女子

一九六一年六月十八日當天，在西班牙聖賽巴斯提安一座名為加拉班德的小村外，有四個小女孩孔吉姐·岡薩雷茲、瑪莉亞·多羅雷斯·馬松、雅欣達·岡薩雷茲和瑪莉亞·克魯茲·岡薩雷茲，正盡情地玩耍，她們突然聽見一陣巨大的雷鳴。隨著這陣轟然巨響出現的是一個光體，女孩們當下就認出是天使現身了，這位莊嚴的人物表明自己是天使長米迦勒。她們全都來自相當貧困的家庭，瑪莉亞·克魯茲當時只有十一歲，其他三個也才十二歲而已。從那天起的整個六月，米迦勒多次顯現在她們面前，最後祂允諾她們將有幸在七月二日見到萬福聖母本人。

位於西班牙北部、坐落於歐羅巴山脈山脊崎嶇地形的加拉班德，在當時是個人口約只有三百人的小村子。村裡不但沒有醫生，連個牧師也沒有。在女孩們見到大天使米迦勒顯靈的事件傳開後，有數十位好奇的村民自願陪同四個女孩，一起到天使長預言聖母瑪利亞將顯現的地方去。

在七月二日的傍晚六點鐘，四個女孩走到她們初次見到天使長米迦勒顯現的地方。根據這些年輕的天啓使者表示，就在她們抵達約定的地點後不久，聖母就在兩位天使，其中一位是天使長米迦勒的陪伴下出現了。女孩們陷入狂喜狀態，現場目擊者在事後指出她們的臉上映照出同一種光輝，她們說那是從萬福聖母身上散發出來的。女孩們形容當時聖母身穿白袍、披著藍色斗篷，還戴著金星皇冠。她們說聖母的雙手纖細、深棕色的頭髮中分、嘴唇形狀十分美好，有個細緻美麗的鼻子。出

現在她們眼前的聖母，是個約莫十八歲左右、身形高挑的美麗女子。女孩們激動不已並意見一致地表示，世界上沒有比聖母的聲音更動聽、更迷人的了。她們說聖母瑪利亞以加默爾聖母的形象，顯現在她們面前。

從一九六一到一九六二年這兩年間，聖母每個禮拜都會顯現在女孩們面前幾次。只要每次聖母出現來探視她們，村民和來自各地的朝聖者都說他們看見了女孩們陷入狂喜或出神狀態，時間從幾分鐘到數小時不等。更有無數的目擊者表示，當她們進入此般狀態時，臉上會出現一種特別喜悅的表情，彷彿受到內在靈光影響而變了個人似的。也有許多人表示，他們觀察到這些女孩們的心神似乎進到另一種不受時間影響的現實空間中，而且儘管她們常常跪在岩石上、頭部猛烈向後撞擊，卻絲毫沒有表現出任何疲累或不適的跡象。在寒冷的日子裡，女孩們甚至會赤腳走在雪地上，傾聽聖母瑪利亞的訊息長達好幾個小時。

當時有些粗暴的無神論者，會在女孩們陷入狂喜狀態時襲擊她們，用火燒、甚直用針刺她們的身體，但這些殘忍的肉體傷害卻一點也引發不了四個女孩的生理反應。有次一位輕率的攝影師，在女孩們陷入出神狀態時未加思索地用強烈的閃光燈就往她們的眼睛照去。在正常情況下，這麼強烈的閃光會灼傷她們的視網膜，嚴重的話還有造成失明的可能。但她們睜大的眼睛依舊透露出喜樂，連眨眼都沒眨一下。

一九六二年五月二日，天使告訴孔吉妲在七月十八日上帝會施行一項奇蹟，在她當天參加聖餐禮領取聖餅之前，上帝會讓一塊聖體出現在她的舌頭上。到了約定的這天，孔吉妲前去參加一場聖餐禮，她雙膝跪地、張開嘴，伸出舌頭準備接受聖

體。這時激動的朝聖者紛紛靠了過去，而站在只有三呎遠處的攝影師唐‧亞力山卓‧達明納斯則清楚地拍下了一塊聖體顯現在孔吉妲舌頭上的照片。親眼見到這項奇蹟出現的目擊者都強調，當時孔吉妲的雙手一直都垂在身體兩側，絕對沒有舉起手到嘴邊、放一塊聖體在舌頭上。

在這段為期十九個月的時間內，瑪利亞和天使長米迦勒出現在孔吉妲和其他三個女孩面前的次數高達兩千次。目擊者觀察到女孩們在狂喜狀態中身體會升空漂浮，像要輕吻或擁抱聖人一樣飛了起來。有時候民眾會看見她們緩緩地飛落地面，背脊挺得又硬又直。還有一次大批群眾目睹她們在半空中行走。

一位名叫路易斯‧安德魯的年輕猶太神父，請求這四位女孩和聖母瑪利亞，讓他也能有幸目睹這些被賜福的女孩所見到的奇妙情景。安德魯神父的要求被應允了，他獲准目睹聖人與神蹟顯現的場面。儘管當天聚集了數千位群眾前來一睹女孩進入狂喜狀態中與看不見的神靈交談，其中卻只有安德魯神父一人看得見天使們和聖母瑪利亞的出現。健康、體格結實的年輕神父在離開加拉班德時，不斷熱烈地宣稱他心中有股難以形容的極大喜樂。然而就在他這場超自然體驗過後的三十六小時，安德魯神父在向朋友表示那是他一生中最快樂的一天時，話說到一半就突然去世了。事後解剖這位年輕神父的醫生們說，他們找不到任何可能造成他猝死的病徵，而他的同僚們指出，路易斯是帶著喜樂離開人世的。

孔吉妲‧岡薩雷茲最後一次見到聖母瑪利亞顯現，是在一九六五年十一月十三日。孔吉妲說聖母最終的訊息是世人若無視瑪利亞的警告，人類將會受到一連串可怕懲罰，聖母促求所

有人要盡速悔改。

埃及齊墩鎮聖母堂上的神祕光輝

一九六八年四月二日，在埃及齊墩鎮（位於開羅郊區）聖母堂對街車庫工作的兩位技師，一臉驚愕地看著像是一位身穿白衣的修女形體，站在教堂的大型圓屋頂上。兩人當下決定不浪費時間在恐懼臆測上，其中一人飛奔進教堂去找神父，另一人則打電話給警察。當神父跑出教堂抬頭往屋頂上看時，他成為第一位認出這不可思議事件的人：「聖母瑪利亞顯現了。」

神父和兩位技師驚異地看著聖母的白影閃爍了好幾分鐘。當一群激動的目擊者開始聚集時，這道白光就消失了。

儘管埃及人絕大多數是回教徒，但仍有為數不少的天主教徒。當聖母顯現的消息傳遍了齊墩鎮、開羅，甚至全埃及後，成千上萬位信眾開始聚集到聖母堂前，想親眼目睹天國之母的風采。到了四月三日，神祕的影像再度出現在教堂的圓形屋頂上，底下早就集結了大批民眾，各自以高聲的敬畏歡呼和喃喃低語的祈禱聲，迎接聖母的顯現。彷彿要回應那群虔誠而熱切的群眾心中所期待般，四月九日聖母又回到了教堂。最不可思議的是，聖母陸陸續續出現在聖母堂屋頂的時間長達三年之久。有數百萬人目睹過聖母顯現，還有無數張拍到顯靈現象的相片為證。

聖母通常會在據稱是類似閃電般一閃而過的神祕光線預告後出現。這些異常的光體會持續十五分鐘，接著瑪利亞的影像會在一陣閃耀的光輝中現身。根據目擊者表示，這幾道特殊的閃光有時會直接出現在教堂正上方，有時則出現在聖母堂上空偶而形成的奇異雲朵中。即使在萬里無雲的晴天裡，也經常有人

指稱看見教堂圓頂上出現神祕的雲層。這些雲朵常常會從圓形屋頂降下，停在圍繞住整座教堂的成千上萬名朝聖者頭上。許多目擊者宣稱這些雲朵有類似焚香的氣味。在後來葛果雷主教公開宣布，經過判斷結果這些雲朵的確是由焚香的煙所形成的，但就算有百萬個香爐同時點燃，也無法製造出這麼大的一朵雲來。

另一個值得注意的現象，是經常在聖母顯現前後出現神祕、類似鳥類的發光生物。根據來自全球各地報導神祕顯像的記者們表示，這些實體的外形像極了發光的白鴿。其他的觀察者則主張這些空中生物比鴿子大得多了。然而一項報導指出，這些神祕的發光體不可能是一般的鳥類，因為它們飛行的速度太快了，而且翅膀連拍都沒拍動過。這些純潔的生物散發出白光，出現時會滑翔飛進聖母瑪利亞的影像四周。這些神祕的鳥群現出形體、出現和消失時，都沒有發出任何聲響。

一位為了親眼見證這項奇蹟而旅行到開羅的美國神父 J‧帕莫，在他的書中《聖母回埃及記》（*Our Lady Returns to Egypt*）記載了聖母顯現在聖母堂圓形屋頂上的各種形態：「一開始她以傳統形態出現在屋頂上，帶著面紗、身著長袍，與法國路德和葡萄牙法蒂瑪一樣……瑪利亞並非站著不動，而是靜默地朝底下的群眾點頭致意。她屈身彎到腰部，揮舞手臂祝福，有時還會拿出橄欖樹枝朝向人群。」帕莫表示瑪利亞出現的地點「在教堂前天井裡的樹叢間……在四個小圓形屋頂的下面，在較大的圓形屋頂的窗戶間也看得見，並走在教堂的平坦屋頂上，好讓所有站在教堂周圍的人都能看得見。」

聖母的影像從一九六八年到一九七一年為止，持續顯現在聖母堂達三年之久。她每次顯現的時間都大不相同，從幾分鐘

到好幾個小時都有。在一九六八年六月的一個夜晚，目擊者說：「聖母從晚上九點持續顯現到隔天早上四點半！」然最奇怪的一件事是，瑪利亞在開羅市郊外的教堂屋頂上這個莊嚴而居高臨下的講道壇上，始終選擇保持沉默。儘管有成千上萬人宣稱他們仰望聖母光輝的影像時，獲得神蹟療育治好了他們的病，但卻沒有人表示接收到任何瑪利亞傳遞的特殊訊息。既沒有警告地球上即將發生的變化、告誡世人要立刻悔改、停止犯罪，也沒有任何預言或其他宣告。

第四節　鬼魂和聖人顯現的二十四個相似點

來自佛羅里達州海因斯市的退休衛理公會牧師 B・W・帕莫，花了多年時間收集當代來自世界各地宗教人物顯靈的故事。親切的帕莫牧師慷慨地與我分享了他這方面的詳盡研究。根據研究內容指出，至少有二十四項宗教人物顯現在人群面前的共通方式。讀者可以輕易地判別底下的清單，也可適用於鬼魂和靈體現形的情況。

一、天空突然開啟，宗教人物以從天而降的方式落到地面上。

二、宗教人物會在一道閃光後，突然出現在目擊者面前。

三、聖人會穿過像門或牆等實質物體而出現或消失。

四、目擊者會先在自家宅邸外聽見腳步聲。當他們聽見敲門聲打開門時，看見宗教人物顯像。

五、聖人會以像是牆上圖畫或相片的方式出現。

六、目擊者會因感覺到房間裡有靈體出現，或感覺到有人在觸碰他們而清醒。當他們睜開眼睛時，會看見宗教

人物俯身看著他們。

七、會有一位天使先出現，帶領目擊者看見聖人顯現，例
　　如聖母、耶穌或摩西等。

八、目擊者會看見宗教人物的臉孔，出現在某個極度需要
　　幫助的人頭上。

九、目擊者會聽見一個聲音，告訴他們去到某個地方、去
　　做某事。當他們照做時，會看見聖母、耶穌或其他聖
　　人。

十、宗教人物或聖人的影像會出現在空中，十分莊嚴而神
　　聖。

十一、目擊者會被一開始他們以為是明亮的月光照射喚醒。
　　後來很快他們就會看見宗教人物的影像出現。

十二、聖母瑪利亞經常會在雲間顯現，然後她的影像會從層
　　層雲朵中飛向目擊者。也有人目擊到，在她消失或離
　　開時會退回雲裡去。

十三、一朵雲或一陣厚重的霧氣會出現在目擊者的房間裡，
　　接著宗教人物的影像會出現在雲霧中。

十四、宗教人物會在同時間出現在多位目擊者面前，但影像
　　出現的方式在每個人看來都各自不同。在同個場景
　　中，第一位目擊者看見的可能會是個光球；另一個人
　　看見的可能是一道閃電；但對第三個人而言，可能會
　　只聽見聲音，而沒有看見形體。

十五、有時候，顯現的影像會出現在擁擠的室內，但卻只有
　　一、兩個目擊者看得見。

十六、聖人的影像也可能出現在目擊者的夢裡，並有多次帶

來治療的效果。

十七、在聖人的影像顯現後，它可能會突然或慢慢地消失，進到雲裡、門後、地板中或天花板上。影像也可能用走的離開目擊者，逐漸消失在他們的視線之外。

十八、即使有數千人在現場，通常只有極少數人能看見、聽見或接收到顯現的人物所傳遞的訊息。

十九、宗教人物通常會顯現在一道奇特的光線中，同時照亮自身和目擊者。

二十、在許多聖靈顯現的場合中，目擊者指出他們並沒有看見聖人的影像，但因為有股超自然的光芒或聲音傳到他們身上，使他們意識到聖人的出現。

二一、有無數的男男女女宣稱，在經歷靈魂離體或瀕死體驗時，會有一位聖人出現來指引他們。

二二、有人宣稱在他們靈魂離體投射或瀕死體驗期間，看見聖人在已逝的親友陪伴下出現。

二三、在經歷離體投射或瀕死體驗時，許多人都看見過低層次的靈界，善良的靈體、聖人和天使會試圖協助低層次的靈體，給予它們慰藉和安撫。

二四、在歷經瀕死體驗後而回復意識的人，不論男女都表示他們到過天國，在那裡見到聖人和已逝的親友在一起，旁邊還有一群天使圍繞。

【註解】
① serape，一種繡有幾何圖案的毛毯，拉丁美洲男子用來當作披肩或外套。
② 露西亞修女已於二〇〇五年七月十三日辭世，享年九十七歲高齡。

250

名人撞鬼

第一節　法國的小紅鬼

在法國歷史上有個名聲最響亮的鬼魂，可從史籍和官方紀錄中略知一二，甚至在拿破崙的私人日記裡都記載了它的事蹟。根據坊間的說法，這個被稱爲「小紅人」的鬼魂，最初出現時間可追溯到兩百六十年前，它還因此得了個「災難預報者」的名號。而這隻鬼魂的活動範圍似乎主要集中在巴黎、羅浮宮和杜拉瑞宮。

據說凱薩琳‧麥迪奇①是第一位撞見這個幽靈的人物。時間是在一五六四年，當時杜拉瑞宮尚在建造中，凱薩琳與這位一身鮮紅色打扮、狀似地精的生物面對面相遇。高傲的凱薩琳立刻就發覺這位不請自來的東西絕非人類，視這場詭異的拜訪爲惡兆。因爲凱薩琳私底下煽動著天主教徒（舊教）和新教徒間的仇恨，而且她也誘使當時的法王亨利二世，下令對新教胡格諾教徒展開令人髮指的「聖巴托羅繆大屠殺」。

一六一〇年，小紅鬼現身在亨利四世面前，不久，這位法王就被一位瘋狂的教師刺殺身亡。一七九二年，當法王路易十六還在爲法國大革命的浪潮作垂死掙扎時，宮廷侍女被出現在

他寢宮床上的紅衣地精嚇得魂飛魄散。幾個月後，獄卒宣稱在囚禁路易十六和其王后瑪麗‧安東妮德的牢房中，看見那隻小紅鬼出現。

在拿破崙一七九八年進攻埃及的戰役中，這隻渾身通紅的靈體在他面前現形，並與這位野心勃勃的軍官做了一項交易。根據他們的合約內容，拿破崙可在歐陸戰場上享受十年戰無不克、攻無不勝的輝煌歲月。神祕訪客說在過去也曾給過歷屆法王許多忠告，它再次重申這次現身在拿破崙面前的目的也是要勸告他。鬼魅般的顧問告訴這位軍事天才，在他還是個乳臭未乾的學生時，就已經在他身邊看著他了。「我比你還更了解你自己」，神祕的靈體語帶不屑地斥責他。小紅鬼告訴拿破崙，法國艦隊不會完全聽命他的號令。儘管這場埃及戰役一開始法軍還能對著金字塔吹起勝利的號角，但鬼魂告訴他帝國終究會瓦解；拿破崙回到法國時，將會發現自己陷入被英國、俄國、土耳其和結盟的歐洲各國圍剿的局面。

在歐陸叱吒一時的拿破崙像。

正如小紅鬼的預言，法軍在埃及鎩羽而歸。在一八〇九年的瓦格拉姆之役大勝奧地利後，拿破崙將總部設在申布倫，這時他神祕的忠告者第二度現身。拿破崙在歐洲本土上已打了十年的勝仗了，他要求再多給他五年百戰百勝的保證。小紅鬼答應了拿破崙的請求，但它告誡這位貪婪的征服者，絕不可率兵踏上俄國

的土地一步。狂妄的拿破崙無視這項警告，執意揮軍北上，果然，莫斯科慘敗的代價在事後證實更勝於滑鐵盧的一蹶不振。

小紅鬼第三次、也是最後一次出現在拿破崙面前，是在一八一四年元旦的早晨，不久之後法國皇帝就被迫宣布退位。地精先是出現在莫雷州參事面前，說有要事求見皇帝一面。莫雷事前已接獲嚴屬指示，任何人皆不得打擾皇帝。但當他告訴拿破崙有個一身紅衣的小人要求和他說話時，皇帝立即宣布允許它進入寢宮。

根據歷史記載，拿破崙苦苦哀求小紅鬼再寬限他一些時間，好完成他提出的其他建議，但預言使者只給他了三個月去成就歐洲的全面和平，否則他的大限將至。然而拿破崙非但沒有為歐洲的和平做絲毫的努力，反而急於發動另一場東征。這種莽撞的舉動讓聯軍輕易就攻下巴黎；到了四月一日，小紅人與皇帝最後一次會面的整整三個月後，塔列朗②和元老院要求拿破崙退位。

歷史上小紅鬼最後一次出現的紀錄是在一八二四年，當時的法王路易十八病死在杜拉瑞宮中。不論如何，這隻神祕的地精幽靈確實在法國歷史上建立了詭異但卻穩固的地位。

第二節　預言幽靈揭示美國國父

一八八○年喬治・華盛頓過世八十一年後，《國家論壇報》（*National Tribune*）刊登了一篇華盛頓生前的好友安東尼・夏曼經常掛在嘴邊的故事。這是華盛頓與來自靈界的預言訪客相遇的故事。根據夏曼的說法，在一七七七年的某個多日，身心俱疲的喬治・華盛頓將軍正在佛吉峽谷的個人小屋中，一邊專心

研究地圖、一邊做沙盤推演。這時他看見一道霧氣冉冉上升，瀰漫了整個房間。驚訝的華盛頓神情茫然地看著一個黑髮、著長袍的靈體顯現在他的眼前。一開始年輕將軍以為是印第安原住民的鬼魂現形，直到他聽見三聲小喇叭的巨響，以及一個低沉而帶有權威性的聲音說：「共和國之子，看哪，要明白！」

包圍住鬼魂的霧氣像有生命似地猛烈閃爍著光芒，緩緩飛升到空中，形成一個地球的形狀。靈體舉起手，將水灑在霧氣形成的歐洲、亞洲和非洲上，當厚重的烏雲接著從各大陸間升起時，華盛頓被嚇壞了。可憎的烏雲匯集成一個黑色的雲團，朝著北美移動。在那塊醜惡的烏雲下，華盛頓看見了大群武裝士兵登陸，浩瀚的軍隊無情地蹂躪北美土地上的城市。他聽見了隆隆的砲聲，以及數百萬身陷殺戮戰場上的同胞絕望的呻吟與哭喊聲。神祕的聲音蓋過了震天軋地的廝殺聲，他告誡年輕的華盛頓：「看哪，要明白！」然後黑影再度將水淋在北美洲上，侵略者的軍隊隨即被掃入海洋。

華盛頓告訴他的好友夏曼，當入侵者被掃除時，他又再次看見村莊、小鎮和城市一一湧現。這時，靈體的聲音再度響起：「當眾星猶存，天降露水潤澤大地，美國將永久長存。」隨著眼前栩栩如生的影像退去，華盛頓才逐漸回過神來。「共和國之子，」黑影開口說話：「你所看到的三個大災難會降臨到共和國，最可怕的將會是第三個。但全世界聯合起來也不能勝過它。讓共和國的每一個子民都知道要為他的上帝、土地、國家而活。」說完這幾句話，幽靈就消失了。原本還呆坐著的華盛頓，一股作氣站了起來。他深信自己看見美國的誕生、發展和命運的異象。此時的華盛頓又再度充滿信心，他知道革命

絕對不會失敗。儘管當時節節敗退的戰況，有如佛吉峽谷的冬天一樣地寒冷與絕望，但衣衫襤褸、飢寒交迫的革命軍絕對不會被擊敗，自由和獨立的大旗終會插滿新大陸上的每個角落。

第三節　華盛頓的鬼魂攔住李將軍

時間是一八六二年九月，經驗不足的北方聯邦軍隊遭到南方美利堅邦聯軍猛烈砲火襲擊，潰不成軍。林肯總統下令喬治‧麥克萊倫將軍負責集結殘軍，重整聯邦軍隊旗鼓。

疲倦的麥克萊倫將軍癱坐在指揮帳桌前。面對攤開在眼前的戰役圖、交戰紀錄和標示所有已知的美利堅邦聯駐紮位置的大型比例圖，他的眼皮越來越沉重，終於睡倒在桌上。

指揮帳內突然響起一陣如雷鳴般低沉厚重的男子聲音：「麥克萊倫將軍，你在執勤時睡著了嗎？起來！否則敵軍就要攻占華盛頓了！」以為是哪個莽撞的傳令兵，帶著邦聯軍隊發動攻擊的消息擅自闖入他的營帳，麥克萊倫猛然驚醒過來。當他睜開眼睛，在他面前的是

美國國父喬治‧華盛頓像。

喬治·華盛頓閃著光輝的幽靈。麥克萊倫將軍後來告訴緬因州波特蘭市的《黃昏信使報》（*Evening Courier*），華盛頓的靈魂傳達他的訊息：「如果上帝沒有其他打算的話，在明天太陽下山之前，美利堅邦聯軍就會在國會山莊和你的墳墓上揮舞著他們的大旗了！注意接下來我要給你看的東西，你沒剩多少時間可採取行動了！」

華盛頓的鬼魂做了個手勢，麥克萊倫的面前立即出現一張會活動的地圖，上面標出了距離最近的敵軍部隊的位置。將軍隨手拿起桌上的鵝毛筆，草草記下他看得見的一切。他非常了解邦聯軍部隊拿下了華盛頓特區的後果：北方聯邦軍隊的士氣肯定會徹底瓦解。活動地圖的內容出現了點變化，讓麥克萊倫能看清楚敵軍未來規劃的調度與策略。他激動地在自己的戰役圖上標下活動地圖顯示的每個重要位置。「你及時獲得警告，麥克萊倫將軍！」華盛頓的靈魂輕聲地說完這幾句話，影像就逐漸消失了。麥克萊倫將軍發現營帳中又只剩下他自己一人。

一開始他以為這只是場生動的夢而已，但後來他看到自己的地圖上做出的記號和象徵敵軍調度的符號，隨後他立刻宣布全軍出擊。

因為麥克萊倫在那場不尋常的超自然體驗中獲得的資訊，北方軍隊才能夠在安提坦擋住南方聯軍繼續挺進到華盛頓，又靠著預測中李將軍接下來的幾次行動，逆轉情勢將南軍擊潰。事後麥克萊倫用這幾句話寫出他對這次顯現的感想：「我們敬愛的、光榮的華盛頓總統將得安息……直到……他再次以救援與和平使者的身分出現。他代表上帝而來，祂是天下萬國的神。」

第四節　向幽靈請益的林肯總統

　　終其一生，亞伯拉罕・林肯——這位美國歷史上最受尊崇的總統——一直因為他經常訴諸靈界的力量解決問題而備受譴責。就在他當選總統後不久，克里夫蘭的《率真報》（*Plain Dealer*）毫不留情地抨擊他「向幽靈請益」的作為。總統當選人這邊的回應則是直言不諱：「這項聲明唯一的錯誤，是它只說明了一半的事實，整篇文章都沒有提到我見證過的美好事物。」

　　林肯公開承認曾請教過靈媒和女巫，在當時人們慣於尋求靈界指點意見，而林肯從來就不是個無神論者。歷史學家和傳記作家，對於林肯從他母親那邊的血緣繼承強大的精神力量這件事上有點小題大作。林肯與靈界的諮詢關係多不勝數，小至年輕時在荒郊野地與「奶奶們」的談話，大到在總統任期內與當時最著名的靈媒共同進行降神會。

　　在國家面臨危急的時刻，總統夫人瑪莉・陶德・林肯會安排降神會讓她的先生鎮定下來，有些通靈聚會還是在白宮裡舉行的。最得林肯歡心的其中一位靈媒奈蒂・科本，和其他降神術通靈者，會傳遞來自靈界的資訊，而

美國總統亞伯拉罕・林肯像。

深思熟慮的總統會以他生性認真嚴肅的態度全心思考這些訊息。其他參與降神會的列席者，包括卡斯上校、凡霍希斯少校和丹尼爾·E·桑姆斯等人。林肯坦承他從靈界接收的訊息，讓他度過了一次又一次的危機。他的影響延伸到當代其他人物身上——甚至連冷靜沉穩的邦聯將軍和未來的總統尤里西斯·S·葛蘭特，後來都轉向招魂術的陣營。

第五節　出沒在白宮大廳的林肯鬼魂

　　林肯生前確實和幽靈打過交道，但當他在一八六五年遇刺身亡後，至今仍有許多目擊者宣稱見過他的鬼魂出現。前總統凱文·柯立芝的夫人宣稱曾在總統辦公室內看過林肯的鬼魂；當時他站著看向窗外的波多馬克河，雙手交握在背後。

　　或許因為富蘭克林·羅斯福在白宮的歲月正值二次世界大戰的緣故，總是爭執與衝突不斷，讓他的精神不得片刻安寧，林肯的鬼魂在羅斯福十三年的任期內，是它在白宮中最活躍的一段時間。一位白宮的職員就說他看到林肯的鬼魂坐在他的床邊，脫著靴子。這些鬧鬼事件中有項著名的事件，發生在荷蘭的威廉明娜女王到白宮作客時。女王在半夜被敲門聲吵醒，當她下床開門後，看見林肯正站在走廊上看著她。

　　前第一夫人艾蓮娜·羅斯福將林肯的房間當作研究室。雖然羅斯福夫人從來未曾表示看過林肯的鬼魂，但她坦承相信當她人在那房間裡工作時，林肯一直都在看著她。

　　西奧多·羅斯福、賀柏特·胡佛和哈利·杜魯門等幾位前總統，都宣稱有聽到過他們認為是亞伯拉罕·林肯的靈魂穿過白宮走廊，停在他們門前敲門的經驗。

有一次前總統羅納德・雷根很確定當他的狗兒雷克斯開始吠叫不停時，牠一定是感覺到了林肯、桃莉・麥迪遜③、安德魯・傑克遜、艾碧該・亞當斯④等人的鬼魂。這些前總統和前第一夫人等人的靈魂，都在白宮裡的不同房間被目擊出現過。據說雷根的女兒莫琳，她到白宮來時總是睡在林肯的房間，也看過林肯的鬼魂好幾次。

第六節　范倫鐵諾的靈魂長留鷹巢

在魯道夫・范倫鐵諾⑤一九二六年英年早逝後不久，關於這位偉大拉丁情人的鬼魂，還眷戀著他生前最愛的地方不肯離去的故事紛紛出籠。他在貝拉街為妻子娜塔莎・蘭寶娃所蓋的夢想之屋——鷹巢，被報導為是范倫鐵諾靈魂最常現形的地方。

瘋狂崇拜這位銀幕情人的影迷們開始聚集在鷹巢附近，希望能看到范倫鐵諾的鬼魂，那怕是一眼都好。自尊為大的影迷竟然將對偶像的熱愛轉變為一種邀請，他們自作主張進到已逝巨星的豪宅中過夜，其中有六位幸運的影迷被選中可以睡在范倫鐵諾的臥室裡。

像小孩子巴望著聖誕老人快點出現一樣，興奮又期待的影迷們躺在他的房間裡，準備接收任何魯道夫可能從冥間傳給他們的訊息。所有范倫鐵諾的忠實影迷都知道他堅信有來世的存在，他也經常提到他的靈魂嚮導馬希洛普。如果他的鬼魂沒有在影迷們拜訪鷹巢時顯現，他們會認為錯在自己，或是責怪當時的氣氛不利於靈魂現形。

有一次范倫鐵諾的鬼魂出現在看門人面前。那天深夜，他

狂奔過整條街道，聲嘶力竭地喊叫著他看見魯道夫出現了。另一個著名的傳說來自范倫鐵諾的馬夫，當他看見主人的鬼魂在撫摸生前的一匹愛馬時，他連東西都來不及收就嚇得逃離了那棟豪宅。這些神祕事件目擊者繪聲繪影的描述，讓標到鷹巢的紐約珠寶商在事後放棄了這項交易。那些外界認爲熟知范倫鐵諾個性的人宣稱，魯道夫尚未安息的鬼魂，不希望做俗氣物品交易的人（如珠寶商）來篡奪他的房子。

在另一個故事裡，一位來自西雅圖的婦女前來拜訪鷹巢的管理員。她宣稱當自己獨自一人留在豪宅內時，她聽見悶悶的腳步聲，也看見了門自動開啓和關閉。當時除了她一個人之外，在室內的只有魯迪和布朗尼，范倫鐵諾生前最愛的兩隻看門狗。牠們受過良好訓練，除了主人之外他們見人就吠，還會撲上去咬人。但奇怪的是狗兒們完全沒有叫，只對著可能是主人鬼魂的腳步聲發出嗚咽的悲嗥聲。

第七節　瓊・克勞馥家的鬼火

在二十年的電影生涯裡，瓊・克勞馥讓自己化身爲天不怕、地不怕的奇女子和美國「燃燒的青春」代言人，如《我們跳舞的女兒們》；在美國最受歡迎的劇情片之一，如《雨》和她的奧斯卡得獎作品《慾海情魔》中，她又搖身一變成爲女英雄。許多人都認爲瓊・克勞馥具有典型的好萊塢電影巨星魅力，也是引領時代風潮的女性，她的能力與影響力不下於當時許多赫赫有名的影星，像小道格拉斯・費爾班克斯、法蘭奇・湯恩和菲力浦・泰瑞等人。而這三位男性，也恰是她四任丈夫中的其中三位。第四任是艾佛烈・史提爾，百事可樂公司的總裁。

瓊・克勞馥照。©The Steiger Archives

　　一九七八年，瓊・克勞馥的養女克莉絲汀・克勞馥出版了
《親愛的媽咪》（*Mommie Dearest*），震驚了全球電影界。她自曝
童年時期的悲慘回憶，並在書中爆料這位好萊塢最著名的女主
角之一，並不像媒體所形容的總是那麼甜美、溫柔，人生充滿
光明面。《親愛的媽咪》在《紐約時報》暢銷排行榜上停留長
達四十二週，並在一九八一年改編成同名電影，由費・唐娜薇
擔綱演出。

　　一九八九年，我的妻子和我聽到瓊・克勞馥位於布里斯托
大街的故居曾經鬧鬼的傳聞，克莉絲汀・克勞馥對我們知道這
些事情感到相當驚訝。當我們為《好萊塢神祕事件》
（*Hollywood and the Supernatural*）這本書對她進行專訪時，克莉
絲汀說：「沒有太多人知道這棟房子裡鬧鬼，這件事從未被報

導過。」問起她是否記得兒時生活有遇過任何無法解釋的現象時，克莉絲汀承認她對一些詭異的事情存有鮮明的印象。「當你是個受盡凌虐的小孩，多會有封閉自己的傾向，」她說道：「但我很肯定那些疑似鬼魂的形體出現在我的幼時……我真的看過它們！房子裡有些地方總是異常冰冷，從來沒人會想進去裡面。當我還是個小孩時，我看到房子裡有其他東西！當然，當時我並無任何對象可以透露自己所看到及感覺到的一切。」

克莉絲汀回憶小時候只要一陷入極度恐慌狀態，她都會跑下床，試圖找個人來安慰她，但每次大人都認為她是個不想乖乖上床睡覺的「壞小孩」，而拒絕她的呼救。克莉絲汀回想起以前說道：「我以前經常作惡夢，夢見那種東西，但這些夢魘多半和我在晚上看到過的東西有關；所以最終的解決之道，就是把家裡每盞燈都開著。我看見過的東西其中之一，似乎是一個小孩或一群小孩的幽靈……」

克莉絲汀告訴我們從一九五六年，她十七歲那年上大學後，就再也沒有踏進這棟房子一步。當我們在一九八九年訪問她時，她才剛知道那棟房子的新主人請了「治療之光中心」的羅莎琳・布魯耶修女來為這棟豪宅驅邪。羅莎琳・布魯耶修女告訴克莉絲汀，說她發現房子裡有許多靈體，在其中某個房間裡還留有宗教儀式性侵害的記號。克莉絲汀告訴我們有人聽過牆壁裡傳出孩子們的哭喊聲。「每一任的屋主都遇過麻煩，」她說道：「第一個就是克勞馥她本人，這棟房子九成以上是她完成的。當她買下這塊地時，上面只有棟小農舍而已。每一個曾經住過這裡的家庭都發生可怕的不幸事件……久病不癒、酗酒成性、吸毒成癮、亂倫等，至於發生在現任屋主身上的，顯

然就是那些從牆壁裡冒出的火焰。我聽得見那個聲音，特別是在克勞馥的床後那面牆。」

克莉絲汀·克勞馥個人照。
©Chiristina Crawford

克莉絲汀說，如果那個「出沒」在那棟豪宅裡的鬼魂是瓊·克勞馥的話，她一點都不會感到驚訝。「她的本事和真的惡魔沒兩樣，」她告訴我們：「我和哥哥都怕她怕得半死。事實上，在《親愛的媽咪》裡有一段文字描述在我十三歲那年她想殺死我時，臉上那種恐怖的『表情』。我們兄妹倆經常回憶起這件事，心裡肯定那絕對不是正常人類的臉。」

克莉絲汀說後來瓊·克勞馥把房子賣給唐諾·歐康納，他又賣給了安東尼·紐力斯家。她認為這家人又把它賣給現在的新主人，也就是羅莎琳·布魯耶修女的朋友，他們請她來整頓這房子裡的幽靈。

當我們好不容易聯絡上羅莎琳·布魯耶修女時，她證實克勞馥的故居的確有火焰自燃的現象，而主要發生地點就在瓊·克勞馥睡過的床後面的那堵牆上。布魯耶修女表示在她看來，這棟房子受到了某種超自然力量的荼毒已經有一段時間了，甚至在克勞馥搬進去之前就開始了，而這股邪惡力量又加重了瓊·克勞馥的精神官能症。本身是著名靈療師的布魯耶修女說，她認為這裡的鬼魂作祟有程度之分。「這是一個明顯充滿負面能量的地方。我把它稱為『靈魂中心』，一群幽靈被負面的波動力量吸引而聚集在此，我注意到這裡有幫派分子和腐敗政治家等的鬼魂。房子裡之前還有個孩子在那受到虐待和性侵

害，並發生了其他駭人聽聞的事情。」

布魯耶修女認為這些鬼魂想把房子燒掉。「有一次比佛利山莊消防隊在那裡花了整整四天的時間，想解開從牆壁裡冒出自燃火焰的謎團。我覺得這些鬼魂之所以想燒掉房子，是為了想要保護某些可怕的祕密，裡頭一定藏了些什麼東西。我很肯定有屍體埋在地下室裡。這棟房子曾經是靈魂的垃圾場，但現在看起來已經沒什麼髒東西在裡面了。」

一九九二年，當時住在克勞馥故居的房東，大方地允許我們夫妻進到房子裡，讓我們在鬧鬼最嚴重的幾個地方，拍攝某個萬聖節電視特輯的片斷。讓他們大大鬆了一口氣的是，牆壁已經不再冒出自燃的鬼火，但出沒在房子內外的那些幽靈卻一直都在。屋主家人表示他們在各個不同的地點都看過鬼影出現，特別是在撞球房，他們相信看見了瓊・克勞馥和一個身分不明的男子在打撞球。他們還說聽見撞球的敲擊和碰撞聲從那邊傳出來，但他們很肯定當時沒有人在裡面。另一個偶而會現形在大客廳的詭異幽靈，是個看起來像印第安原住民牧羊人的鬼魂。

房子的主人還允許我們到地下室的酒窖去錄影，那是布魯耶修女明確察覺到埋有屍體和「可怕祕密」的地方。雪莉和我立刻就感受到那裡的氣氛異常詭異，但我們在地下室只拍到幾個在節目裡會讓人毛骨悚然的鏡頭。我們唯一看見的幽靈，就是一瓶瓶沿著牆陳列在架上的酒而已。

第八節　理查・哈里斯倫敦家中的男童鬼魂

主演過《超級的男性》、《鳳宮劫美錄》、《太陽盟》以及《鎮國大將軍》的愛爾蘭演員理查・哈里斯（1930～2002），曾

長住在英國一間鬧鬼的房子裡，一棟被它的演員主人形容為完美至極的宅邸。這棟房子有間餐廳，彩繪玻璃窗上裝飾有黃道十二宮圖示，還有一間牆壁上刻著《聖經》人物的圖書館，以及刻有各種奇形怪狀植物的雕樑畫棟，彷彿一個在汪洋大海上漂流的人、抬頭望向滿天星斗的夜空。哈里斯說他是在二十四歲那年發現這棟房子的，有天早上他醒來時，發現自己躺在這間倫敦宅邸的花園裡。他完全不記得自己是怎麼到那裡的，但他知道這棟美麗的房子他是要定了。

十四年後，哈里斯打聽到房子的主人有意將它轉手給不動產開發商。這位演員不願意完全說出他是如何買下這棟房子，僅是淡淡地表示這是件冥冥之中注定好的安排。哈里斯在他準備搬進去之前，請了一位他的竊賊好友到那棟宅邸稍事檢查一番。他這麼做只想知道這棟房子的防竊功能如何，而他認為沒有比一個以闖空門維生的人，更能為房子本身的安全性做出最正確的評價。

哈里斯的好友不費吹灰之力就進到房子裡頭，接著就在他準備離開之際，聽到一個小孩哭泣的聲音。因為他很清楚知道這是棟空蕩蕩的房子，大惑不解的竊賊站在原地好一會兒，試圖辨識出聲音是從哪裡傳出來的。當他再次聽到哭聲，他確定自己的耳朵沒有問題，在暗不見光的豪宅某個角落裡，一個傷心難過的孩子正在低聲啜泣著。竊賊認為這孩子應是不知怎的進到房子裡，然後就迷失在多不勝數的房間裡頭，找不到回家的路。

竊賊沿著哭聲走到樓上，當他愈接近那個房間，小孩子的哭聲就變得愈劇烈。他猛力推開房門，卻發現裡面一個人也沒有。透過一扇大窗戶照射進來的月光浸潤了整個房間，足夠的

光線讓他對室內的布局一目了然。隨著一陣詭異的寂靜籠罩住這整棟古老宅邸，竊賊才認定裡頭只有他自己一個人而已。事後他向哈里斯回報，提供他一些提高這棟老房子防盜功能所必備的詳細資訊。最後他說道：「但是我告訴你，老兄，你要搬進去的是間怪怪的房子。」

據哈里斯說，在他房子裡頭遊蕩的鬼魂是個八歲男孩。他之所以知道鬼魂的年紀，是因為他從古時紀錄得知，有個八歲男孩被埋在房子的塔樓底下。而這個不得安息的幽靈竟成為哈里斯一生中最引人好奇的一部分，有時他甚至還會請男童鬼魂露一手給他的朋友瞧瞧。但哈里斯也坦承他與這位幽靈老弟起過幾次嚴重的爭執。男童鬼魂經常在凌晨兩點吵醒他，不是用力摔衣櫃的門，就是在塔樓的樓梯間爬上爬下。哈里斯向男童鬼魂說他最好乖一點，因為演員很需要睡眠休息；如果他還是不安靜下來，哈里斯威脅他要請神父來驅魔。最後哈里斯替男童鬼魂蓋了間遊戲室，裡頭滿滿的都是玩具。而在哈里斯做出讓步後，男童鬼魂就安分多了。

第九節　披頭四與過世經紀人的第三類接觸

披頭四的第一任經紀人布萊恩‧艾普斯汀，因為吞食過量安眠藥自殺，在一九六七年八月二十七日回天乏術，過世於倫敦。在這場悲劇發生過後，披頭四——喬治‧哈里遜、保羅‧麥卡尼、林哥‧史達，以及約翰‧藍儂——發現他們自己一頭栽進了熱烈的靈魂研究之中，還對來世發展出高度的興趣。麥卡尼表示從披頭四剛出道以來，艾普斯汀一直是指引他們方向的燈塔，他讓他們看盡人生百態，教會他們現在所知的一切。

艾普斯汀總是知道怎麼做對披頭四最有利,如果沒有他,樂團絕對不會享有今天這般功成名就的崇高地位。

披頭四對生死意義的追尋,帶領他們試過各種不同的方法。他們試過超覺靜坐,但在對老師的期望幻滅後,又開始轉往其他地方尋求更多知識。在一九六八年,哈里遜感覺他接收到艾普斯汀從冥間傳給他的第一則訊息。他告訴樂團其他成員,這則訊息不是語言文字的形式,而是當他在家裡休息時,突然有的一股壓倒性的感受。整個樂團一直都相信艾普斯汀的靈魂與他們同在,他們從來都無法接受死亡代表他們從此無法對談的事實。四人都深信如果艾普斯汀發現他一直在尋覓的極樂境界,一定會想讓他們知道。為了鼓勵艾普斯汀從另一個世界向他們傳遞訊息,他們安排了一場降神會。

第一次嘗試與艾普斯汀的溝通,是用業餘的拙劣手法,四個樂手圍坐在圓桌前,安靜地將雙手攤開在桌面上九十分鐘。在這次嘗試以失敗告終後,團員們決定下次要請專業的靈媒再試一次。

經過一連串謹慎的挑選後,披頭四找到一位評價頗高、在靈媒界享有最佳名聲的老先生。在與老靈媒進行的第一次降神會中,披頭四們聽見了黑暗中傳出艾普斯汀的聲音。靈魂的聲音告訴他們,他在死後世界過得很開心,也很高興他們努力要與他對談。艾普斯汀又給了另一則簡短的訊息,然後就消失在黑暗之中。

這次的通靈成功給了披頭四莫大的鼓舞,之後他們又繼續進行了兩場降神會。事後他們表示艾普斯汀又出現了,但給的訊息並沒有第一次多。披頭四堅信他們確實與已辭世的朋友交

談，每個人都認出了艾普斯汀聲音中特有的抑揚頓挫和語調。他們也相當尊敬將好友帶回人間與他們重聚的靈媒，但他們拒絕透露他的姓名。雖然艾普斯汀是否曾預言披頭四樂團的解散不得而知，但這四位年輕的樂手表示，他們在降神桌旁的夜晚，都強烈地感覺到彼此緊密結合爲一個樂團的共同感。

第十節　催生電影《楊朵》的靈界訊息

芭芭拉・史翠珊，這位集歌手、演員與導演多重角色於一身的知名藝人，在接受記者克勞蒂亞・德瑞福斯的專訪時（全文詳見一九九七年十一月十一日的《紐約時報》），談到她在一九八三年導演歌舞電影《楊朵》時的猶疑不定。當她內心陷入天人交戰該不該執導這部電影時，她才第一次到父親的墳前去探望他。史翠珊承認這麼多年來她始終未曾到過父親墓前一步，是因爲對於早逝的父親「未曾給過她關愛」感到忿恨不平。在她探望過父親的當天稍晚，她請了一位「擁有靈魂嚮導的猶太女性」靈媒到她哥哥家去。

降神會進行到一半時，桌子開始動了起來，史翠珊事後坦承當時她嚇壞了，還衝進浴室躲起來。當她好不容易鼓足勇氣、再度回到降神會後，她發覺桌腳不斷地自動抬起又落下，還發出「曼……尼」的聲音——她父親伊曼紐的暱稱，接著她接收到的訊息是「抱……歉」和「感……到……驕……傲」。史翠珊說她從靈媒的靈魂嚮導接收到的訊息是種肯定的信號，表示她非得要執導這部電影不可。她指出在所有她的電影作品裡，《楊朵》是她最自豪的一部，因爲這是獻給她父親的電影。

第十一節　鏡頭前與真實環境裡的鬼魂

英國演員唐諾·普利贊斯（1919～1995）在他後期的電影中，儼然成為恐怖的代言人。隨著一九七八年賣座片《月光光心慌慌》成為恐怖電影經典之作，以及四部續集的成功，普利贊斯在恐怖片中找到自己發展的新天地，之後他也出現在多部以不散陰魂和幽靈為主題的電影之中。

時間推回到一九七〇年代初期，普利贊斯和妻子梅拉買下了一棟位於英國綠灘的十七世紀古宅。當時這棟大宅院被隔成兩間房子分別出售，而他們決定兩間一起買下。怪事就此展開。

就在搬進新家後不久，普利贊斯一家人開始聽見奇怪的碰撞聲，他們查遍屋裡每個角落，卻沒有發現神祕聲響的來源。普利贊斯大方承認一開始他簡直快被嚇死了，但家人們逐漸發現這些聲響像極了一群小孩子奔跑嬉戲的聲音。他們把將大宅邸一分為二的牆壁打通，讓那些鬼魂能再像多年前他們還活著的時候一樣，毫無阻礙地在這棟大屋子裡盡情奔跑。

當普利贊斯一家找出了碰撞和重擊聲的來源後，他們欣然接受與鬼魂住在同一屋簷下的事實。普利贊斯觀察到這些聲音都是愉快的笑鬧聲，他們也感覺得出這些孩子們對於在經過了好幾世紀後，還能再次隨心所欲地自由來去在大宅邸中有著無比的喜悅。

第十二節　超人的英魂

在電視界有「鐵人」之稱，同時也是電視版《超人》男主角的喬治·李維（1914～1959）過世後，各種神祕謠傳一直未

曾停歇過，有無數目擊著宣稱，在發現他陳屍家中的班尼迪特谷區附近看過他遊蕩的幽魂。雖然在一九五九年六月十六日離開人世的李維死因被判定為自殺，他的親朋好友和廣大影迷仍堅信這是椿謀殺案，歌手唐·麥克林還為此寫了一首歌，取名為《超人的英魂》（*Superman's Ghost*），向那些還惦記著這位電視演員不幸往生的民眾所經歷的痛楚致敬。

傳聞有人看見李維的鬼魂，穿著他死亡當晚身上的浴袍出現。有對原本不曉得發生在李維故居的事件而搬進去的夫妻，在見過李維的亡魂後就匆匆遷離。還有其他人聲稱看過李維的鬼魂穿著全套的超人戲服，斗篷在一股無名風的吹撫下不斷飄動著。

第十三節　夢露重返人間的那晚

一九四六年的夏天，巴伯·史雷澤與諾瑪·珍·貝克在二十世紀福斯電影公司的攝影棚大廳相遇。當時他是個東部報社的新聞特派員，而她也只是個沒沒無名的年輕女模，跑遍大小通告努力爭取所有工作。一拍即合的兩人促膝長談卻意猶未盡，分手前還約好了當晚再碰面，這促成了他們長期的交往關係，以及一九五二年那場曇花一現的短暫婚姻。

即使諾瑪·珍後來搖身一變成為好萊塢的性感女神瑪麗蓮·夢露，兩人還是保持相當親密的朋友關係，直到一九六二年夢露過世為止。自從女神香消玉殞之後，巴伯的生活周遭出現了許多詭異的事件，讓他相信夢露的靈魂依舊與他同在。在一九七三年參與的一項神祕實驗中，他更直接召喚瑪麗蓮·夢露的靈魂現形。

史雷澤認識了《撒旦聖經》（*The Satanic Bible*）的作者安

東‧拉維兩年後，才知道他瘋狂迷戀著夢露。有天晚上，拉維打電話給他，告訴他八月四日星期六會發生占星學上的「暗月」，與十一年前夢露過世當天一樣的情形。拉維需要一個熟悉夢露的人，幫助他讓女神的芳魂現形。史雷澤同意參加拉維的計畫，當天晚上兩人便驅車前往夢露位於海倫娜街的故居。拉維事先已經獲得當時的屋主允許得以進入，雖然他把主屋的大門關了起來，但他們可待在通向宅邸的死巷裡。兩人把車停靠在入口旁邊，寂靜的夜色中四周看不見任何人。

史雷澤坐在副駕駛座，開車的是安東，拉維太太則坐在後座。拉維帶了一台錄音機，裡頭錄了幾首夢露演過電影裡的歌曲；到了大約十一點四十五分，他以極低的音量開始播放錄音帶，手上還拿了一枝小光筆，用來照明他寫在紙上要讀的東西。

史雷澤記得拉維含糊不清地喃喃自語，也像是他在低聲哼著歌。「在十二點十五分左右，夜晚依舊寂靜，」史雷澤在接受《好萊塢神祕事件》的訪問時，告訴我們他那次的奇遇「連一根草都沒有動，樹上的葉子也沒有動靜。突然間颳起了一陣強風，那棵樹像被捲到颶風內，持續劇烈地搖晃了三、四分鐘——但安放在樹兩邊小路上的東西卻連動都沒動。接著憑空出現了——我的視線從沒離開過半吋、也沒眨過眼，而且我的視力完全正常——我們在等待的女子！就像有人冷不防把她放在那邊一樣地出現了。她穿著黑白細條紋的寬鬆長褲、印有斑點圖案的上衣，腳上是一雙白色的小帆船鞋，我還看得見她頭上束起來的金髮。當她開始朝我們的車子走過來時，我全身頓時起了雞皮疙瘩。」

從驚嚇中回復神智後，史雷澤開始以專業記者的身分思考眼前發生的事。他一度懷疑一切都是拉維搞出來的造勢或宣傳噱頭，但拉維是個專注於工作、認眞嚴肅的人，他認爲拉維不會做出這種事。當女鬼緩緩地走向他們的車子，史雷澤詢問已經嚇出一身冷汗的拉維，要不要把車燈打開。拉維表示他們現在應該先按兵不動，「鬼魂慢慢地朝我們走過來，然後停在車子前面約三十呎的地方，」史雷澤說道：「安東把音樂聲調得更低，在她往我們這邊走到一半的時候也停止了哼歌。突然間她轉向我們的左方走去，那裡原本有棵大樹，她就這麼往樹的位置一站，好像她是用硬紙板做成的平面人像。但她的形貌相當清晰可辨，就是夢露本人沒錯！」

　　史雷澤告訴我們，從那一刻起他成了超自然現象的忠實信徒，對死後世界的存在深信不移。「夢露的鬼魂看起來和她活著時一模一樣，」他回憶道：「拉維太太的臉變得蒼白無比，一副被嚇傻了的樣子。至於安東嘛……我可以告訴你們，他連大氣都沒有喘一下！」瑪麗蓮・夢露的影像雙手環抱、約莫一分鐘沒有做出任何動作，她直接看穿車子後面，而不是往車裡的人看。史雷澤認爲她似乎在往大門的方向看，好像很想通過那些門進去但又不想經過他們的車子。接著她轉向左手邊，緩緩地走下大馬路。

　　瑪麗蓮・夢露的鬼魂走了大約四分之三條街後，史雷澤決定要下車跟著她。當他接近女神的幽靈時，她突然轉身，走向路中間，然後就消失在空氣裡了！「我親眼目睹這一切發生的經過！」史雷澤說道。當時因爲他急忙想追上夢露的鬼魂，還踩過了一個約兩呎半寬的水溝，他注意到一路上都有他濕漉的

鞋印。夢露的幽靈則是用一種短促而整齊的小步伐移動，雖然她也走過這條水溝，卻沒留下任何腳印。

史雷澤向我們表示，之前他只把這件事透露給兩個人知道：超敏銳通靈者克拉麗莎‧貝恩哈特以及諾曼‧米勒，後者寫了本關於瑪麗蓮‧夢露生平的書。「當時我掙扎著到底該不該告訴他這件事，而他聽完後對我說道：『我不會不相信你說的事。我確實相信神鬼之說──而你的確經歷了一個相當不可思議的夜晚。』」

第十四節　克拉麗莎‧貝恩哈特和跨越俱樂部

「好萊塢的上空有層厚重的靈界，」我們的好友超敏銳通靈者克拉麗莎‧貝恩哈特在觀察後表示：「那裡有太多人還沒準備好要移轉到更高層級的空間去。我在靈界的『跨越俱樂部』做的就是給那些困惑的靈體信心，鼓勵他們往前進，離開俗世，走進那道光裡面。」

在一九八二年，也就是梅伊‧葦斯⑥過世兩年後，克拉麗莎受託為在梅伊生活了近五十年的黑林公寓大廳裡舉行的降神會擔任靈媒。「降神會開始後不久我立刻就感覺到梅伊的靈魂波動傳來的欣喜與歡愉。」克拉麗莎說道：「當她還活著時，本身對超自然的感應力就已極度敏銳，而她也不喜歡『降神會』這個名詞，個人偏好『跨次元交流』的說法。我認為在那場降神會中出現最重要的訊息，是梅伊告訴我們關於『跨越俱樂部』的事，那是一群靈魂組成的團體，幫助新靈體適應在新空間的生活。她告訴我們，很快她就夠資格加入這個團體，來協助及迎接部分即將去到另一個世界的靈體。」

「跨越俱樂部」的資訊讓克拉麗莎這樣的靈媒獲益良多，但對其他降神會的參與者而言，他們比較有興趣接受與梅伊生平有關的特殊事件，以取信他們確實是在和這位已故的女演員芳魂溝通交流。當天有好幾位梅伊最親密的好友出席，克拉麗莎當然能夠傳遞讓他們相信，梅伊的靈魂本質真的在場的明確訊息。

「感應力敏銳」的演員梅伊·蕙斯。©The Steiger Archives

「我接受到一則關於梅伊的腿出了毛病的溝通訊息，」克拉麗莎說道：「她在一九四〇年間扭斷腳踝，但是沒有任何人知道這件事。梅伊的靈魂還提到她以前的幾篇創意寫作，她覺得現在對其他人可能有所幫助。她說她寫了大約十到十五張紙，裝在一個棕色的薄封套裡，她的一位朋友證實的確有這些文件存在。」當克拉麗莎告訴在場所有人，梅伊還一直念著某個遺失的戒指時，另外一個朋友立刻就認出女演員的幽魂指的是哪一件事。他表示只有梅伊和他兩個人知道這件戒指遺失的事情。

從一九八二年這場降神會之後，克拉麗莎已幫助了不少靈體適應他們在死後世界的生活，她說道：「讓我們把自己和所有人在靈界的生活步調，都能調整到正確的軌道上，是非常重要的。」。

克拉麗莎告訴我她和朵蒂·奈特一起經歷過的神祕事件。

朵蒂是已故演員泰德・奈特的遺孀。泰德的成名作是《瑪莉・泰勒・摩爾秀》，他演活了自我中心的男主角泰德・巴克斯特。

「我第一次見到泰德當時，他正在演出《你知道當水流動時，我聽不見你說的話》，一部由芮塔・史崔墨製作，在西好萊塢的聖塔莫尼卡劇院公演的舞台劇，」克拉麗莎說道：「我已故的先生羅斯當時透過他經營的『羅斯・貝恩哈特企業』替泰德為這部戲做一些公關工作。羅斯和泰德是相識多年的好友，羅斯會幫他安排一些特殊的宣傳活動，就這樣我也認識了泰德和他的妻子朵蒂，和他們成為了好友。他們夫妻都知道我有極為強烈的直覺感應力，似乎能提供他們準確且意料之外的資訊，尤其是泰德對我的能力特別感興趣。」

「我還記得有次我夢見泰德可能乘船出遊，那個訊息清楚地表示他不該赴約。之後我打電話給他，轉告他這個訊息。他不發一語、安靜地聽我說完，然後他用一種像極了他的電視角色『泰德・巴克斯特』的說話方式告訴我，他認識的朋友裡沒有一個人有船。當時我覺得有點不是滋味，但那確實是來自靈界給我的訊息，於是我們說再見就掛掉了電話。」

「不到一小時後，我的電話響了，是泰德打來的。他告訴我說他的一個好友剛打電話給他，邀泰德一起搭他剛買的新船去兜兜風。泰德說他感到不可置信，我竟然預先告知他這項突如其來的邀約，我很高興夢裡關於他的訊息是正確的。泰德說他拒絕了這項邀請，雖然他事後知道在船上的其他人都平安無事，但我接收到的這項訊息是針對他個人的。他告訴我，他打從心裡認為如果他真的去赴約，說不定會從船上掉下去，或發生其他意外。」

「泰德在一九八六年過世後，我和朵蒂還保持相當親密的朋

友關係。自從他離開後，我開始夢到他的出現就變得稀鬆平常了。偶而他會給我幾則簡單的訊息，有時候他會表達對朵蒂或其他家人的關切之意。」

「其中一則真正引起朵蒂注意的訊息，是當我有段時間沒和她聊天之後打電話告訴她的。我對她說泰德剛傳遞給我一則相當奇怪的訊息，朵蒂當下就對這訊息感興趣。於是我告訴她，泰德對她說房子可以賣掉，但銀器不能賣，這就是泰德給的全部訊息。朵蒂聽完的反應是突然開心地大笑，她向我證實她的確已著手要把房子和很多與過去有關的東西出售，但是她對我說：『克拉麗莎，我不會把銀器賣掉的。』」

「直到最近，我和朵蒂一如往常用電話聊天時她問我：『妳還記得有次妳告訴我泰德給我的訊息，要我不可以把銀器賣掉嗎？我確實把它們留了下來，因為銀器對泰德而言意義重大，那都是他一樣樣親自購買的收藏品。我只是想告訴妳，我打從心底相信妳真的聽見了泰德的音訊。』」

【註解】
① 凱薩琳‧麥迪奇（Catherine de Medici, 1519～1589），亨利二世的王妃，心狠手辣，被譽為十六世紀最有權勢的女人。
② 塔列朗（Charles Maurice de Talleyrand-Périgord, 1754～1838），法國政治家和外交家。一八一四年三月勾結沙皇亞歷山大一世，協助反法聯盟軍攻陷巴黎，挾元老院任命他主持臨時政府之勢，逼迫拿破崙退位。
③ 美國第四任總統詹姆斯‧麥迪遜（James Madison，任期 1809～1817）之妻。
④ 美國第六任總統約翰‧昆西‧亞當斯（John Qunicy Adams，任期 1825～1829）之妻。
⑤ 魯道夫‧范倫鐵諾（Rudolph Valentino, 1895～1926），義籍電影演員，有「拉丁情人」之稱。
⑥ 梅伊‧葦斯（Mae West, 1893～1980），美國電影女演員與性感偶像。

動物之魂

第一節　寵物也會上天堂嗎？

我妻子和我固定為一個宗教網站「信仰網路」（www.beliefnet.com）撰寫一篇名為「常見問題」的專欄。二〇〇一年六月，我們回答的是一些像「寵物會上天堂嗎？」和「寵物會不會和牠們的飼主在來世相會？」等問題。用簡單幾句話來概括我們的回答就是：「四十五年的研究生涯讓我們相信，動物就像人類死後還有生命存在一樣，在來世也以某種形式繼續存在。就像心愛的寵物是我們最忠實的伴侶，我們認為人類和寵物在死後，他們的精神本質還是有某種程度的聯繫。」

我們引用了《萬物之情》（*Compassion for All Creatures*）作者珍妮絲‧蓋瑞‧寇伯的話。她在書中表示她相信上帝的氣息「吹進人類，和吹進動物、鳥類和其他生物的是完全一樣的。〈創世紀〉第一章二十一節和二十二節（新美國版天主教《聖經》）寫道：『神看著是好的，神就賜福給這一切。』」根據珍妮絲的看法，上帝賜福給動物的舉動是萬物皆有靈的進一步證據。她解釋道：「賜福，代表『使其神聖』、『聖潔化』和『祈求神的眷顧。』」上帝賜福給祂創造出來的男人和女人，人們因此獲得

了靈魂。如果不給動物靈魂的話，那為什麼上帝還要賜福牠們呢？」

奧克拉荷馬州陶沙市的律師琴・荷姆斯，也相信任何據稱在《聖經》裡找得到的、存在於人和動物之間的區別，其實都是翻譯者「哲學上的解釋」所造成的結果。在她的著作《狗會上天堂嗎？》（*Do Dogs Go to Heaven*?）中，荷姆斯女士主張，從一項對在原始希伯來文本中提到的諸如「靈魂」和「精神」等觀念的檢驗可知，《聖經》各篇的不同作者都相信動物和人類一樣，也有靈魂和精神。

大部分的寵物飼主都會同意，寵物會加入他們在天堂裡的好朋友之列，正如牠們在俗世裡一樣。《信仰網路》這本網路雜誌的編輯們決定為專欄的讀者們舉辦一場投票，以更清楚了解究竟有多少寵物飼主，相信他們會和自己的寵物在來世相會。令人驚訝的是，有高達百分之八十五的讀者表示深信他們的寵物有靈魂，有一天他們會在天國再重逢。但是「ABC新聞頻道」將這項調查做成電視節目，並將投票對象從我們專欄的讀者延伸到一般社會大眾。調查結果只有百分之四十三的寵物飼主，回答他們「相信」死後寵物還會繼續與他們作伴。

我們仍舊主張，那些經常與心愛的動物朋友深情對望的飼主絕對不會否認一項事實：「上帝吹進人類體內的氣息，同樣也吹到了動物、鳥類和其他生物上。」

第二節　史奴比回來證明牠的精神很好

派崔克的真實故事

「一九七一年當時我才十歲，我有隻鍾愛的小狗被車撞死了

（和在當時《頸鏈法》①尚未廣泛實施前許多狗狗的命運一樣）。那是我第一次體會到失去一個心愛的東西有多麼痛苦，我整個人一蹶不振，傷心難過了好幾個禮拜。」

「我的小狗叫做史奴比，牠是隻黑白相間的小米克斯公狗。牠身上的斑紋相當特別，眼睛周圍像戴了眼罩一樣全是黑毛，背上還有個黑色斑點。一九七二年某個夏日午後接近傍晚時分，街坊裡的所有小孩子都聚集起來玩一場超大型的捉迷藏，我剛好當『鬼』。遊戲的場地有一大部分是在我們的田裡，長滿了約兩英畝廣的野麥，差不多有十歲男孩的腰部這麼高。我快速數完了應數的數目後，就衝到田裡去找我那些躲起來的朋友，當時已近黃昏，我們都想在父母親開始叫我們回家之前盡量玩久一點。」

「當我往麥田裡走時，差點被我的狗史奴比給絆倒。牠就在我正前方不到五英尺遠的地方。真的是史奴比。看身上的斑紋錯不了，一定是牠，而且牠還穿著當時冬天我們給牠套上的衣服。史奴比看著我，興奮地搖著尾巴。幾秒鐘後牠轉過身去，小跑步離開了。當小狗的靈魂深入到田中央時，麥稈連動都沒有動。我趕緊跟上前去，但很快就失去了牠的蹤影。過一會我在籬笆前看到一塊水泥磚，那是我們用來埋葬史奴比的墓碑。我母親用奇異筆在磚塊上寫的字跡：『史奴比，死於一九七一年十月二十八日』，已經幾乎全消失不見了。」

「我杵在那裡，盯著墓石發呆了好一陣子。然後我突然領悟到剛才發生的事情代表的意義。史奴比想要再看我一眼，牠也想讓我再看牠一眼，所以我們又見面了，而且牠的精神很好也很開心。一個失去了好朋友的十歲小男孩，那個夏天的晚上總

算睡得好一點了，因爲他知道他的好朋友還在他身旁，總有一天他們會再相會的。」

第三節　布朗尼，德通海灘市的守護狗靈
「德通海灘市心靈研究社」
創辦人達斯地・史密斯的個人調查

「有一陣子，在德通海灘市中心商業區裡最受歡迎的居民，是史上人氣最旺的親善大使——一隻叫做布朗尼的公狗。」

「這隻面露倦容但相當機靈的狗，不知從何處來到了德通海灘市。牠在人行道和海灘街的店舖門口探險了好幾天，才找到地方宣告牠的勢力範圍。布朗尼在這裡的第一個、也是最好的朋友是艾德・巴根先生，德通計程車公司的老闆。當布朗尼遇到艾德時，好心的老闆把他的午餐分給這隻小狗。布朗尼是隻伶俐又機智的小狗，牠欣然接受這份免費的招待。很快地布朗尼就學會如何善用人類親切又仁慈的特性，許多在市中心上班的居民和餐廳老闆都會固定餵牠吃東西。」

「布朗尼在德通計程車公司找到牠的居所，艾德用紙箱替牠蓋了間新房子。後來布朗尼的窩變得頗高檔，是間精心打造的狗房子，上面掛著布朗尼的名字，甚至還有個捐獻箱。很多人都會捐錢給『布朗尼關懷基金會』，這筆基金就變成提供布朗尼狗食、看獸醫和申請飼養證明的經費。」

「一位當地居民還記得布朗尼是在一九四〇年正式成爲德通海灘市的居民，在當時市中心的商業區相當熱鬧繁榮。布朗尼很快就成爲家喻戶曉的『鎭狗』，和牠打招呼變成所有到市中心來購物遊玩的人一定不會錯過的慣例。布朗尼總是熱情地搖尾

巴回應每個人。」

　　「布朗尼不僅成為許多德通市計程車司機最信賴的伙伴，牠也會自告奮勇陪警察一起進行夜間巡邏。布朗尼會幫警察嗅出藏身在暗巷中的黑影，當他們在檢查各家店舖的營業狀況時，牠則會安穩地陪在旁邊。」

　　「全國性的雜誌和報紙都以『德通海灘市之犬』的標題大肆報導牠，布朗尼的名氣越來越大，但牠卻一點也不自大。許多觀光客來海灘街上漫步或購物時，都會尋找布朗尼的蹤影，想要和這隻全國最受歡迎的狗狗合照。艾德的妻子朵麗絲永遠記得，每年聖誕節布朗尼都會收到來自全美各地的聖誕卡和禮

布朗尼僅存的幾張相片之一。
©Dusty Smith/Daytona Beach
Psychical Research Group

物。朵麗絲都一一替布朗尼回信，還會附上一張這隻名犬的照片。」

　　「布朗尼在一九五四年十月因為年老自然死亡，全國各地的民眾都感到悲痛不已，致哀卡和哀悼信如雪片般飛來。布朗尼的銀行帳戶裡，還有足夠的錢為牠自己買座墓碑和一副棺材。市政府的官員在河前公園提供了一塊長眠地，就在布朗尼度過牠生命中黃金歲月的地方正前方不遠處。一共有七十五人，包括四位抬棺者，出席了布朗尼的告別式。當傑克・塔曼市長在給布朗尼的頌詞中唸到：『布朗尼，真的，真的是隻乖巧的狗狗』時，許多人都忍不住掉下淚來。」

　　　　＊　　　　　　＊　　　　　　＊

　　「既然大家已經知道關於布朗尼的傳奇故事，就讓我繼續告

訴大家我是怎樣和在冥界的布朗尼相遇的故事吧！有一次我和幾個朋友到郊外走走時，認爲值得去拜訪一下布朗尼的長眠之地。我們大約是在晚上十一點左右抵達河前公園。通常我們會集體行動，但這次是因爲完全不曉得布朗尼的墓地在哪裡，我自己先朝某個方向出發，另外兩個研究伙伴凱爾和崔西，則是走和我相反的方向。河前公園相當遼闊，裡面有好幾座魚池、數條小徑、雅致的小橋，以及美麗的花園。我朝南邊走，而他們往北走。我的雷達頻率一定是正確的，因爲我直接走到了布朗尼的墓前。」

「我回過頭去想看看凱爾和崔西在哪裡，但他們已經走出我的視線之外了。於是我決定先和布朗尼聊一聊，再拍幾張相片。我先向布朗尼自我介紹，說明自己讀過許多關於牠有多麼出名和謙遜的報導。這時我注意到在墓石北邊的灌木本來應該是條狗的形狀，但現在輪廓卻缺了角。黃楊木有時候很難修剪，特別是生長在這麼靠近海水源頭的地方。暫且不管那是爲什麼，我一下就被布朗尼的美麗墓石所吸引；引述市長形容布朗尼『是隻乖巧的狗狗』那句話，被銘刻在最底部。」

布朗尼的狗墳墓。©Dusty Smith/Daytona Beach Psychical Research Group

「當我站在那裡，想著布朗尼給這個小鎮的居民帶來多麼美好的回憶，以及那些人是何其有幸能與布朗尼相遇時，一股哀傷感突然襲住我。我不禁要想，究竟還有多少人記得這隻善良乖巧的忠狗？很顯然這裡有人定期來除草，但又有多少人知道

這裡是什麼地方呢？還會有人來看布朗尼、跟牠說話嗎？有任何人曾經帶過花來給牠，或者放下一塊狗餅乾給牠過嗎？布朗尼是否還記得被撫摸、被寵愛的感覺呢？」

「我的信念是人類會帶著這些感情和思緒，一起到死後世界去。如果沒有人記得緬懷我們的存在，那會是件多麼令人傷心難過的事啊！我知道一百年後將不會有人記得我們是誰。但是難道就沒人能夠讓這隻與眾不同、有靈性的小狗，讓牠的死後世界稍微特別一點嗎？當下我做出決定，要把布朗尼當作我自己專屬的靈魂寵物。我會有空就來看牠、跟牠說話、給牠狗餅乾吃，或者給一些『小甜餅』。」

「我看到布朗尼的安眠地西邊有把長板凳，它似乎在邀請我去坐下。一個人坐在公園的長椅上，有隻小狗在你身旁，一起聆聽風聲呼呼地吹著，靜看前方的車水馬龍。我問布朗尼是否願意和我同坐，我對牠說，如果牠能和我坐一會的話我會相當開心的。我坐下來後過了幾分鐘，感覺到左腳有股暖意。難道是布朗尼嗎？或者只是內海岸的溫暖微風吹拂過而已？就在這時我看見了凱爾和崔西朝我這邊走了過來，這股暖意也隨即消失了。我再次開口對布朗尼說：『謝謝你抽空陪我坐這麼一會兒。今晚我需要有個忠實的朋友陪著我。我真的希望你可以出現在照片裡，你是隻乖巧的狗狗。』」

「我在剛才感覺到布朗尼靈魂的地方拍了張照片。然後我看著數位相機的液晶預覽螢幕，注意到在棕櫚樹前面有顆明亮的光球。當我們回家檢視這些數位相片時，我看到讓我欣喜不已的畫面。我們不只拍到了一些精彩的光球活動，連布朗尼也現身在其中。這張照片我不用兩秒鐘就看出來裡面有張臉孔。雖

然不是一般標準清晰的臉孔，但那是布朗尼的臉啊！我感覺這位著名的親善大使似乎還在盡牠的職責：坐在觀光客身邊，或陪著疲倦的旅行者一起在公園的陰涼角落裡休息；注意著來往的人車狀況；和還活在這世界的寵物肩並肩地走在路上；或許還用小跑步去迎接其他來公園遊玩的遊客。無論是哪種情況，布朗尼依舊持續堅守著牠的崗位。」

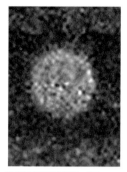

布朗尼光球特寫。©Dusty Smith/Daytona Beach Psychical Research Group

第四節　感應靈魂的貓
艾瑞克‧威爾森的眞實故事

「一九九〇年代後期，我們家搬入一棟老舊的二層樓房子。因爲它離我上班的地方近，以及老式室內風格相當吸引我。它的屋頂還是用瀝青瓦，裡面鋪實木地板，還有一間名副其實的餐廳，備有一個旋轉門和廚房相連。我選擇有法式門的小房間做爲我的工作室，臥房都在樓上，所以我不用擔心深夜起來活動的時候會吵醒家人。」

「就在我們搬進去後不久，我開始注意到當我工作到很晚的時候，客廳裡會傳來一些聲響。我以爲是我們養的貓其中一隻發出來的，牠動不動就會吵鬧、吸引人家注意。但是過了幾個禮拜，還是一直聽到房間外面有聲音，讓我不禁開始感到好奇。這些聲響似乎固定在凌晨一點左右出現，所以我決定調整工作，確定自己可以在那個時間出現在客廳。十二點五十五分，我會走出工作室，在黑暗的客廳裡休息一會，希望解開這

些神祕聲音的謎團。一開始什麼都沒發生，每次只要我走到客廳裡，就沒有半點聲響；但如果留在工作室裡，就會聽見聲響。我幾乎可以確定是貓造成這些聲音，直到有天晚上牠們全在工作室裡時，那神祕的聲響又再度出現！」

「某個星期五深夜，我安靜地坐在黑漆漆的客廳裡，仔細留意每隻貓所在的位置。到了凌晨一點鐘，我聽見有人走下樓梯。所有貓也都聽見了這個動作，全都聚到樓梯口，以一副期待的樣子等在那邊。我確實聽見有人一步步走下樓梯的聲音，但是樓梯沒有半個人影。當腳步聲到達最後一階時，貓全都衝向這看不見的東西，彷彿牠們最喜歡的好朋友剛進到客廳來一樣。然後牠們又跟在某人走過客廳的腳步聲後面。我聽見門把發出咯咯震動的聲響，好像有人在檢查門有沒有上鎖。」

1974 年，亞福瑞德‧霍利吉拍了這張他的貓莫內的相片。相片洗出來後，他在相片裡看見第二隻貓，而且莫內好像也在看著牠。無人能解釋為什麼會出現這第二隻貓。©Fortean Picture Library

「在這序幕結束後，家裡接二連三出現各種異象，好像有兩戶人家住在同一棟房子裡。門會自己打開；地板會喀吱喀吱地響。有天晚上我醒過來時發現樓上所有電燈都被打開了，以為有人闖空門進到家裡，但卻找不著任何入侵者的蹤影。那時我的小女兒生病了，我想是這些鬼魂堅持我該去看看她的狀況，所發出的警告。它們甚至還會幫我們照顧貓咪們，我們家的貓都被寵壞了，只願意喝從浴室水龍頭流出的自來水，所以我們常常會把水龍頭開著，讓牠們喝水。在二樓亮燈事件過後不久，我在工作室裡聽到浴室的水龍頭被開到最大，水以全速流到水槽裡的聲音。之後，聽見樓下浴室的水被打開的聲音已經是稀鬆平常的事了。但實際想想，有東西能把水龍頭從栓緊轉到完全開啟，這真的很神奇。我們在那棟房子裡遇見了太多超自然現象，我們愛死住在那裡了。」

第五節　披著黃鼠狼外皮的鬼

雖然大多數動物靈魂出現的紀錄都告訴我們，這些善良而忠實的靈體是回來見牠們主人最後一面，或是做為一種保證，證實肉體死亡後生命依舊延續下去，但還是有不少顯靈的動物留下充滿敵意的恐怖故事。

這個神祕的靈體於一九三一年的秋天，開始出現在英國曼島的詹姆斯・T・爾文家，先是他的女兒芙伊芮看到它，幾秒鐘後爾文自己也看見它匆匆掠過的影像。它和成年的老鼠一樣大，口鼻部扁平，小小的臉上長滿黃毛。芙伊芮猜想前一天晚上在客廳聽見的刮擦聲，應該是這東西發出來的。

而這奇怪的動物不只是單純地惡作劇就夠了，它騷擾爾文

家人一段相當長的時間。它模仿穀倉裡所養的家畜聲音，後來爾文發現這個生物異常聰明，他們家人只要叫出某種動物的名稱，這神祕的生物就會模仿出那動物的正確叫聲來回應。晚上的噪音越來越大聲，讓爾文家人開始覺得這不太好玩。他們家的這位神祕訪客在臥室黑暗的角落裡喘氣、呼嚕亂叫，還會咆哮，吵得爾文全家人整晚都睡不著。有一次芙伊芮為了讓自己睡著，大聲地唱兒歌想壓過怪聲，但是當她唱完後，聽見那隻怪異的動物竟然重複起她剛剛唱過的歌，芙伊芮嚇壞了。她激動地大叫，要父母親過來看她發現了什麼，這個生物已經學會講話了！爾文夫婦呆站在女兒房門口，面面相覷。雖然比人類的聲音高了兩個八度，但這動物唱著兒歌的聲音清晰可辨。

這隻謎一般的動物很快就學會爾文家人說話的方式，還直接叫他們每個人的名字，像「Jim」和「Maggie」。它經常和爾文家人長談，說它要在這裡和他們住在一起。爾文一家人當然不甚願意讓這隻奇怪的動物長住下來，他們這陣子嚴重睡眠不足，幾乎到了要把房子賣掉、一走了之的地步。然而他們發現，要賣掉一座位置偏僻孤立還鬧鬼的農場，可一點也不容易。更糟的是，他們家這隻會說話的囓齒動物已經不再是個祕密了。一九三二年一月十日，曼徹斯特的《每日快報》和倫敦《每日畫報》都刊登了數篇關於這隻神祕「會說話的黃鼠狼」的文章。

「我有沒有聽過黃鼠狼說話呢？」一位《每日畫報》的記者提出這樣的問題。「我不清楚，但今天我聽見了一種絕對不是從人類喉嚨發出來的聲音。」前來採訪的記者覺得爾文這家人是「頭腦清楚、真誠坦率又有責任感的善良百姓，不像是會花時間和精力編造這麼一大串惡作劇，就為了讓自己出名的人。」

越來越多報社記者想要知道更多關於這個神祕鬼魂的消息，氣急敗壞的詹姆斯・爾文堅稱他的農場裡根本沒有鬧鬼。他對記者們解釋，這一切只是一隻奇怪的動物不請自來到他的土地上住下來而已。

自從它出現後，「會說話的黃鼠狼」在爾文家中引起了各種疑似鬧鬼的喧鬧鬼現象。除了家具和小東西會自己移動外，還出現了奇怪的抓痕和無法解釋的怪聲。這個無名鬼在爾文家做出一些它的靈體同類以前從沒做過，以後也不會做的事：在它住下來的這段期間，它在爾文家的廚房地板一共留下了五十隻以上的兔子屍體，每一隻都是被勒死的。如果是隻真的黃鼠狼去獵兔子，牠當然會用銳利的牙齒攻擊獵物的脖子。隨著家裡鬧鬼的現象越演越烈，這神祕的靈體力量也越來越強大，它向爾文家人說出它是出生於印度德里附近的貓鼬，也經常說印度語，唱印度民謠。有件事證實了它自稱是貓鼬的說法為真：在他們居住的多力許卡斯漢村裡，曾經有位農夫為了撲殺在他田裡肆虐的大群野兔，從印度帶來了好幾隻貓鼬。無人有機會可看清楚這隻怪異生物長什麼樣子，但曾經見過它一眼的人，都形容它與小型貓鼬的外觀一致。

詹姆斯・爾文將這位不速之客取名為「傑夫」，這名字還得到它的同意使用。它對爾文說，當它還在印度時，和一個纏著綠色頭巾的高大男人住在一起。傑夫還告訴爾文，它出生於一八五二年的六月七日，也就是它已有七十九歲了。

傑夫的活動範圍，非僅侷限於爾文家的農舍中。除了會到野外獵兔回來給房東家當晚餐以外，它以躲在村民的車庫裡偷聽八卦緋聞為樂，甚至回去講給爾文家人聽。這詭異的靈體有

凶殘傾向，時常發洩在無辜的村民身上。有次它騷擾一群修路工人，拿走了他們的午餐。好幾個工人言之鑿鑿，說看見一股無形的力量搬走了他們的餐盒。還有一次，傑夫被指控用一隻大型的鐵栓攻擊一位修車師父，爾文事後說傑夫還吹噓了一番它幹的這件好事。

著名的超自然現象研究者哈利‧普萊斯，得知這件稀罕的靈異事件後，為了收集更多關於這個新故事的資料，他派了一位同事到曼島來進行調查。很少有來到爾文家的陌生訪客會讓傑夫留下好印象，普萊斯的調查員麥當勞上尉當然也不例外。傑夫躲在安全的藏身之處，對著麥當勞上尉咆哮，大罵他是個懷疑論者，還要求爾文立刻送客。當麥當勞連哄帶騙、想把傑夫從它的洞穴裡引誘出來拍照時，它直接把不滿的情緒發洩在調查員身上，噴了他滿身的水，甚至還用針丟他，但幸好沒傷到麥當勞，只打中了旁邊的茶壺。爾文想安撫遠道而來的調查員，跟他說其實傑夫也常常丟東西砸他們家人。當他看見這隻黃鼠狼端坐在農場的牆頭上時，麥當勞拜託芙伊芮拿著他的相機，拍張它的相片。芙伊芮舉起相機準備拍照，在她還來不及按下快門之前，傑夫就消失了。

麥當勞上尉除了被這靈體惡狠狠地咒罵一番之外，還聽見神祕的黃鼠狼開口說話，也隱約看到它的外表。但是當普萊斯親自前往曼島調查這些紛擾事件時，性格乖戾多變的傑夫整段期間沒開口說話，連一點聲音也沒有。

傑夫還要求爾文家人供應它食物，它特別喜歡吃香蕉和派餅。雖然看得出來它經常表現出對爾文家人發自內心的關切之意，這隻黃鼠狼卻不欣賞人家公開表示對它的感情這類的舉

動。有次爾文太太把手伸進傑夫的窩，撫摸起它的毛皮，她隨即尖叫著把手縮回去，因爲傑夫把她咬到流血來了。爾文太太確實碰觸到這顯現的動物幽靈，這件事給了普萊斯靈感，他建議爾文家人試著取得傑夫身上的毛，送到實驗室做分析。彷彿能讀取他們的心思般，有天深夜黃鼠狼叫醒了全家人，承諾要送一個特別的禮物給他們。傑夫要他們到廚房去找架子上的某個碗，爾文家人連忙開燈，飛奔下樓到廚房找那只傑夫指定的碗。果然碗中間擺著一束毛。隔天早上，詹姆斯·爾文立刻把這束毛寄給普萊斯，他再轉寄給倫敦動物園。結果很遺憾，那只是狡猾的傑夫搞的惡作劇。那束毛是狗毛，不是黃鼠狼的。

　　普萊斯決心要找出這神祕生物存在的實質證據。他寄了四塊黏土磚給爾文家人，讓傑夫踩在上面留下足印。詹姆斯·爾文把黏土磚放在傑夫的洞穴口，又哄又騙地要它把腳印留在上面。第二天早上，全家人都被傑夫的咒罵聲吵醒，它抱怨在黏土上面留下印記實在是「該死的困難」，但它還是照做了。看來這次神祕的靈體眞的配合了他們的希望，留下一個永久紀念。

詹姆斯·爾文興奮地將模子寄給普萊斯，然後焦急地等待分析和辨識後的結果出爐。

　　「英國自然歷史博物館」動物部門的 R・I・皮考克先生斷定，其中一

這是蘇格蘭警場退休督察亞瑟·史普林格在 1916 年拍的相片。拍照當時這隻狗並不在畫面現場。©Fortean Picture Library

290

個腳印可能是狗腳印，但是其他的足跡除非是美洲浣熊，否則在他看來不像是哺乳動物的足印。根據皮考克的看法，他肯定上面的印記絕非黃鼠狼的足跡。普萊斯的同事 R・S・藍伯特推測傑夫只是一種聲音的存在，並無實體，但目擊者聲稱他們都見過那個四處蹦跳奔跑的生物，它的存在絕對無庸置疑。

在家裡出現靈異現象的這段期間，詹姆斯・爾文將發生的一切經過都記錄在日記裡。他在日記中寫道：「黃鼠狼對我妻子說：『我知道我是誰，但是不能告訴妳。我可以讓妳看見我，但不會讓妳了解我。我是個怪物……如果妳看到我，妳一定會被嚇死，像木乃伊一樣變成乾屍……我是個鬼，披著黃鼠狼外皮的鬼。』」

傑夫一直和爾文家人住了四年，這段期間它不是和他們交談，就是咒罵他們。然後，像它當時突然出現一樣，會說話的神祕黃鼠狼憑空消失了，變成曼島諸多傳說中的其中一件。到了一九四七年，一位農夫在卡斯漢角附近的村裡拍到了一隻黃鼠狼的相片。許多村民們都在猜測，這會不會是一九一四年當時野放的黃鼠狼留下的後裔。而拍下相片的農夫可以確定的一點是，在他按下快門之前，這生物並沒有對他說話。

第六節　悶死幼童的狗鬼魂

在所有與動物有關的超自然現象紀錄中，最恐怖嚇人的大概是這篇關於一個狗鬼魂——或者也可說是偽裝成狗外觀的惡靈——悶死一個嬰兒的報導。

一九五五年五月，沛爾全家搬進位於英國伯明罕市的新家。剛住進去的頭一個週末晚上，他們被一陣猛烈的甩門聲吵

醒。法蘭克·沛爾感到大惑不解，他確定自己當晚有把每扇門都小心地一一鎖上，於是決定下床一探究竟。當他進到廚房裡查看時，聽到一種像是動物爬行時所發出的摩擦聲，之後整棟房子變得鴉雀無聲，沛爾也就回去睡覺了。

隨著日子一天天過去，沛爾家到了晚上便會固定出現各種奇怪的聲響。噪音最集中的時刻約在午夜時分，而且不管所有門固定得有多緊，它們還是會像有自己的意志一樣反覆重擊門框。讓人毛骨悚然的耳語迴盪在整棟房子裡。法蘭克·沛爾和妻子經常在半夜醒來，睜著眼睛瞪著天花板聽著這些怪聲。他們心裡都知道這些事難以解釋，他們夢想中的房子已變成擺脫不去的惡夢。

有一次在打掃臥室時，沛爾太太感到一陣冷風吹來，以及被她形容為「冷冰冰、無形的手指」摸遍了她全身。即使他們很清楚地察覺到惡靈出現在家裡，沛爾夫妻也明白恐懼只會增強它的邪惡力量，讓他們受害越深。他們因此推斷，只有那

雖然攝影師在拍照當時的現場沒有察覺出任何異狀，但是在洗出來的相片中，門後面卻出現了像是女人和狗的奇怪形體。後來才發現那是之前居住在這棟房子裡的一位老婦人和她養的牛頭犬。©Dale Kaczmarek and Jim Graczyk

些害怕鬼怪現象的人會被它們所傷害。

在六月一個炎熱的早晨，沛爾家人醒來時發現，他們襁褓中的孩子在晚上窒息死亡了。小嬰兒的健康狀況一直很好，屍體上也看不出有任何遭虐打的痕跡。葬禮過後不久，沛爾夫妻的兒子問了一個讓他們極度震驚的問題：他問父母親，小寶寶

是不是跟那隻小白狗一起走了。沛爾夫妻知道家裡從未讓狗進來過，便問兒子最後一次看到那隻狗是什麼時候。「就在小寶寶離開我們的那天晚上，」小男孩回答道：「小白狗就坐在小嬰兒的臉上。」這些話讓沛爾太太變得極度歇斯底里，連她先生都安撫不了。只要想到那股邪惡力量讓她的寶貝窒息而死，沛爾太太就被深沉的恐懼感完全籠罩。雖然他們請了神父來驅除在家裡陰魂不散的惡靈，敲打和門板碰撞聲依舊規律地出現，而且聲勢日漸壯大。

到了七月初，沛爾家的邪惡氣氛變得強盛無比，法蘭克·沛爾開始擔心妻子會是下一個受害者。有天他察覺不對勁，打算要衝上樓時，駭人的一幕正等著他。他看見嚇壞了的妻子站在上層樓梯的平台，四肢僵硬、下垂的雙手緊抓住兩側的衣服。驚嚇過度的她青筋浮腫、眼球突出，張大的嘴巴想喊叫卻發不出聲音來。當沛爾想跑上樓去幫助妻子時，一股無形的力量擋住他的去路。它像張網一樣包圍住他，不讓他通過。好不容易他奮力突圍，穿過了這堵邪惡力量的牆。在同一瞬間，沛爾太太的尖叫聲也響遍整個屋子。

沛爾家人連行李都不打包，就帶著孩子們離開那棟房子。過了一陣子，朋友們才來幫忙收拾他們的財物，當然朋友們也聽到了詭異的耳語和神祕的重擊聲。他們打包完畢離開之後說，就算有天大的好處，也不願意再踏進那棟房子一步。

【註解】
① 在加州有《頸鏈法》（leash law），規定只要帶狗離開自己的住家範圍，一定要繫上牽繩或狗鏈。
② www.dbprginc.org。

第十四章

回到過去

　　過去的情景會再重新發生，而且呈現出暫時的影像嗎？傳統上將時間的存在視為單向流動的性質，很明顯並不恰當。照這種觀點看來，過去並不存在，它已經永遠消失；而未來也不存在，因為它尚未發生，一個人能依靠的僅有朦朧模糊的現在而已。但如果過去完全不存在，我們就不會有任何過去的記憶，我們每個人都擁有一個大量且各自不同的記憶庫，因此過去一定以某種觀念或意識型態存在。或許過去並不存在於物理或實體現實中，而是在它自己的領域範圍中。可能正如部分研究學者所推論，我們的潛意識不會區分過去、現在和未來之間的差別。對潛意識而言，所有時間的領域和範圍的存在，可能都是「永恆的現在」的其中一部分。

　　一個鬼魂的外表或許看起來與人類完全一樣，但現代科學已不再將任何固態物體視為「堅固而完整」；相反的，它們被視為凝結的波紋。超自然現象研究者詹姆斯·克倫蕭指出，整個次原子粒子一字排開的華麗陣列——電子、質子、正電子、微中子和介子等——其中各有特色的細微粒子，其構成物質的方式，與聲調和泛音中的波紋產生特殊聲音的方式非常類似。克倫蕭進一步推論，鬼魂可能是由突然出現或消失的暫時性或過渡性物質所組成，這種物質「在消失前有時候可以看見或感覺到，它的作用像一般物質，但在我們的時空觀念架構底下仍然沒有永久性的存在。事實上，在它暫時性的顯現之後，它似乎會被吸回到另一個空間去」。

第一節　來自過去的鬼魂

　　心理分析學家南多·佛朵博士認為，真正鬧鬼的房子是那

些吸收了大量來自前房客的不愉快與爭執等負面情緒的地方。這股情緒能量可能會在潛藏了數年甚至幾世紀後，受到當時房客所遭遇到相似的情緒障礙而再度活躍起來。因此，所謂的「鬧鬼」現象——包括神祕的敲打和重擊聲、自動開啟和關上的門窗、令人起雞皮疙瘩的冷空氣，以及鬼影出現等等——都是這兩股能量，一股來自過去，一股來自現在，混合後的產物。

根據佛朵博士的理論，大量被吸收的情緒會一直潛伏在房子裡的某處，只有在屋裡出現不穩定的情緒時才會被觸發。因此，有幸福快樂的房客進住過的房子比較沒有鬧鬼的危險。

此外，還有另一種超自然現象是整塊土地都有鬼魅作祟。大部分這種特殊類型的鬧鬼現象，乃是重演發生在過去的某項悲慘或不幸的情景：血腥的戰爭開打、撞車、沉船，以及地震受難者痛苦地徹夜哀嚎——如同幾個月、幾年或幾世紀前發生時如出一轍的情形重現。

發明大王愛迪生認為能量就像物質不滅定律一樣，他始終對發明一台靈敏到可以接受過去時代的聲音——只有對超自然力量有敏銳感應力的人才聽得見的聲音——的收音機抱著高度的興趣。愛迪生假設每個說出口的字，其波動都還在乙太中迴盪著，如果這個理論成立的話，就能解釋一些為何過去的景象能重現的特殊現象。就像某些人的情緒會滲透或瀰漫某個房間，造成那些擁有類似精神感應傾向的人看見鬼魂出現一樣，很有可能那些發生在過去、充滿各種澎湃情緒的場景，會在宇宙這廣大全景的精神乙太上留下印記。

另外一個相反的理論則主張，因為情感因素占據住某個地區的靈魂或能量，可能會以精神感應的方式侵入一個敏感的人

心智中，使他（她）看見「他們」以前看見過的景象。

不可否認的是，有些地方在經過多年之後確實建立起了自己的氣氛，而這種氛圍經常會讓敏感的人有不安、恐懼和不舒服的感覺。然而以現階段的超心理學研究而言，這類情形是否為情緒能量、精神殘餘物，或實際發生在精神乙太中的事件留下的印象所造成的，仍然是個沒有答案的疑問。

鬼魂重現喧鬧的農村市集

一九一六年十月一個陰雨綿綿的晚上，伊蒂絲‧奧利維開車從英國威爾特須郡的迪韋齊斯城前往斯溫敦。那是個異常陰鬱且沉悶的夜晚，伊蒂絲一心只想趕快找到個體面、溫暖的旅館好度過這個夜晚。當她離開主要道路後，伊蒂絲發現自己開在一條以灰色巨石排列而成的陌生車道上。她推測自己一定是在往埃夫伯里村的路上，雖然以前從沒到過埃夫伯里，但她看過很多當地的風景照片，知道這個地方以前有個圓形的巨石神廟，四周綿長的石道都通往神廟的所在地。

走到路的盡頭後，伊蒂絲下車想看清楚巨石的面貌。當她站在一大片空地上時，她看見了巨石間散布著好幾座農舍，但更讓她驚訝的景象是，儘管雨還在下，前方似乎有場熱鬧的農村市集正在進行著。嘻笑的村民們手拿著火把愉快地走動，不是在各種遊戲攤子前面一試身手，就是為節目表演者的精采演出熱情地拍手叫好。讓伊蒂絲大惑不解的是，每個村民那副一派輕鬆、對綿綿細雨絲毫不以為意。男人、女人和小孩子全都沒穿戴任何雨具，連一把雨傘都沒看見。如果不是越下越大的雨讓她感到愈發不安，伊蒂絲大有可能會加入這群快樂的村民

之中。她認為自己不像那些村民那麼健壯，於是便折回到車上，繼續她的行程。

接下來的九年，伊蒂絲都沒有再到過埃夫伯里。在這期間，她在一本旅遊書上讀到一則讓她百思不解的記載。儘管農村市集在埃夫伯里曾是一年一度的盛事，但這項習俗早已在一八五○年被廢除了！當她堅稱自己的確在一九一六年親眼目睹埃夫伯里的農村市集時，被一位當地導遊提出的合理且立論十足的證據反駁回去。或許這整個事件中最讓人驚訝的，該屬關於伊蒂絲所發現巨石的資訊。在那個下著雨的夜晚，她第一次造訪埃夫伯里時走的那條奇特的小路，在西元一八○○年以前早已不復存在。

目睹動物獻祭的古老儀式

當貝克一家在紐約州的艾比那澤建造新家時，他們已知買下的土地原本是屬於塞內卡印第安保留區的一部分。在一九六六年二月二十二日的夜裡，卡洛琳・貝克帶著她的狗，沿著卡澤諾維亞河邊散步。突然間她聽見了另一隻狗的神祕哀嚎聲，她的狗也聽見了，因為牠停在原地動也不動，背上的毛全豎了起來，還豎起了耳朵進入警戒狀態。

接著河邊出現了一根以鮮豔顏色的布條裝飾的高大木柱。卡洛琳說，當她看見一個身披鹿皮、戴著頭巾的印第安男子在柱子上吊死一隻美麗的白狗時，整個人簡直被嚇傻了。她就這樣僵在那邊，看著印第安人用各種鮮豔布條包住白狗鬆軟身體的詭異場面。然後男人拿出印第安的傳統貝殼串珠，纏繞在狗被割開的脖子上。一旁還看得見隱約閃爍的營火，也聽得見遠

方傳來陣陣的擊鼓聲，甚至連菸草味都侵入她的嗅覺中。場景很快就消失了，只留下她和狗兒站在雪地裡發抖。

貝克太太回家後研究塞內卡相關習俗，發現她目睹的是塞內卡的新年歡慶儀式，一隻純白的狗會被當成活祭品，獻出生命以洗淨全族人的罪。她還調查了保留區的舊紀錄，發現這儀式最後一次在這片土地上舉行是在一八四一年的時候。她只能從這僅有的資訊推斷，時間不知怎的突然倒流了回去，讓她得以親眼見到這項儀式的進行。

幽靈的街頭搏鬥

法蘭西斯·J·西伯斯基說，在過去這二十多年來，他目睹過這場發生在他家外面的幽靈街頭搏鬥共計多達十三次，連他妻子都碰見過好幾次。

西伯斯基宣稱從他家客廳的窗戶，可以看見一台一九三七年的普利茅斯計程車停在門口附近，兩個二十幾歲的年輕男子帶著怒氣下車。雙方彼此扭打了三分鐘，然後矮個子的男人會跳進在一旁等待的計程車，加速離開。高個子的男人會從身上翻找出一包香菸，倒出最後一根後把包裝盒捏成一團，丟在人行道上，然後往街角走去。計程車還沒駛進轉角，而高個子男人還沒走幾步路的時候，這一整個場景就會消失。但是即使所有東西都消失了，被捏成一團的香菸盒還依舊留在現場好幾分鐘，有時甚至過了好幾個小時後才會跟著消失。

西伯斯基針對這事件詳細調查，查到這兩個男人現在都過世了，但其中一人在西伯斯基開始目睹這來自過去的場景時還活著。他從那些還記得原本這場爭執的人口中獲得了不少佐

證。有一次西伯斯基在這靈異現象發生時朝它走過去，想成為過去的一部分。當他走到距離兩個打得正激烈的男人約六、七呎處時，鼻子和喉嚨突然充滿一種氣味與嗅覺，像小時候感冒的狀態。當他回過神、雙腳能自由移動時，卻不想再往前走了。他退回到家裡的前廊，邊想著到底是哪裡不對勁，邊看著眼前的場景繼續完成。

開在超越時間的街道上

重演出過去的場景並不一定像目睹動物獻祭的古老儀式，或看見幽靈當街開打一樣有引人注目的戲劇性。艾倫那天只是像平常一樣，走同一條路回家。他並沒有偏離這條已走了好幾年、早成為習慣了的馬路，但他突然發覺自己開在一條他完全不認得的街道上。四周一片寂靜——對他而言有點安靜過頭——而當他打開車上的收音機想找個電台聽時，怎麼轉都只聽見靜電干擾的雜音。視線所及內的其他車子僅有一台老舊的古董車，停在一間叫做「Henry's」的小餐館店門前。艾倫還記得當他開到十字路口時，突然有一種「像穿越一池冷水般的奇異感」。這感覺過去之後，一切都恢復正常了。艾倫知道他身處何處，他回到了原本該待著的地方。

艾倫說這條路上他來回經過不下千百遍了，從來沒看見路上有間叫做「Henry's」的餐館。就算轉錯彎，以他對鎮上的了解，一定會認得那條是什麼街。他問了好幾個朋友，但大家都告訴他從沒聽過這家店。最後他在市政府的檔案資料裡找到一家在一九一四年開幕、有著同樣店名的餐廳。店址所在的街道曾在一九二三年失火而全毀，直到一九二六年才又重建完成。

與鬼魂共用營地

一九四一年八月，李奧那多・霍爾和幾個朋友原本要出發到遠地釣魚，後來臨時起意在奧沙克的上流河旁露營。就在快天亮前，霍爾被一種陌生語言紛雜的談話聲吵醒。他睜開眼一看，驚訝地發現有另一群露營者在他們睡著時也到河邊來紮營了。

從離他帳篷約一百碼處熊熊燃燒的營火照射下，看得見有好幾個人影，當霍爾看見整個河岸的空地全布滿了營火，更讓他嚇了一大跳。這些人大部分是只圍著條纏腰布的印第安原住民，他們用一種霍爾完全聽不懂的語言交談，但他聽得出來其他人說的是西班牙文。當他發覺自己聽見的是西班牙文時，他揉了揉眼睛、用力捏了自己幾下，確定自己是醒著的，因為在奧沙克河邊的營火旁有一群西班牙征服者的武裝部隊。霍爾擔心自己不是在作一場極其逼真的夢，就是陷入了可怕的精神錯亂之中。然而他並沒有叫醒同伴，證實他目睹的這一切是活生生的事實。相反的，他縮回到自己的睡袋裡，斷斷續續地睡著了。

第二天早上醒來時，昨晚那些無法解釋的神祕現象仍深深困惑著他，霍爾仔細地檢查河岸邊的每一吋空地，但就是找不到一點跡象，證明有人和他們一起紮營在這裡。然而霍爾被引發的好奇心並不就此放棄，他決定展開私人調查，直到好幾年後才公布他的發現。在這段調查的期間，他發現當年的西班牙征服者在赫南多・德・索托和法蘭西斯可・委斯奎茲・德・科羅納多的帶領下，的確在一五四一年的八月到過奧沙克河上

流。後來《聖路易電郵報》將他的故事報導出來，霍爾提到可能是因為他們剛好選擇了四百年前那些西班牙冒險家當時紮營的同一塊土地上，才讓他得以看見發生在另一個時代裡的景象。

未出現在自己婚禮上的年輕男子

約翰‧麥克林在他的書《未知的光球》（*Orbits of the Unknown*）中，提到李維諾夫神父的離奇遭遇。在一九三三年的某個晚上接近午夜時分，李維諾夫神父打開了教堂的大門，讓一個年輕男子進入，男子臉上掛著驚恐的表情，穿著裝飾華麗的及膝短褲。當神父試圖安撫這位夜半訪客激動的情緒時，他聽到了一樁最不可思議的故事。

年輕人說他的名字是狄米崔‧葛許柯夫，還說當天原本應該是他大喜之日。他說白天在前往教堂的途中，他在墓園停了下來，去探望一位兒時好友。當他站在墓前致意時，看見已經過世一年的好友影像出現，讓他驚訝不已。接著他離開墓園回到村子，沿路上逐漸發現自己居住小鎮裡的一切人事全非，他被嚇壞了。在李維諾夫神父還沒來得及開口之前，狄米崔就衝出教堂，悲苦地大喊著他必須找到他的家人、朋友和他的新娘。李維諾夫神父注意到，在年輕人身上有道神祕光線和一團灰色霧氣，然後一眨眼，他就消失在神父的視線內了。

叫這神祕事件激起了高度好奇心的神父，到檔案室內翻找舊教區紀錄，發現在過去這兩個世紀以來，共有一位學校教師和兩位神父也遇見過一個來自過去（或跑進未來，端視個人觀點而定）的年輕男子。在他手上的教區紀錄裡確實有狄米崔‧

葛許柯夫這個名字，這個年輕人在一七四六年結婚當天到朋友的墓前探視過後就神祕失蹤了。

小堤亞儂宮奇遇

一九〇一年八月十日那天，當伊蘭諾·佐丹和安·摩伯利從巴黎搭火車前往凡爾賽時，她們並不曉得這次旅行會見到路易十六的王后瑪麗·安東妮德。當然她們也沒預期會遇見操著古法國方言，或身穿十八世紀末服飾的人。這些神祕事件，讓這兩位觀光客原本單純的旅程，轉變成華麗的法國宮廷之旅。

歐洲最宏大的園林——凡爾賽。

和其他遊客一樣，安和伊蘭諾這兩位教師，分別是牛津聖休斯學院的校長和副校長，她們先從凡爾賽宮的長廊開始參觀。那年的夏末異常悶熱，但當天的午後天氣舒適宜人，有一朵灰雲形成了遮陽罩，擋住了毒辣的陽光。而一陣涼爽的微風吹來，吸引兩人繼續前往小堤亞儂宮，當年路易十六送給王后瑪麗·安東妮德的「小城堡」走去。

兩個好友走在通往一座涼亭的小徑上，這裡是瑪麗·安東妮德皇后和她的朋友們嬉鬧遊玩的地方，她們習慣假扮農村生活來娛樂自己，這也是當時法國貴族圈裡最流行的休閒活動。兩人走下宮殿的長石階，經過一座座的噴泉，再沿著中央大道

一直走，到達水池的源頭後向右轉，全依照手上導覽手冊的指示。

當她們經過大堤亞儂宮、離開鋪石的通道，轉向另一條寬闊、綠草如茵的小徑時，舒爽的天氣似乎變了樣。因為她們匆忙地趕路而錯過了可直接通往小堤亞儂宮的通道，相反地，她們走上另一條通往其他方向的小徑。當她們沿著這路線前進時，安看見附近一棟建築物裡有個女子把身子探出窗外，正在抖一塊抹布。（過了好幾天之後，她們拿出彼此的旅遊日記對照，安才發現伊蘭諾並沒有看見那個女子。）

這兩人走著走著，突然發現眼前的路出現了三條叉路。惶恐不安的兩人認為她們應該是脫離了遊覽的主要路線，於是決定向兩個推著手推車走在她們前面、看起來像是園丁的男子問路。她們注意到兩個男子都帶著樣式古怪的黑天鵝絨三角帽，但他們卻能回答伊蘭諾的問題，指引她們前往小堤亞儂宮的路。然這條路的盡頭突然被另一條通往不同方向的小路，以奇怪的角度插了進來，而新插進的小路像拼布床單上的色塊分格線，切斷了她們一路走來兩旁連綿不絕的綠草地。新路另一邊的土地像片野生林地，不但野草叢生，還有散落一地的枯葉。兩人轉向這條新路，圍繞她們的四周環境看起來有些不自然。雖然還是午後，但陽光已經黯淡許多；儘管身體感覺得到風的流動，頭上的樹枝卻無任何動靜，連一片葉子都沒有飄動。周圍的樹就像牆上的錦織畫一樣死板，也不見地上有任何樹蔭。

接著這兩位女士看見眼前出現一座露天音樂台，有個男人背對著她們坐在前面，穿著和指引她們方向的男子相同。她們趨前去時男人轉過身來，兩人才看清楚了他的臉孔。男人的面

容黯淡，臉上的皮膚坑坑疤疤，下垂的嘴角像希臘悲劇裡的面具一樣，透露出藏不住的年老衰敗以及不幸的氣氛。正因為四下無人，所以當男人突然走向她們時，兩人心頭倏地一震。她們強壓制住內心的恐懼、讓自己鎮定下來後，轉過身去向走過來的男子問路。當男人告訴她們要走哪條路時，他說的是一種兩個教授都聽不懂的方言，不過她們還是向他道謝。指點完方向後男人立刻跑離現場，消失在樹林裡不見蹤影，兩人還聽得見他奔跑的腳步聲。

安和伊蘭諾朝向神祕男子指示的方向移動，她們急忙地通過一條頭頂上被茂盛樹枝遮沒的狹隘小徑，終於到達小堤亞儂宮前。未經修剪的草木，蔓生在階梯四周，覆蓋住整棟房子北、西兩側的露台，就像在路易十六時代的法國農家常見的景象一樣。兩人注意到有位女子完全沒意識到她們的出現，拿著一本約手臂長度的畫簿，正忙著素描眼前的景色。伊蘭諾不禁評論起那女子的穿著打扮——圓蓬裙和寬大的白蕾絲帽——簡直就和歷史書冊中看過的瑪麗・安東妮德一模一樣。兩人心想應該是正在拍攝一部歷史劇或類似的節目吧！

兩人往看台上走去，現場逐漸被宮廷周遭的詭異氣氛所籠罩，到達最上層的階梯後，她們回頭往拿著素描簿的女子看去。她抬起頭來回應兩人的目光，在帽子遮蓋下的是張又老又醜的臉。這時她們聽見門砰地一聲地闔上，一個穿著廚房工作服的男子出現在她們面前，手上還拿著一隻掃把，出來抖落灰塵。他看起來和她們一樣，對彼此的出現都感到相當驚訝。男子問她們是否迷了路，兩人客氣地婉拒了他指路的好意，逕自走向小堤亞儂宮。她們看見有場婚禮正在舉行，但不是瑪麗・

安東妮德時代舉行的婚禮，而是發生在當時一九〇一年的婚禮。當她們站在熱鬧歡慶的人群中，安和伊蘭諾都覺得一路跟隨她們到小堤亞儂宮的陰鬱烏雲已經消散了，兩人決定坐馬車回凡爾賽。

足足有一個禮拜的時間，兩位女教授都未向對方提起那天下午走到小堤亞儂宮時所發生的詭異事件。後來當她們終於討論起那天見到的景象時，安和伊蘭諾一致認定那個地方有鬼魅作祟，她們那天在離宮一遊的下午，不是碰巧走進了來自過去的場景，就是見鬼了。

＊　　　＊　　　＊

之後安和伊蘭諾又分別各自或結伴回到凡爾賽。伊蘭諾第二次踏上她們口中這片鬧鬼的土地是在一九〇二年一月二日，與初次造訪時的炎熱夏末相比，伊蘭諾重回現場的當天是個又濕又冷的雨天。這次不選擇步行，伊蘭諾決定自己駕馬車到小堤亞儂宮。一邊駕著馬車，伊蘭諾一邊試著回想起她和安徒步遊覽時所遭遇的每個事件的正確位置。這時她看見本來已甚灰暗的天空似乎又變得更黑更暗，同她第一次來訪時感覺到的陰鬱感，隨著冰冷的雨水不停地落到她的頭上。伊蘭諾的目光突然被一群人在雨中忙著將柴枝裝上堆車的動作所吸引，她納悶著偏過頭去思考，為什麼他們非要冒著雨出來做這活兒。當她隨即回過頭來正視他們時，所有工人連同推車一併消失在雨中，放眼所及只有空無一人的宮廷景色。伊蘭諾加快速度通過離宮，卻發現自己陷入交錯縱橫的小路編織而成的迷宮中。

一名男子無聲地鑽進了滴著水的樹林裡。突然間伊蘭諾覺得彷彿有一大群人通過她的身邊，她聽見有人用法語交談的聲

音，雖然聽起來就在她的耳邊，但她身旁卻看不見任何人。看不見的樂師演奏出悠揚樂聲，從遠方飄進了伊蘭諾的耳朵裡，她低頭查看手中的地圖，迅速選擇了其中一條道路，希望能盡快遠離這個被其他世界的居民占據的地方。

瑪麗・安東妮德像。

伊蘭諾急忙出發，卻發現自己在一股無法理解的急迫感催促下，走到了另一條路上。她奮力衝回原先選擇的路徑後就迷失了方向。天上的烏雲似乎又降得更低了，綿密的雨傾盆而下。舉目所見全是一片灰色調，連偌大的雨滴看起來都像一團濕黏土，腳下的土地彷彿要與灰色溶成一體似的，泥土從鋪磚人行道的邊緣不斷滲出。儘管眼前的一切都叫她害怕，伊蘭諾還是深呼吸了一口氣，奮力找尋通往現實世界的道路。她忙亂地趕路，差點撞上一個突然出現在路上的鬍鬚巨漢。伊蘭諾已累到不知害怕為何物了，她屏住呼吸，開口向他問路，巨漢告訴她只要繼續往這條路走下去即可。所幸他指示的方向是正確的，不久之後，渾身抖得厲害的伊蘭諾終於返回凡爾賽。

伊蘭諾陸陸續續帶著班上學生回到凡爾賽好幾次，然而直到一九〇四年七月，安才又和她一起舊地重遊。就像伊蘭諾告

訴她抱著懷疑態度的好友一樣，從她們初次造訪之後那邊的景物已經完全不一樣了。當時原本開啓的門早已關閉還上了鎖，門上有隨著歲月流逝結下的厚重蜘蛛網，只有留在小堤亞儂宮裡的鬼魂知道那幾道門最近一次開啓的時間。瑪麗‧安東妮德也到別的地方畫她的素描去了，在她上次出現的地方聳立著一株茁壯的矮樹。矮樹就像無聲而有力的證據，不知已見證過多少春去秋來的歲月流逝。

時間的巨輪會突然往回轉，讓過去在現實中重現嗎？或者是這兩位女士召喚了舊時代的鬼魂出現？還是就像評論家所說的，這一連串不可思議的事件都是她們想像出來的呢？事後她們著書敘述在凡爾賽那個不可思議的下午所經歷的事件《小堤亞儂宮奇遇》（*An Adventure*, 1911），兩人都用了筆名。這兩位女性皆非那種會做出輕率發言、愛捏造不實情節的人，她們堅決為自己確實在那個下午碰見來自十八世紀末法國鬼魂的奇遇辯護。畢竟她們都是學者：伊蘭諾在牛津大學以法文教授泰勒主義的課程，安則是牛津一所女子學校的校長，兩人的父親也都是聖公會的牧師。有趣的是，兩人碰巧都對超自然現象有極敏銳的感應力，但她們拒絕談論任何與此能力有關的話題，反而高談起她們對「各種形式的神祕現象所感到的恐懼」。

開啓通往過去的門

一九六三年十月三日早上大約八點五十分左右，任教於內布拉斯加州林肯郡衛斯里大學的狄恩‧山姆‧達爾教授的祕書柯玲‧巴特堡，在她從院長辦公室帶著一份訊息要去給某位教授的路上，偶然開啓了一扇通往過去的門。當她走進教授小套

房裡的第一個房間，一股發霉的臭味撲鼻而來。整個房間充滿死亡般的寂靜，而站在她面前的是一位高大的黑髮女子，穿著一件及地的長裙。女子並未注意到柯玲的存在，她伸出右手臂，在舊唱片櫃右上方的架子上拿東西。雖然這名高大女子並非透明，但柯玲知道她也不是眞人。當柯玲定睛看著她時，黑髮女子整個人突然就失去了蹤影。

柯玲看向窗外，直到這時才讓她張皇失措地逃離那間辦公室。因爲窗外既沒有現代的建築物，也沒有任何街道，她原本應該看見的校園，竟然都變成整片空曠的田野，柯玲瞬間就意識到自己已經不在一九六三年的大學校園裡了。一想到她可能開錯了門，誤闖進另一個時間次元時，她飛也似地逃離這恐怖的房間。當柯玲一出到走廊，她很確定並慶幸自己回到了現實世界。

驚魂未定的祕書快步走回狄恩・達爾的辦公室。她試著專注在工作上，但這整件事實在太過詭異，讓她無法鎮定下來。等到柯玲前往院長的辦公室後，他費了好大一番功夫，才讓臉色蒼白、全身發抖的她坐下來。院長不發任何評論、誠懇地聽完她的故事後，他要柯玲跟他一起到葛蘭・卡倫博士的辦公室去。卡倫博士目前是社會學系的系主任，從一九〇〇年起就在衛斯里任教了。再一次，幸運的祕書又遇上一位聽眾，不但願意聽她敘述這件不可思議的奇遇，還相當重視她說的一切經過。

在仔細詢問過柯玲那個房間的相關細節，並翻閱了好幾本古老的大學年鑑後，卡倫博士推論出祕書應該是闖進了那間辦公室在一九二〇年左右的時期。在更深入研究大學舊年鑑之

後，他們發現一位音樂老師的照片，符合柯玲敘述她在那間辦公室裡看見的女子。這位音樂老師的名字是克蕾拉·米爾斯，她在一九三〇年代後期的某天，暴斃在柯玲看見她的那間辦公室裡。柯玲看見她打開的那個檔案櫃，裡面裝的是克蕾拉任教期間（1912～1936）編寫的合唱團歌本。

　　超自然現象研究者迦納·墨菲與 H·L·克雷默，在柯玲身上運用催眠回歸術的方法，引發她說出更多關於那場奇遇的詳細經過。女祕書進入催眠的出神狀態後，他們下達指令要她再回到那個最不可思議的早上，從頭到尾描述整個詳細過程。被催眠的祕書再次聽見了那天早上學生上音樂課的聲音，她閃躲下課後在走廊來回穿梭的學生，進到教授小套房裡的第一個房間。儘管處於催眠回歸的狀態中，柯玲又再次被一股噁心的發霉臭味擋了下來。她告訴將她催眠的兩位研究者，在她剛踏進辦公室時，一切看來都還正常。但當她走了大約四步之後，那股強烈的臭味隨即撲鼻而來。柯玲特別強調「強烈臭味」這幾個字，還說她指的是那種聞到時會讓人停下腳步、幾乎會窒息的霉味。當她被這股臭味擋下來後，她感覺到房裡還有其他人和她在一起。就在此時，她察覺到外面的走廊一點聲音也沒有了，陷入一陣死寂。

　　她抬起頭環顧四周，有個東西將她的目光吸引到隔壁房間沿著牆壁擺放的櫥櫃。克蕾拉就在那裡，背對著柯玲，她將右手伸向櫥櫃上的某個架子，整個人直挺挺地站著。柯玲解釋雖然背對她的女子看起來不是透明的，但她就是知道「她不是真人」。就在訝異的祕書朝著她看的時候，克蕾拉憑空消失了。

　　直到黑髮女子消失之前，柯玲說她未曾感覺到整個辦公室

裡還有其他人在。但當這一個鬼魂消失在她的視線內後，受到驚嚇的祕書才突然感覺到，房裡似乎有人和她作伴。在她的左手邊有一張書桌，她感覺到有個男人坐在那邊。她轉過頭去沒看到任何人，但仍能感覺得到他就在書桌那邊，然後她往書桌後面的窗戶外面看出去，這才大驚失色地衝出辦公室。外面沒有任何一棟現代的建築物，連街道都不存在，當然也沒有新的校園建築。柯玲到這時候才發現不是那些人進到她的時代，而是她回到了他們的時代。

墨菲與克雷默獲得了學校的允許，對整個大學的所有檔案進行了一次徹底的調查。他們發現了一張日期標示為一九一五年的照片，拍攝的校園景色和柯玲瞥見的窗外景色相當類似。這兩位調查員認為祕書在經歷這不尋常事件之前，看過類似照片的可能性極低，他們也都同意在舊年鑑中找到的克蕾拉照片，符合柯玲所描述她在辦公室裡看見的高大黑髮女子的外貌。兩人還確定了一項事實，那就是女老師在早上近九點時死亡的地點，正是女祕書在約八點五十分左右進去的同一棟大樓。

在一九七〇年的夏天，我（作者）和靈媒艾琳‧休斯一起進入衛斯里大學的校園，也到了懷特樓那間柯玲曾闖進過去的辦公室。我們想試試看這位天賦異稟的靈媒，能否引發出其他人遭遇過的超自然體驗記憶。艾琳除了知道那是大學校園之外，並不曉得我們的用意。「布萊德，我知道你『不會』想要讓我知道今天晚上的實驗是要幹嘛的，」她對我說道：「但我感應到的訊息告訴我，它和發生在這其中一間教室裡的事件有關。」艾琳直接走到那間辦公室的最裡面。「我感覺到那張書

桌以前不是在那個位置，」她說道：「因為我覺得我想要背對著窗戶。你知道的，」艾琳補充說道：「我接收到太多人的訊息了。這裡有人……那裡也有人，有太多人走過這個地方。」接著艾琳接收到一個讓我們立刻集中起注意力的訊息：「她是個年輕女子。我看見她穿著一襲長裙，留著一頭蓬鬆的捲髮……捲子很高……髮長及肩。我強烈地感覺到她就在這附近。她看起來親切美麗，像個女教師。」

艾琳向我們描述著克蕾拉。「當我往窗外看，外面的景色已不同了，當我透過她的眼睛去看時。那些建築物都消失了，只有一條路或人行道仍在那裡，」她補充說道。幾分鐘後艾琳說：「我看得見這辦公室裡還有一個男人，他進來後就坐在書桌前。爾後一個祕書打扮的女子從走廊另一端走進辦公室來。她走進來，在書桌那邊尋找他的蹤影。然後我看見了辦公室的那個女子——不是祕書，而是屬於這間辦公室的女子——我看得見她的頭髮，非常漂亮的頭髮。就女性而言她的個頭很高，頭髮是深色的，但不是純黑色，捲起的髮尾撥到肩膀後面。她穿著一件深色的長裙，身上是一件白色上衣。她的笑容非常甜美，在辦公室裡忙東忙西。」

在一九一五年的大學年鑑裡，克蕾拉的照片旁邊加註了這樣的說明：「汝乃天神之兒女，絕佳的體態與非凡的容貌兼備。」根據柯玲的說法，照片和說明文字都符合她在這間辦公室裡看見的黑髮女子的外貌，而且也與艾琳透過感應力所描述的細節一致。

艾琳繼續接收到其他訊息：「我看見祕書走進來，她看見黑髮女子站在那裡（艾琳指向當時放置檔案櫃的地方）。接著她

抬起頭，看見那名男子坐在書桌前，然後她往窗外看。我認為她可能看見他正往窗外看，所以才跟著轉頭想知道他在看些什麼。可是……她看見的景色不是它們原有的樣子。」我覺得有意思的一點是，雖然柯玲看見的是克蕾拉的影像，但艾琳似乎認為坐在書桌的男子可能是較強大的靈體或振動力量。我們認為的狀況，可能與靈媒接收到的事實明顯相反。

根據我們幾位一起進入衛斯里大學的研究者的看法，艾琳的確對柯玲在這起典型的超自然現象案例中看見的克蕾拉影像，做出正確的描述。在和對克蕾拉有印象的教職員交談過後，我們知道克蕾拉這輩子都穿著類似的衣服，即使流行改變，她的穿著風格也始終如一，所以才很難判定柯玲看見的超自然場景正確日期為何。克蕾拉是在一九一二年成為衛斯里大學的教師，看來她的靈魂似乎是不想退休的樣子。

第十五章

神祕黑暗入侵者

最近幾年來，我接獲不少男女讀者的投書，告訴我他們與一個穿著黑色連帽斗篷、臉孔被帽子遮掩住的神祕黑暗實體遭遇的經驗。有些人相信，像這類的靈界與人類互動有增加的趨勢，是因爲隨著我們所處的物質世界越來越接近巨大的變遷期，橫亙在這兩個世界之間的界線因此變得越來越薄弱。另一派理論認爲這些蒙面的黑暗實體來自於其他存在空間，他們相信這些實體對人類和其他物種感到好奇，故現身在我們面前。而又有另一幫人推測這些在夜間出沒的神祕訪客是來自其他星球的外星人，侵入人類空間的目的在於對我們進行一些生理和心理的實驗，幫助它們更了解地球居民。

以我個人的親身經驗看來，似乎較偏向靈魂的教誨機制。我所遭遇到的黑斗篷神祕實體對我透露一些消息，並在之後扮演起我個人靈魂嚮導的角色。

第一節　作者遭遇黑暗實體的真實經歷

一九七二年的某個夜裡，我被一種異常的蜂鳴聲吵醒。當我在床上坐起時，看見一個穿著斗篷、臉全被帽子陰影遮住的黑影就站在床邊。藉由街燈透過窗簾射進來的朦朧燈光，我看得見房裡這位不速之客的外貌像穿著連帽斗篷的僧侶。他用一種奇怪的方式向我揮舞著雙手。

當下的我將此舉解讀爲一種威嚇動作，立刻就完全清醒過

來。我連滾帶爬地下床，準備隨時朝這個大膽侵入我家的惡徒全力一擊，以免他威脅我在睡夢中的妻子和四個小孩。

然而我這一拳始終沒有揮出去。我突然感覺全身的力量都被吸走了，雙臂無力地垂在身體兩側。在那當時一股空前未有的虛弱和無助感向我襲來，整個人就這麼往後倒在床上。我還記得那時我真的開始哭了起來──出於害怕和混亂──完全落在一個身分不明的神祕入侵者的掌握之中，任憑擺布。就在這時，蒙面的黑暗入侵者開口說話了：「不用害怕！我不會傷害你的。」

直到早晨的陽光將我照醒，臥室裡找不到任何入侵的痕跡，奇怪的是，我的心裡像被注入了一個念頭，像讀了一本與當代神蹟啟示經歷有關的書。我以前曾夢見過自己幾本書裡提過的觀念，但這次我有種特殊的感覺，這個帶帽子的僧侶不只是個詭異惡夢裡的人物，他的出現乃是要給我某種啟示或靈感。我那天反覆地思考這件事，越來越深信不移前晚發生的是真實的顯靈現象，有某種靈體的確進到了我的臥室裡。

這天晚上，在我剛要睡著的時候，突然聽見了像大黃蜂發出的獨特蜂鳴聲。當下我就發現，這就是昨晚蒙面客侵入臥室時吵醒我的同一種聲響。

我立刻恢復精神，將注意力集中在打開的臥室門口，察覺到樓梯間隱約發出一種綠色的光芒。我看見一顆閃爍著柔和綠光的球體，緩緩地從走廊飄進臥室，甚至聽得見自己急速鼓動的心跳聲在房間裡的回音！

我的意識告訴我，這個光球肯定和前晚的蒙面客有關。他是為了什麼目的又回來尚無法確定，但我下定決心這一次，他

的二度出現，我絕不允許他上次像顯現時那樣把我「徹底擊潰」。我保持著高度警戒，留意他的每個動作並加以分析。

綠光球進入了臥室，在我的床邊盤旋了一陣。然後我聽到一個低沉但非常和悅的男子聲音命令我：「你注意聽好了！」當蒙面客從光球中脫離出來時，我只看見他一眼——接著我的肉體和滿是疑惑的大腦頓時安靜了下來。

再一次，我又被窗戶透進來的陽光喚醒。但這次我心裡充滿了一股無比的熱情和信心，我下一本書要寫的將會是人類在經歷與靈魂的第三類接觸，以及與更高層次的智慧溝通交流時的體驗，這本書將命名為《天啟：聖火》（*Revelation: The Divine Fire*）。我還領悟到，這位帶僧帽的夜半訪客不是要來嚇我，而是來啟發我的。

《天啟：聖火》是在一九七三年由學徒館所出版。過去這三十年來，無論我在哪裡上課或演講，總是會有幾個人過來告訴我這是本絕無僅有、獨一無二的書，在他們生命中最需精神幫助的時候，改變了他們的生命。我總是告訴他們，我僅自認是位稱職的速記員而已。

戴帽子的黑影再次出現是在大約八年後。這次我獲准保持清醒，以聽取我的靈魂導師向我呈現的一些重要訊息，那正是當時我極力完成的一個相當重要的案子所需要的正確資訊。他告訴我他的名字是伊萊亞，還讓我看他的臉——他的面容閃爍著靈光，留著與鬍鬚齊長的灰白鬢髮。

大概在一年之後，我的靈魂導師伊萊亞在我全身長滿疼痛難耐的疣瘡和斑疹的時候來到我的面前。我無力地躺在床上，任何輕輕觸碰我的皮膚的動作都會讓我痛不欲生。伊萊亞不忍

心看我受苦，給了我一些特別的指示，要我吃一些由普通食物湊在一起的怪異組合餐。不可思議的是，在兩、三個小時內，我身上所有可怕的疣瘡和疹子都消失殆盡。不但沒留下絲毫痕跡，更從沒復發過。

一九八七年，我的蒙面導師在亞利桑那州的公寓裡現身，對我而言是影響我一生最重要的一次顯現。他向我證實雪莉・韓森將會是和我在性靈上相互滋長的精神和終身伴侶。自從那次之後，他再也沒有出現在我眼前過了。

第二節　生命天使

從以下的故事我們不難看出，侵入人類臥室的蒙面實體可能帶有一項重要任務。蒙面實體出現的目的，是要來告訴目擊者為了完成他們在俗世肩負的任務，以及在他們生命中所不可不知的事。

馬克的看法

「千禧年萬聖節早上，我看見電視上一則新聞報導後，就開始認真思考，是否真的如您在書裡或發表的文章中一再提到的那樣，有出現在目擊者臥室或其他地方的蒙面黑影的存在。」

「我看見的新聞是一位記者正在採訪一群穿著萬聖節服裝的小孩和大人，接受訪問的是一位約只有四到六歲的小男生。他穿著黑色連帽長斗篷，因為他在帽子的前緣覆蓋了一片不透光的尼龍布，看起來像沒有了臉。」

「記者問他，他認為自己是誰，小男生回答說：『我是生命天使！』請記得，小男生穿的是一身黑，死亡的標準顏色。」

「記者再問他，生命天使又是誰。小男生回答道：『生命天使就是來跟你說話的人，他會透露和你的生命有關的事情。』」

「一旁小男生的母親臉上盡是無助尷尬的表情，她向記者解釋，她不曉得兒子是在哪裡學會說這些話的。從小男孩臉上堅定的表情，以及毫不猶豫的回答方式，讓我不禁覺得或許他眞的曾經和生命天使交談過。」

第三節　蒙面實體延壽治病

史丹利的眞實故事

「在當時，我照顧臥病在床的母親已經超過十七年以上了。母親第一次嚴重中風發作沒多久之後的一九九一年初夏那段期間，她竟然不知爲何地病況好轉了許多。之前她連話都說不出來，更別提什麼清楚回答問題了。這麼糟的狀況直到某一天，她的所有障礙全都消失了，只差沒完全康復而已。在那之後的第三年左右，我作了一個夢，在夢裡我看見了是什麼讓母親在過世前幾年身心狀況大幅進步的眞正原因。當時我坐在客廳看電視，《大衛·賴特曼秀》已接近尾聲，突然間我看見走廊的燈亮了起來。我母親早在大約一個鐘頭前就上床睡覺了，但我還是站起身來，走到餐廳西側的盡頭，往走廊裡母親房間的方向探頭。她的房門是關閉的，走廊一點聲響也沒有。」

「但我看到了某樣東西，讓我在餐桌坐了下來，直盯著走廊。有兩個外形像人的生物從客房跑了出來，沒有開門動作、直接穿過木板門進入我母親的房間。他們在母親房間進進出出約兩個半到三個小時之久，而且每次一定會像返回起點一樣先回到第三間臥室後再出來。他們身上的輕薄連帽長袍是深棕色的，帶有些許深褐色斑點，以他們的身高而言體形是太單薄了點。然最駭人的是他們的臉——上面沒有五官，是一整個黑色

的平面。他們的頭像是用黑色奇異筆塗上顏色的蛋，也不大會走路，而是微微離地漂浮著，用滑行前進。」

「總之，他們在房間裡做了些讓我母親回復到接近正常狀況的事，他們把需要用到的東西裝在和一般面紙盒差不多大的小灰盒裡，帶到母親房裡。有件值得注意的怪現象是，從他們忽視我的程度看來，好似我根本不存在他們的世界裡一樣。同樣在這段期間裡，我家養的貓米琪也不見蹤影（隔天早上米琪就出現在牠的餐盤旁邊等著早餐，一副什麼事都沒發生過的樣子）。」

「直到一九九七年母親又中風發作，程度相當嚴重，對任何的人事物都沒有印象，甚至連我也完全不認得。但是，因為那兩個神祕生物的關係，讓母親在去世前多活了六年。」

「我本身在多年前也曾被神祕的蒙面靈體治療過，那是在一九七一年，我十三歲那年。那年夏天奧勒岡州的威廉姆特谷流行性感冒肆虐，醫院人滿為患，連走廊都必須安置病床才容納得下所有患者，在當時感冒是種很難治癒的疾病。我無所倖免地也被傳染，後來因引發致命腎臟炎而住進醫院。所有服用和注射的藥物不但沒讓病情好轉，反而讓我的身體狀況越來越糟。當時我心想自己大概快死了吧，任何抗生素打在我身上似乎都沒有效用。」

「那時有位穿著灰白連帽長袍的『護士』來到我的病床旁，在朦朧的室內光線下我看著她的臉，被塑膠般的皮膚遮蓋住大半的一張臉，她的鼻子只是個 V 字形的隆起物而已。她不發一語，直接將思想灌注到我腦裡。她給我的訊息是她能夠治好我的病，要我別去看她在做些什麼，然後她把手往下伸，像打針

一樣。我感覺不到針頭扎進皮膚，只有一種冰塊放在身體上、微微的冰冷壓迫感。」

「不到二十四個小時，我已經感覺好多了。我問一位白天值班的護士，知不知道那天晚上的『灰衣護士』是誰，但她告訴我醫院裡沒有我形容的那位護士。現在想來，我認為她的臉上一定戴了某種面具。」

第四節　帽子裡只有一片黑暗
茱蒂絲的真實故事

「一九七三年我住在加州的芳泉谷，當時的我一度變得十分神經質。那一陣子不管在家裡或去到外地過夜，我總是要在床上翻來覆去好一陣子才能入眠。帶著煩躁不安和異常焦慮的情緒躺在床上，儘管閉上了眼睛，我還是會想像自己正看向臥室窗外的街道。」

「那是個異常安靜的夜晚。因為已是半夜時分，我心裡的眼睛『看』不見左鄰右舍有任何動靜，但街角的某個東西卻吸引了我的注意。那裡有兩個僧侶打扮的男子，用帽子遮住了整個頭部，腳上還穿著非常怪異的尖頭鞋。他們的怪鞋引起了我的注意，我看著他們的腳時才發現，他們漂浮在空中、離人行道上方幾英寸的地方。雖然只是遠遠地觀察著他們，但這些細節我可是看得一清二楚。」

「我看著其中一位僧侶漸漸接近我們家，同樣是用飄移的經過了門前的道路，穿過緊閉上鎖的大門，通過門廳後往上移動，再九十度左轉進到我的臥室，停在我的床前。整個過程都雙眼緊閉、憑感覺推測他的行進方向，我此時是又驚又懼，現

在我必須睜開眼睛證實，這個嚇人的東西其實並沒有在我的房間裡。當我一張開雙眼，它就在我的眼前！」

「僧侶狀的形體在房裡繞了一圈來到我身邊。他聳立在我面前俯視著我，我想要是他彎下腰來瞪著我的臉，我一定會被嚇到心臟病發作而死吧。但是當我抬起頭，在那斗大的帽子底下本該是臉的地方，只看到一片空洞的黑暗。接下來當我有意識時就已經是早上了。」

第五節　與蒙面實體的三次奇遇
麥克的真實故事

「我不記得是幾月的事了，但我永遠無法忘記一九九九年某個星期天的下午。早上我到教堂做禮拜，活力十足地在陽光普照的溫暖下午踏上歸途。在到家後的半個小時，我的頭漸漸地開始感到不舒服，這情形以前已經發生過好幾次了。我走進房間裡，坐在床角。我記得頭越來越暈，我慢慢地向後倒在床上，接著就失去知覺了。我以前從來沒有暈倒或突然昏迷過，那次也沒有昏睡——我是因為感覺到冷才失去知覺的。」

「當我醒來時意識還一片恍惚，完全不曉得是白天還是晚上。我的第一個反應是認為自己睡著了，直到深夜才醒過來，因為房裡一片漆黑。但是事實上好像並非如此。直到完全清醒了，我才發現自己一絲不掛，躺在一個類似金屬桌面上，我往上一看，注意到有兩個高大的黑衣人，穿著連帽長袍站在我的身前。」

「看見這個狀況，我的正常反應應是先把自己搖醒，因為這情況像在作惡夢。但身上突如其來的劇烈疼痛，讓我明白自己

很清醒，我掙扎著想爬起來，但連根手指頭都動不了。那兩個黑衣人就站在那邊看著我，像在觀察我對疼痛的反應，可見他們和我正經歷的痛苦脫不了關係。」

「我失去了時間觀念。很快地我的眼睛就適應了黑暗，開始看得見房間裡的其他小物體，但我無法分辨他們是機器還是人——室內光線太微暗。儘管害怕到了極點，我還是鼓足勇氣，完成當時唯一能做的事——集中目光往他們戴著帽子所形成的黑洞裡看進去。當我才剛開始看清楚那張臉上的些許五官輪廓時，我左手邊的黑衣人突然朝著我揮揮手（他的手指看起來比正常人還長）——然後我又再度感到一陣冰冷而失去了意識。」

「之後醒來時我發現自己躺在公寓的床上，但和我一開始躺下的位置不太對。我估算離開了約一小時左右，或許超過一小時，因為我回來後還看得見太陽。我站起身來，感覺好多了，我不曉得這兩個黑暗實體把我帶到哪裡、對我做了些什麼或為什麼這麼做，然而我可以確定的是那絕非在我家附近。我『記得』這是我生命中第一次遭遇這些神祕怪客。」

「從第一次神秘遭遇後，我既沒有看見、也沒有聽見這些實體發出的聲音，而且也不想再遇見它們。但第二次遭遇還是發生了，那是二○○三年二月的某個深夜，我還記得從睡夢中突然驚醒。在醒過來後，我覺得我的感官似乎變得極度敏銳。我偏過頭去看熟睡中的妻子，卻看見一個高大、同樣被帽子遮住臉孔的影子就站在她旁邊。」

「因為我們睡覺時習慣拉上百葉窗，房裡一片漆黑，所以我無法看清楚它的長相，但仍看得出帽子形成的黑洞朝向我。它身高非常高，大概有七、八呎左右。蒙面黑影看起來也很驚訝

地（至少有一下子）發現我看得見它。當它發現被我看見後，動作迅速地轉向旁邊去。我呆坐著，不知該作何反應，但我做好了隨時反擊的準備，如果它打算傷害我們夫妻的話。當它轉向床尾處的牆壁時移動得非常快，然後就消失了。」

「在它消失之前我已經辨識出它的外形了。它的身材高大，穿著深色連帽斗篷，瘦小的手臂露出在袖子外頭，我只看得見上面有四根手指頭。最引起我注意的是它的體形，感覺像是一條穿了深色連帽長袍的大蛇。當我看清楚它的實際形狀後，整個人完全醒了過來，因為它擋住了在我視線上的一面鏡子，所以我知道起碼在那幾秒鐘內它是個固體的生物。」

「（到目前為止的）第三次我再遇見這些生物就和前兩次一樣，來得出乎意料之外。第二次遭遇神祕黑影後的下個星期六，我在辦公室用品店裡上班，時間已經是晚上了，要到倉庫去巡視。我走過中間一排五個走道。我回頭掂起腳尖、眺望第二個走道，那裡站著一個神祕黑影，它看見我之後就跳到一個架子後面消失了。這一個比我以前見過的都要來得矮——可能只有七吋。我問坐在倉庫後面的人有沒有看見其他人，但是他說沒有。」

「我真的無法解釋這些生物究竟是什麼，以及它們出現的目的為何，但我知道的一點是——它們是真實的存在。」

第六節　現形的鬼魂可能是天使，或是惡靈
記者麥克·席納貝利的真實故事

「鬼魂現形，不論是上帝派來傳達訊息的天使還是惡靈，在人類歷史上屢見不鮮。耶穌行走在水面上、讓暴風雨平息下

來，讓在船上的信徒們害怕得緊抱在一起——剛開始——他們還把耶穌當作魔鬼。根據《聖經》裡的記載，撒旦會讓一切屬於上帝的東西墮落腐敗。因此相信有鬼魂存在甚至有惡鬼，一點都不牽強——因為如果有聖靈的話，一定也有惡靈存在。」

「一九九五年六月三十日，我一位住在科羅拉多的多年好友早上剛起床。她下床穿上拖鞋，走到客廳，然後就倒了下來，死在地板上。她才四十三歲，就被心臟病奪走了生命。諷刺的是那棟房子的前屋主，一個年紀比她大的老婦人，也因為心臟病發作在同一個地方倒地死亡。」

「葬禮過後不久（我出席了），她女兒有天很晚的時候打電話給我，把我吵醒。從她的聲音聽得出來，只有「恐懼」兩個字可以形容她那時的心情。當時她先生、弟弟和我那個朋友的六歲小兒子，都在那裡收拾朋友的遺物。當他們從廚房櫃子裡拿出廚具裝箱時，聽見地下室傳來沉重的敲擊聲，讓所有人心裡七上八下。朋友說過地下室是會讓她感到不安的地方。」

「當櫥櫃的木頭架上不斷冒出血來時，一群人全都逃命似地跑了出來。她女兒在電話裡向我提出了一個瘋狂的要求：要我為她們一家禱告。平常要禱告很簡單，可是在面對這麼大的壓力下要禱告讓上帝聽得見又是一項挑戰了。但我還是開始禱告，在心裡或是用方言禱告。」

「最近這幾個月，這個朋友信仰動搖的地步和她的行為讓我有點不安，她是個在教會擁有極大影響力的基督徒，著了魔似地反對其他前來教會尋求方向的教友。她探索神祕領域的舉動產生了巨大的效應。其他教友看著她這麼虔誠地投入鑽研各種超自然行為，因為他們都知道她是基督徒，便認為跟著她這麼

做，應該是沒問題的。」

「因此，那殘害她的惡靈——用各種物質（毒藥和酒）誘惑她，讓她嚥下耗損心智的食物——更進一步利用她，但絕不讓她太早死。然而惡靈的努力卻只有這點效果，失敗之後它將餘怒發洩在當天晚上進到屋裡的三位親人身上，也更加深了它在地獄的罪孽。」

「我不曉得我躺在床上禱告了有多久，當我意識到這點時攻擊轉到我身上來了。我聽見了惡魔的笑聲，突然間無法呼吸，因爲有股無形的力道重重地壓迫著我的胸部，緊迫到連一句話都說不出來。」

「就在要失去意識之前，我奮力喊出『耶穌』之名，掙扎著慢慢重複唸著，像在禱告一樣，直到攻擊漸漸減弱到消失爲止。」

「後來我很快就和朋友的家人取得聯繫，才知道差不多就在我打敗惡魔攻擊的同時，在科羅拉多的惡靈顯現也停止了。幾天後朋友家人再進到那棟房子，把她的遺物全部裝箱離開後，就再也沒有回去過了。」

「誰知接下來的好幾個月，我和惡靈的深夜對抗幾乎每晚都要上演一遍。我睡到一半會被弄醒、無法呼吸，還聽見惡魔的冷笑聲。只有用盡全力喊出『耶穌』之名才能平息惡魔的夜間攻擊。」

第七節　鬼魂附身的吉他

投入研究鬼魂和鬧鬼現象多年，知名超自然現象研究者派崔克‧克羅斯，足跡踏遍了加拿大和美國境內各地。因爲克羅

斯在多倫多市雷克斯岱爾長大的老家蓋在兇殺案現場上，他一直記得小時候看過神祕的血跡反覆出現在地下室的地板上，還有樓上的風琴，即使沒有插電，也會自動演奏出令人毛骨悚然的音樂。「當我才五、六歲左右時，老是被出現在家裡的鬼魂嚇得屁滾尿流。」克羅斯回憶起當時：「後來我才漸漸試著和它們一起生活。因為我想知道發生了什麼事，以及為什麼它們非要嚇我不可，於是我開始研究起了各種超自然現象。」

在一九九五年克羅斯購買了一把「V」字形的白色電吉他，外形仿效吉布生（Gibson）公司出品的一款著名吉他「飛行五號」（Flying V）。克羅斯買的這把吉他是用厚實的楓木所打造，而且看得出來已經轉手過不少人了。

「它的製造年分是一九八九年，就中古品而言它的狀況算保養得非常好，」克羅斯表示：「除了在琴頸最上面有道像是掉落造成的小裂痕之外，彈奏起來音質很棒——至少我認為是這樣。這把吉他來自於密西根某間酒吧裡。當時有個樂團正在那裡表演，酒吧突然發生火災，把裡面的所有東西燒得一乾二淨——除了這把吉他以外，它連一點燒傷痕跡都沒有，完好如初。樂團裡有人在火災中不幸喪生，於是吉他被處理掉，輾轉賣到了安大略的奧克維爾。」

克羅斯記得這把吉他像有魔力一樣吸引住他：「它好像在呼喚我，對我說：『來彈我吧！』當我拿起它試彈時，感覺有道電流通過身體的刺痛感，彷彿它知道我想要它，而它也正是最適合我的吉他。其他吉他我連看都沒看一眼，因為我沒有辦法放下它。說起來很玄，但只要玩音樂的人都會了解這種感覺。」

「我隨手彈了幾段抒情搖滾和幾首經典曲目，在店裡的試彈效果還不錯，可是當我把它帶回家彈時，聲音卻變了調。我覺得這太奇怪了，剛才彈聲音還好好的——現在卻自己開始走音了。當我再彈一些像「深紫色樂團」（*Deep Purple*）的《*Smoke On The Purple*》和《*Purple Haze*》時，聲音又變正常了。彷彿它偏愛晦暗、沉重的音樂，彈出來的音色比以前聽過的好上許多。然後我把吉他收起來，就去忙我的事了。」

兩天後，克羅斯開始在公寓裡聽見奇怪的聲響。「這些聲音似乎來自客房裡放了那把吉他的衣櫥。我打開衣櫥門，什麼也沒聽到。我看看吉他、再環顧四周，也沒看見什麼東西——但是我離開之後又聽見了類似男人互相爭論的聲音，好像衣櫥裡有兩個人正在吵架。一個說著西班牙語，另一個像是墨西哥人，他們爭吵的主題和錢有關。我在客廳聽見這些聲音後再回到這間客房裡，打開衣櫥查看，所有聲音又停止了。」

隨著日子一天天過去，怪事開始接二連三地出現在克羅斯的公寓。「我的車鑰匙會消失無蹤，一會後又再出現。我還看見牆上有影子在晃動、聽見腳步聲和拍打敲擊聲；櫥櫃門會自動打開又關上，電燈關掉後還會再自己亮起來。即使清楚地記得出門前有把電視關上，當我回到家時它卻仍開著。我的貓會瞪著空氣，像看到什麼東西正在移動，然後又看著另外一間房間，彷彿看見有人在哪裡走動。如果吉他放在外面沒收進衣櫥，我感覺得到它會散發出一種寒意，像一股冷空氣凝聚在那。」

當克羅斯開始用這把吉他在他的搖滾樂團「科幻小說的奇蹟」演奏時，不管是練習還是正式表演，都會出現各種奇怪的

狀況。「我們遇過器材突然斷電，還聽過擴聲器傳出怪異的聲響。燈會一盞盞關閉、開啓或全部熄滅，還有好幾次練習室裡的水銀燈會沒來由地突然起火燃燒。鼓手每次在準備開始演奏時，銅鈸就會掉到地上，每個鼓聲敲出來都會走音。其他團員在我們都離開練習室時，還聽見過吉他附近有人在交談。」

「我們開始演奏歌曲時，那把吉他第五和第六根弦都會反覆走音。這時我必須放下它，拿其他吉他來彈，因為我的『飛行五號』不讓我彈。如果我們演奏一些歌詞裡有負面、消極意義或重金屬的歌曲，那把吉他又會彈奏出很棒的聲音。它特別喜歡一首我寫的歌，叫做《有個東西在那等你》（*Something Is Out There*），歌詞全都在講鬼魂和邪惡靈魂，還特別強調有東西會找上門來，就像《X檔案》的內容。這是少數幾首用那把吉他彈不會走音的歌曲其中之一。」

「那把吉他給人一種邪惡的感覺──散發出一種不祥的氛圍，像泡在三呎深的冰水裡一樣，讓人不寒而慄。其他人包括廣播節目《靈異地帶》的主持人羅伯‧麥康尼爾，還有《神祕異世界的背後》的珍娜‧羅素也有同樣的感覺。」

發生在克羅斯身上的超自然現象隨著時間過去逐漸增加。「我那陣子運氣背到了極點，我相信肯定與那把吉他脫不了干係。我不但失業，身體也開始出現毛病，兩條腿都長滿了疹子和膿瘡。每次車一發動後引擎就突然熄火，技師檢查後也找不出有任何機械故障或其他問題。」

「有時候，吉他好像會發出一股惡臭──像燒焦的動物屍體味道，然後噁心的臭味會和突然出現一樣快速消散。我還注意到，放在衣櫥外的時候，吉他和旁邊的擴聲器會發出沉重的呼

吸聲，但只要我一走回房裡，這些聲音就又消失了。」克羅斯於是拍了幾張吉他的相片，開始調查這些靈異事件是怎麼發生的，以及爲什麼他會遭遇這一連串的

派崔克・克羅斯（右立者）和他的「飛行五號」電吉他。©Patrick Cross

惡運。他好幾次都拍到吉他旁邊出現「鬼影光球」，有時候還會看見一團白霧。

「每次我一碰那把吉他，總是感覺相當冰冷，有時連沒插電的時候我都還被小小電到過幾次，」克羅斯說道：「不論我帶著這把吉他去到哪裡，它似乎都會惹出一些事情。有一次我們樂團在安大略的倫敦市表演時，吧台附近突然起火，裝了水的杯子只要一靠近放吉他的桌子附近都會自動碎裂。」

*　　　　　*　　　　　*

一九九九年五月十六日，克羅斯出席在安大略聖凱瑟琳市舉行的幽浮暨超自然現象大會「X區座談會」，擔任客座講師。他把那把鬧鬼的吉他一塊兒帶去，看看現場有沒有通靈人士，可以解釋發生在吉他周遭的這些靈異現象。

「通靈者說他們感覺到吉他附近有異狀，認爲裡面可能有邪靈存在。」克羅斯說道：「有兩位自稱是超級通靈者的人願意幫忙，她們是珍娜・羅素和尤金妮雅・馬瑟史杜瑞。尤金妮雅

走上前來和吉他溝通，發現有個靈體附著在上面，就藏在吉他的木頭部分中。她還發現這靈體對我和任何碰觸到吉他的人，都種下控制能力。吉他內的靈體似乎有智慧，能夠跟尤金妮雅一來一往地對話，說它不想被展示，只想引發各種壞事、造成毀滅。它想像隻兀鷹，張開一對大翅膀在空中自在飛翔，自稱為『兀鷹之眼』（*Eye of the Condor*）。後來我們才知道，這是一首在墨西哥和南美洲（兀鷹的故鄉）很流行的歌。吉他想要引起一場又一場的火災，還要我用它去殺人，像揮舞斧頭一樣真的去砍人。這就是為什麼它讓我這麼看重它。」

聽到尤金妮雅傳遞的這些話，克羅斯感到胃裡一陣翻騰，幾乎要吐了出來，因為有太多次當他在吉他附近時，心裡會出現想要殺人的恐怖念頭。他還作過像真的發生過的惡夢，夢見他把吉他當作斧頭，到外面去殺人。占據在吉他裡的邪靈再度開口，說它已經引起過好幾場火災，每次都是所有人全被燒死而只有它安然無事。還說它是撒旦的後代，奉父親之命到這世界來行惡。它想要像兀鷹一樣自在地飛翔，將邪惡散播到全世界。

「尤金妮雅認為這把吉他被施了最強大的巫毒術艾丘（Exu），是前幾任擁有它的樂手施的咒語，」克羅斯表示：「這巫術會為擁有它的人帶來財富並完成任何要求，但它對幾任主人產生的反效果，是讓他們捲入毒品和金錢的糾紛後遭到殺害。」

躲在吉他裡的惡靈想解放自己到人類的身體裡，以便進行它殺人和毀滅的計畫。它只喜歡克羅斯彈奏陰暗、帶有邪氣的音樂，還說如果是正面、愉快的音樂，它會自己走音。邪靈說

它從來都沒想過要做什麼好事，只想做邪惡的勾當。

「它和尤金妮雅交談時會用髒話、褻瀆和粗鄙的語言咒罵她，試圖占有她。惡靈說它想進到她身體裡，把她的靈魂踢出去。尤金妮雅感覺到那邪靈正在侵入她，於是她放開手，離開了那把想要占據她身體的吉他。」尤金妮雅證實克羅斯遭遇到的大部分個人問題都是這把「惡魔吉他」造成的。她說唯一解決之道不是淨化它，就是完全摧毀它。當她問吉他是否想受到神的祝福，邪靈立刻拒絕，還用西班牙語開始辱罵褻瀆基督和上帝。在尤金妮雅的建議之下，克羅斯把吉他收回盒子裡，上面灑了一層鹽巴來封印住邪惡能量，最後再用一條淡藍色的布巾把盒子整個包住，以免它脫逃出去。

克羅斯回憶道：「大會結束後的星期天晚上，我拿出吉他準備銷毀它，我不想再有任何壞事發生，而且我也想擺脫掉那把吉他，永遠地！在剛過了晚上九點之後，我把吉他帶到一個偏僻的公園，找到一處足跡罕至的角落。我把吉他從盒子裡拿出來，灑上打火機油和汽油後，丟到那裡的一個大型金屬垃圾桶裡。點火前我先用鹽巴在垃圾桶附近灑了一圈，以防止那邪靈趁機脫逃或進入我的身體裡。我將主禱文朗誦了三遍後，告訴邪靈叫它回到它原來的地方去，我以上帝之名要它速速離開。」

「在我說完這些話後，我看見垃圾桶裡升起一股煙霧，幾分鐘之前四周還是一片平靜，但現在不定向的風卻在我身邊呼嘯著。我想點燃吉他，但火不斷被吹熄，於是我倒了更多汽油在上面，還找來了幾根木頭把它圍起來。終於在經過了二十五分鐘後，吉他開始燒起來了。」

「在竄升的火舌中，我聽見燃燒的吉他中傳來一陣高分貝的

尖叫聲，像一隻受了傷的動物在哀號著。我站在那裡看著火焰燃燒，一邊加進更多汽油，就在這時火苗跳到了我手臂上。現在我也著火了，當我試著要拍熄它時，整桶的汽油應聲掉在地上。我嚇壞了——因為整桶汽油很可能會爆炸，把我捲進這片火焰之中。雖然我慌了手腳，但還是把延燒到衣服上的火苗給撲滅了。我鬆了一口氣，看著那把吉他被燒成一塊焦黑的木炭」。

「過了一個小時後，我確定火焰已經全部熄滅，再倒了更多鹽巴在燒毀的吉他上，以防任何邪惡能量殘留在裡頭。我把燒焦的吉他留在垃圾桶裡，只帶走盒子，裡面還裝了鹽，再用同一條藍布包裹起來。我整個人抖個不停，但心裡感覺異常舒坦，因為那邪靈終於被我消滅了，希望它不會再糾纏或附身在其他東西上面。我在大約十點半左右離開公園。」

就在回到家之後，克羅斯感到如釋重負，當晚他沒有再聽見、看見，或感覺到身邊有任何鬼怪活動的跡象。隔天星期一他的生活各方面都好轉了許多。克羅斯說道：「我接到一通電話，通知我新工作被錄取了，膿瘡或疹子也都不見了，連我的盆栽都活了過來，玩刮刮樂彩卷還中了一百五十美元，電視機也不再出現故障，車子的發動也很正常。像奇蹟一般，原本一切倒楣的事情，都因為擺脫了那把被附身的吉他而全然改觀。」

從一九九九年起，克羅斯開始調查各種類型的鬧鬼和鬼魂活動，但他再也沒有發生或遇到像當時擁有那把吉他的種種不祥或詭異事件。

第十六章

僞裝人類的鬼魅

　　有一種類型的鬼魂是我認爲在所有鬼魅之中最奇特、最詭異的，鬼魂不知爲何會模仿或僞裝成人類。這些神祕的靈體就潛伏在你我之中，有時還會僞裝成人類，來達成我們現今智慧還不清楚用意爲何的目的。

　　如果我們碰上了這類的靈體，我們不會聯想到是遇見天使，或是要引領著我們的腳步通往高等靈界意識、具有卓越智慧的更高等靈界存在體，但我們可以理性地思考，它們是否正在進行一項以人類之力所無法達成的重大計畫，來判斷它們做的這些我們無法理解的行爲是否正常。然而，它們不僅有古怪的舉動讓我們無法理解，事實上它們的目的是要造成我們的混亂，而非啓發我們。

第一節　香菸舖的五個神祕怪客
瑞克・艾洛的眞實故事

　　「當時我和妻子在商店買完了一些日常用品，然後我就到隔壁的香菸舖爲她買幾包菸。我一如往常地走進店裡，殊不知走進一個我沒有心理準備會遇上的場面。櫃檯前面有五個人，全都是二十多歲的年輕男子，除了其中一個面向我，站在櫃檯最右邊，也就是我的正前方，其他全都背對我站著。」

　　「讓我一眼就覺得不對勁的，是他的穿著打扮。我先說明一下，他個子很高、身材削瘦，戴著一隻奇怪的小黑框眼鏡。他

的皮膚很白，尤其臉上更是慘白。他穿著一件黑外套、繫黑領帶，裡頭是一件我有生以來看過最亮、最白的襯衫。當我站在那邊排隊時，我注意到他手上正把玩著一個四○年代風格的金色細長菸盒。他一邊把白色的涼菸糖裝進金色菸盒裡，一邊談著擁有它們對他而言是多麼重要的事。」

「但是真正衝擊的一幕還在後頭。我繼續待在原地排隊，在等到不耐煩的時候伸出頭去看為什麼要等這麼久。其他四個面對坐在櫃檯後面女店員的男子正在和她說話。她剛檢查過所有人的證件，而我剛好聽到她的問話：『你們這些人是打哪來的？』他們四個出示的證件全都來自不同州別，這時女店員又說：『別耍花樣！』，好像他們持的是假證件。然後她又問道：『你們是來幹嘛的？你們到底是什麼人？』」

「我到這家店買菸已經有五年了，和那位女店員算是熟識。我從來沒聽過她問這樣的問題，或用這般無禮的問話方式，我所認識的她對於證件這回事可是很認真的。在紐約接受假證件，不足以構成販賣菸品給未成年人的正當卸責理由，政府執法追究起來可不是開玩笑的。」

「總之我開始感興趣了起來，打算好好觀察這五個陌生人要做什麼，到底發生了些什麼事，這時我才真正仔細地打量這些人。他們全都穿著奇裝異服，有些單品還都是四○年代的風格。這群人裡面唯一的女性穿著一件寬大、類似毛衣的橫條紋燈芯絨上衣，和一雙真皮、白色的六○年代厚底短靴。她身上那件四○年代風格的羊毛外套除了在電影《風雲人物》之外，其他地方肯定是看不到的。我被這店裡的磁場弄得心裡有點發毛，因為其他三個人也都穿著老式復古的衣服，沒有耐吉球鞋

……或其他什麼現代的東西……什麼都沒有！」

「在看過所有人的外在穿著之後，我開始逐一觀察他們的臉、聽聽他們說些什麼話。他們的臉色都十分蒼白，現在回想起來，每個人的舉動都很古怪。而且越覺得他們『不對勁』，他們就越想表現得一派輕鬆自然。每個人都裝出一副表面友善的樣子。」

「那五個人都沒有回答女店員提出的問題。他們付了幾包香菸錢，很高興能轉移我們對他們詭異外表和異常舉動的注意力。在店員把錢收下之後，他們轉身朝門口走過去。我注意到門口附近有五個手提箱，他們在門口會合，提起各自的手提箱後就走了出去。」

「手提箱的外觀和它的主人一樣奇怪。就是老式、看起來像用編籃子的布料做成的手提箱！其中一個就是那種手提箱，剩下的也都差不多，像是三〇、四〇年代的東西。沒有一個是用塑膠做的現代製品，就像新秀麗公司那種的手提箱，全都是非常、非常舊式的產品，但是看起來像才用了一年左右，而皮帶和其他全部的外觀都還不算很舊。」

「當他們走出店門口後，我感覺腦袋裡一陣耳鳴，身上還有些許刺痛感，像觸電一樣。我轉身走向櫃檯的女店員，她的臉蒼白得像張白紙一樣。我問她發生了什麼事，卻得不到任何回應。我再問她那些人對她說了什麼，她的回答是她不曉得他們講了些什麼，只記得他們站在櫃檯前，但不記得他們說過什麼話。」

「這讓我困惑了起來，於是我提醒她我一直在後面排隊，看得見他們交談。我說從她的樣子看來，顯然很專注在與他們的

交談上，而女店員說直到他們離開為止，她連我進來都沒發現。」

「我告訴店員，我聽見她問那五個奇怪的客人他們來做什麼，還有他們是從哪來的，他們的回答是『來自遠方』，以及他們有場表演需要香菸。這五個人在香菸舖裡時，都沒有與我有過眼神交會，當我進到店裡時，也沒轉過身來看我。甚至連我排在後面，他們還是一副當我不存在的樣子。」

「這五個舉動詭異的陌生人走出香菸舖後，往停車場移動，那裡除了我的車和幾部到商場以外購物的車之外，一片空蕩蕩。香菸舖位於商場的盡頭，所以除非有人要到這來買菸，否則這邊是一個人也沒有。從我這邊可以清楚地看見他們，當他們漸行漸遠時我再問一次店員他們跟她講了些什麼。她還是一臉混亂又驚恐的樣子，但她終於說了：『我不知道那些人的來歷，但是他們肯定不是外表看上去的樣子。』她就只能說這麼多了。」

「當我一面跟她講話，我們兩人同時都在看著這群怪人穿越空曠的停車場，我還邊想著他們的車會停在哪裡。就在這個時候他們消失了！像吹蠟燭一樣呼一聲地不見了！在下午兩點鐘的大太陽底下，他們像蒸發一樣消失在空氣裡。」

「看到這不可思議的景象，我對店員脫口說出那五個陌生人憑空消失了，但她似乎沒聽進去，還陷在幾分鐘前的事件帶給她的恐懼與衝擊之中。」

「我走出香菸舖，一邊懷疑會不會是感官上的幻覺，一邊走回到妻子身邊。她很不高興，以為我只顧著在店裡面和店員閒聊，不管她一個人在車裡面有多悶熱。（記不記得我提過那群

人穿著四〇年代的厚外套？在一個炎熱的下午穿這樣。）她生氣地質問我，為什麼要在香菸舖裡待那麼久。」

「我告訴她店裡正忙著招呼比我先到的五個客人時，她氣炸了。『你是說你要等五個人買完嗎？』她怒氣沖沖地說：『我可是一直坐在這裡等你出來，從你進去之後，我根本沒看到任何人出來。』」

「我不可置信地問妻子，真的沒看到五個奇裝異服的人拿著手提箱走過停車場。『他們一定會從妳的面前走過去，』我告訴她。妻子其實平常不是那麼咄咄逼人，她說：『我在這裡等了快十分鐘，本來還打算進去看看裡面是在塞車嗎？根本沒有任何人從店裡出來過。』」

「然後我告訴她整個故事的前後經過。她發誓她一直都盯著門口看，等我出來，可是沒有人出入那扇門。弔詭的是我在離開香菸舖之後，竟然有種幸福的感覺。有種感覺促使我認為自己是某種特別族群裡的一員，彷彿我曾經和更高等的能量體短暫地來往過。我為什麼這麼說呢？他們留給我一種非常好的感覺，讓我既興奮又面帶微笑，因為我回想剛才發生的事情，我就能注意到這場情感交流裡的細節。」

「那五個不得其所的陌生人似乎以一種古怪的方式表示出他們的善意，而且從他們的穿著方式看來，似乎他們不太常出現在這個世界。他們看起來都很年輕，但是沒有一個二十出頭的年輕人會穿那種完全『不酷』的衣服，特別是那些鞋子，一看就知道是退流行、跟不上時代的東西。還有穿什麼大衣啊？外面的氣溫是攝氏二十六度呢！他們的手提箱更說明了一切，完全不像是好萊塢會用的道具。這就是整個故事的全部經過，也

將是我一生難忘的回憶。」

　　或許有些讀者會認爲，瑞克・艾洛與這些神祕靈界僞裝者的遭遇可能表示這些是來自不同時空的實體——或許他們是來自遙遠未來的時間旅行者，想要探究二十一世紀的生活、卻沒有先詳讀過導覽手冊裡，對我們現代流行的衣著裝扮的相關記載。

　　也或許有可能這五個詭異的實體，不論是買了涼菸糖來裝在金色菸盒裡或是買香菸來當作表演道具，其實都是天使或更高等的靈界生命。祂們只是下凡來玩幾個小時的俗世人類角色扮演，遊戲結束後就消失回到祂們的靈界。或許這可以解釋瑞克在遇見這五位怪異的神祕客後，有一種莫名的幸福和亢奮的感覺了。

第二節　冒充他的幽靈意圖染指女友

　　傑瑞告訴我在一九九七年的某兩個禮拜之內，他的女友凱莉連續接到多通不明人士或僞裝成傑瑞的人打來的電話。凱莉接到的第一通電話是神祕怪客假裝成傑瑞所打的，他要她盡快趕到城郊的公園和他會合。在凱莉準備好要出門時，傑瑞及時出現在她家門口敲門。凱莉開門讓他進來時，還搞不清楚到底是什麼狀況。

　　傑瑞當時剛從乾洗店下班，路過凱莉家時特地上來問她想不想去看場電影。凱莉想問他爲什麼突然改變心意，明明不到二十分鐘前，他才打電話要她在城郊的公園跟他碰頭的。傑瑞極力否認有打過這樣一通電話後，他們猜想大概是朋友間有人在跟他們惡作劇吧！於是他們便對這樁事一笑置之，出門去看

電影了。

　　第二天晚上凱莉已經提前知道傑瑞會工作到很晚，她接起了電話聽見話筒那頭傳來男友熟悉的聲音。他在電話裡問她昨天晚上去了哪裡？為什麼沒有到公園去找他？這幾句話讓凱莉感到相當的莫名其妙。

　　她變得不耐煩起來，嚴厲地告訴他這樣並不好笑。至於以前從來沒對她大聲過的傑瑞突然打斷她的話，怒氣沖沖地警告她不要「頂撞」他。他還罵了她一句「驢蛋」。

　　就在傑瑞繼續發飆的同時，凱莉掛上電話。這時她才有辦法冷靜下來，好好地反覆思考剛才那段粗魯的對話。「驢蛋」？傑瑞是從哪裡學會講這種髒話的？還有「頂撞」這個詞？她開始分析那通詭異電話的內容，她覺得那聽起來實在太不像傑瑞的語氣了。

　　凱莉再拿起話筒，撥了通電話到傑瑞上班的地方。她很清楚傑瑞的老闆不喜歡他在上班時間接私人電話，特別是在加班的時候，但是她認為這是緊急狀況她非打不可。傑瑞緊張兮兮地過來接電話，溫和地告誡她，當他在加班時最好不要打電話到乾洗店。當凱莉問他剛剛有沒有打電話到她家時，傑瑞竟然笑了出來。他說如果他再不立刻放下電話，老闆的心臟病可能就要發作。

　　凱莉好不容易放下心來，知道那通罵她的惡作劇電話不是傑瑞打的。但是過了兩個小時以後，電話又響了。這次她就沒那麼確定了，拿起話筒後又是傑瑞的聲音，他要凱莉開車到靠近舊磨坊的米勒池塘旁邊等他。

　　凱莉說她不出門，因為時間已經很晚了，而且他加班這麼

久之後一定也累了。傑瑞回話說只要看到她——他的小心肝，什麼疲累都不見了。凱莉聽見腦袋裡的警報器響起的聲音，傑瑞以前從來沒叫過她「小心肝」，這個人絕對不可能是真的傑瑞。

「不管你是誰，」凱莉冷靜地說著，努力控制自己的聲音保持平穩，「滾遠一點，別來煩我。」

話筒那端的聲音開始央求她。如果她不能到米勒池塘去見他，那起碼到樓下轉角和他說說話總可以吧！

凱莉知道她這麼做實在是太蠢了點，但是她還是回了一句：「或許吧！」然後她直盯著街角，看看那個在電話裡裝成傑瑞的男子會不會出現，她要親自解開這一切謎團。如果是他們的朋友跟她在開玩笑，她勢必會把對方臭罵一頓。不可思議的是，到了接近午夜的時候，她看見傑瑞出現了。他慢慢地走向她公寓大樓前的街角，抬頭尋找她的窗戶位置。他對她揮手微笑，她也揮了揮手，隨即抓了件外套下樓。

當凱莉走到和他距離僅有六英尺遠的地方，她停下腳步，仔細地觀察面前的男子。他看起來真的超像傑瑞，但腳上穿的是另一種厚重的工作靴，頭上還戴了棒球帽，身上的棕色皮夾克像是在老電影裡看過的二次大戰飛行員所穿的夾克。

他伸出手要凱莉跟他走。在街燈明亮的光線底下，她看得很清楚，除了他身上穿的服裝以外，他看起來真的就像傑瑞本人。

然而這時候凱莉開口了：「傑瑞，你一直跟我說你討厭戴棒球帽的啊！」當他拿下帽子後，她看見這冒牌貨留著平頭，一種傑瑞打死也不可能會留的髮型。凱莉立刻拔腿奔回她的公

寓大樓，就在同一時間，正牌傑瑞把車子開到冒充者旁邊停了下來。冒牌傑瑞見狀大叫一聲後就消失了蹤影。

「不論這傢伙到底是什麼東西，」傑瑞表示：「大約過了五天之後，它又打了一次電話給凱莉。她原本以為是在和我本人講話，直到『他』要她開車到公園去等我下班後一起野餐。那個公園在鎮外四英里遠的地方，幸好凱莉曉得我知道她的車已經送修好幾天了。她對冒牌傑瑞吼叫，要他滾遠一點，不要再打電話來了。感謝上帝，他再也沒有打過電話來了。」

傑瑞和凱莉都無法提出合理的答案，說明為什麼這個幽靈要冒充成他，或為什麼這麼堅持要追求她。在這樁無解的靈異事件過後不久，兩人很快地訂了婚，之後維持了四個月的婚姻。難道這個來自其他空間的闖入者，會是被派來扮演另類邱比特，目的是要確保並促使傑瑞和凱莉兩人的順利結合，來完成其他更大的計畫嗎？

第三節　幽靈偽裝者騷擾他二十年

幾年前我接到一位在知名大學研究所任教的年輕教授吉姆寫來的精采故事。吉姆跨越黑暗邊界超自然力量交鋒的奇遇開始於他十七歲那年，而幽靈冒充者加諸在他身上的惡夢，除了帶來殘酷無情的騷擾之外，似乎沒有其他任何目的。

吉姆的父親在一家位於南太平洋的進口商，擔任資深業務代表多年，而且從一九六四年三月到一九六八年五月，他們一家人都住在紐西蘭。在一九六七年的三月，也就是他滿十七歲後不久，吉姆到紐西蘭的卡菲亞海灘上渡假。他選了一塊鮮有遊客踏足過的海岸盡情游泳，也就是在這裡的潮間岩底下，他

發現了一塊扁平、光滑的金屬片。

這個橢圓狀的物體上面刻著奇怪的符號，吉姆發現它時，它正緊緊夾在兩塊與潮面齊高的大石頭中間，只有退潮時才會露出來。它看起來非常老舊，海藻和其他海洋沉澱物在上面結了一層厚重的外殼。

在紐西蘭只要發現這種類似的東西，通常都會被認為是毛利人的遺物，是相當搶手的物品。吉姆的父親要他立刻把這個橢圓形的物體，送去給有見識的毛利人鑑定。兩個禮拜過去了，這段期間那塊金屬片不斷轉遞於眾多對自己部族的遺物熟之甚詳的毛利人之間。最後眾人一致的意見送到了吉姆手上：這東西並不屬於他們任一時期的文化產物，他們也不知道這是什麼東西。

吉姆忘了之後是否有對這塊金屬片進行化驗，但他記得的是這件古物最後的落腳處，是他們在特阿娃姆圖的家某個衣櫥裡。一九六八年吉姆父親接獲公司指示，全家搬回紐約，根據吉姆的記憶，準備搬家那段時間是他第一次發現那塊金屬片不見了。他想將它一起打包帶走時，在原先的位置竟然找不到它，就這麼消失了。

五月來臨，一家人到了機場，等待飛往奧克蘭國際機場的航班。當吉姆的雙親正在和離他有點遠的朋友話別時，兩個年輕的波里尼西亞人走向他，自稱是紐西蘭稅務局的人。他們問吉姆是否企圖夾帶任何違禁品出國，而他們尤其想知道的是他身上有沒有疑似古代遺物的東西。

這兩個人的出現嚇壞了吉姆，他費盡唇舌解釋自己的行李裡沒有任何古物——但兩人堅持要他跟他們一起到旅館去，讓

他們私下搜查他的背包。這時吉姆的父親聽到兒子的求助聲過來了解情況，他要求兩位年輕人出示證件，並質問他們爲什麼不在機場裡檢查他兒子的背包。當他聽到兩人支吾其辭的回答完全不合理時，吉姆的父親就呼叫一旁的機場巡邏警員介入協助。兩個年輕人立刻就嚇跑了。

回到美國後的那年秋天，吉姆進入哥倫比亞大學展開新鮮人生活。在學期開始不久後，有位藝品經紀人來找他，表示他聽說吉姆曾在紐西蘭住過一段時間，有興趣購買任何吉姆可能有的古物或藝品。雖然這位自稱藝品經紀人的陌生人看起來彬彬有禮，但他表現出的堅持卻讓人厭惡。儘管吉姆再三否認自己有古物可以賣，在寒假期間這男人一共來找過他三次。

透過通信聯絡，吉姆得知他三個在紐西蘭的好友，也被一些不明人士盤問過。根據他們的描述，這些人與在機場企圖搜查吉姆行李的那兩個陌生男子外形特徵符合。有個朋友請了警察來幫助他擋掉這緊迫盯人的騷擾，另一個女孩的生命安全還遭到威脅。從朋友們寫給吉姆的信看來，每個人都被問到在吉姆離開紐西蘭之前是否有交代任何東西給他們。他們都用了相同的形容詞，如「陰森」、「怪異」和「讓人發毛」等來形容那些持續騷擾他們的神祕人物。

一九七〇年，吉姆轉到了史丹佛大學。他才剛搬進新公寓、裝好電話沒多久，就接到一通不明電話，警告他這輩子絕對不要再回到紐西蘭。下一通的匿名電話是一位尖聲怪氣的女子打來的，她告訴吉姆他已經被一群人監視很久了，因爲他在過去沒有把失物歸還給失主的不義之舉讓他們相當反感。

到了一九七二年，吉姆決定在繼續攻讀研究所之前，先到

高中教一陣子書。那年夏天，在他準備到沙加緬度的學校開始第一份工作的幾週前，吉姆到舊金山去渡假。某天深夜他旅館房間的電話響起，吉姆接起來後聽見一個聲音告訴他，聰明的話就不要回到紐西蘭去。

吉姆向我強調的是，他過著相當平靜的大學生活，雖然在哥倫比亞和在史丹佛的時候他接到三十通以上的匿名電話，都在警告他別回紐西蘭。有好幾次，那些陌生人的聲音怒斥他竊占了不屬於他的東西。吉姆說除了少數幾個好友以外，他也很少提起自己在紐西蘭的生活。而且怎麼可能會有人知道並那麼在意他撿到那塊金屬片的事情？又會是誰有可能因為他十七歲生日過後幾天的一個無心之舉，就鍥而不捨地持續糾纏著他呢？

大概是在吉姆開始教書的第三天，一個他不認識的學生走到教室跟他打招呼。吉姆知道這是種稀鬆平常的舉動，因為這裡的學生經常會來找新來的老師，秤秤他們的斤兩。但是從他踏進教室的那一刻起，男學生的行為開始變得可疑。

當這位年輕學生走到黑板前，畫下和當時他在紐西蘭發現的那塊神祕金屬片上看到的完全相同的圖形時，吉姆著實吃了一驚。他對新老師笑了笑，然後問他知不知道這些符號代表的意思。輪到吉姆反問他一些問題時，高中生轉過身去擦掉黑板上的圖畫，笑了起來，說他只是來晃晃而已，並沒有什麼特別的意思。

之後吉姆再也沒有見過那位自稱是學生的年輕人。他形容過這名學生的外貌給幾個老師和一群學生聽，但沒人認得他是誰。吉姆高度懷疑他是否真的是那所學校的學生。

在教了四年高中之後，吉姆獲得一所知名大學的助教獎學金，到了一九七六年的秋天，他開始修習博士課程。才剛到那所大學還不到四天，就有一通匿名電話打到他的房間，指責他不該拿走不屬於他的東西。電話那端的聲音告訴吉姆，他應該要把發現的東西留在原地才對。

當一九八〇年代中期，吉姆跟我聯絡上之後，他只零星接到過一通神祕電話，同樣是責備他拿走了那個奇怪的金屬物體。如果當時十七歲的吉姆，發現的是一把通往其他存在空間的神祕鑰匙，那些空間的靈體早就會來要回去了。很明顯的是有幾個偽裝成人類的幽靈，決心讓他永遠記得他擅動來自其他存在空間物品的那一天。

第四節　我們都是親戚

當肯特還是中西部某所大學的學生時，他接收過某種可能足以辨識一些幽魂偽裝者身分的線索。有天他開車到鄉下去，努力地想清除雜念、靜下心來準備隔天下午重要的經濟學考試。當駛離城市越來越遠時，他意識到自己開進了一個小村莊，僅剩下一間雜貨店、一座加油站和幾棟用途不明的加油站，勉強維持著村的營生，還看得見許多顯然已遭棄置的營業場所，但是在村莊外圍的一座老教堂裡卻在進行著熱鬧的慶祝儀式。肯特還聽見波卡舞曲的聲音，看見一小群人在玩遊戲，或是在看起來擺滿了豐盛點心的桌前排著隊。

肯特忍不住把車子停到路邊，下車走向那群興高采烈的村民。突然間一個壯漢擋住了他的去路，用冰冷的眼神瞪著他，然後又出現了一個面帶微笑的高大男子走到兩人中間。他自我

介紹說他叫艾瑞克，還問肯特的全名。肯特遵照吩咐報上姓名後，艾瑞克的眼神立刻隨之一亮，他問肯特是否和住在威斯康辛州博斯科包爾的 G 姓一家人有關係。當肯特回答「是」之後，艾瑞克大聲地朝正在野餐的村民宣布說他是他們的遠親，要大家讓個位置給他。然後艾瑞克便一手搭在肯特的肩上，帶著他四處和人打招呼並介紹他。他向肯特解釋，他這個下午碰巧發現的是一群早期移民的後裔，他們在這裡建立了這麼一個幾近荒廢的小村落。

肯特承認對他而言，那個下午的高潮是他遇見了凱莉，一個有著藍色眼珠、看起來和他年紀相仿的美麗金髮女子。在她身邊才一會兒工夫，肯特覺得自己已經完全拜倒在她的石榴裙下。聚會的其他群眾都是由全美各地前來參加殖民者家族年度聚會，肯特很欣慰地聽見凱莉說她是當地人。

在和凱莉隨著波卡音樂共舞了數小時之後，肯特向她要求下一次的見面機會。雖然她一整個下午都表現得相當熱情而友善，也看到他接受了村民熱烈的款待，但現在的凱莉看起來卻極為冷漠，一副愛理不理的樣子。只要肯特一來向她要電話或地址，凱莉就會別過頭去不看他，還頗不認同地說追求她不是件聰明的事。

這時肯特知道該是他回去唸書的時候了，他身旁的每個家庭也都已經在整理行李。環顧四周後，肯特納悶地問他們的車都停到哪去了。艾瑞克向他解釋大家都把車子停在村子裡，然後走路到野餐地點來。這是每年的慶祝活動中大家奉行的一項規定。

肯特回到自己的車上，向凱莉揮手道別，而她卻報以一種

哀傷的神情看著他，讓肯特誤以為這是一種她已經開始想念他、想再見到他的徵兆。到了當天晚上，肯特發現自己根本念不下書。他大半個晚上都在干擾他室友寫英國文學報告的進度，纏著他講凱莉的迷人之處。

　　肯特翻閱當地的電話簿，發現凱莉告訴他自己的姓底下有相當多戶人家。可是當他電話一通接著一通的打，都沒有人說他們家裡有個叫做凱莉的女兒。肯特決心要找到她，於是他再度驅車前往那個小村子，詢問所有村民關於凱莉的下落，但每個人的答案都叫他失望。

　　他發現那座教堂早已成為一片焦黑廢墟的事實，和凱莉音訊全無一樣讓他亂了方寸。他慌張地問道教堂是什麼時候被燒掉的，一位農夫滿臉疑惑地看著他，拒絕回答這個問題。肯特認定應該是自己找錯慶典舉行的地方了，一定是在另一個鄉間教堂才對。

　　堅持不放棄的傻勁只有帶來痛苦的果實。當肯特第二次出發尋找他與凱莉初次邂逅的地點時，他踏遍了方圓十五到二十英里內所有農莊的每條大道小徑，努力尋找凱莉的美麗倩影。儘管他走過了無數條陌生又似曾相識、或新或舊的鄉間道路，終究還是帶著失望的心情踏上歸途。

　　過了幾個禮拜後的某天晚上，肯特坐在一家通宵營業的餐館櫃檯等著他的餐點。當他抬起頭看著櫃檯後面的大鏡子，突然間眼神與鏡中映出的艾瑞克四目交接，他就坐在肯特正後方的隔間座位裡，艾瑞克示意肯特過去坐在他旁邊。

　　艾瑞克告訴肯特，他和他的朋友們都非常喜歡他，但他真的應該收手，停止再尋找凱莉的下落，他不可能和她有任何結

果的。肯特問他為什麼要在當天的宴會上說他是大家的遠親，艾瑞克笑笑地說那一點都沒錯。

「我們都很親，但可能不是你以為的那種親，」艾瑞克試著向肯特解釋：「我們和你的親就像夥伴、像朋友一樣。確實我們之中有些人，對你們那一家族的人存有某種程度的憎恨，因為是我們最先到這塊土地來的。而有時候我們也覺得受到你們那一族的排擠。但是年輕人，你現在聽我說，因為我們真的很喜歡你，所以才要告訴你，放棄尋找凱莉吧！你所盼望的事永遠都不可能會實現。」

女侍喊叫著肯特點的漢堡已經好了，而當他轉身到櫃檯取過餐點再回來時，艾瑞克已經消失在座位上了。肯特慌忙地跑出餐廳，在街上焦急地尋找艾瑞克，因為他有太多非得知道答案的問題要問他，但是艾瑞克就像蒸發了一樣完全不見蹤影。

三年後肯特到紐約去拜訪一個朋友，當他坐在計程車裡行經時代廣場時，他確定自己看見了凱莉和艾瑞克走在人群之中。

肯特說道：「我像個神經病一樣，拚命把車窗搖下，大叫著他們的名字。我知道他們聽見、也看見我了，因為他們的眼神直接向著我，然後又快速地轉過身去，走進一家電影院。我不禁要問自己，究竟有多少個『艾瑞克』、『凱莉』，還有所有其他『親戚』潛行在我們之間。他們熟練地融入人群中，小心謹慎地隱藏自己的真實身分和目的，不讓我們有機會發現。」

多年前英國作家佘斯頓・霍普金斯，就已在他的著作《鬼魅奇遇》（*Adventures with Phantoms*）中提出相同的疑問。他懷疑他在倫敦街頭散步時遇見的那些神祕靈體，其真實身分和出

現的目的爲何。霍普金斯認爲這些生物「既不完全活著，也不完全死亡」。在他看來，這些靈體會模仿我們的一舉一動，還會僞裝成我們的模樣，但他們並不屬於任何人種。

「這些生物來自鬼魅出沒的森林和危機四伏的曠野之間，以及某些未知的神祕地帶，遊蕩在我們的世界。」霍普金斯在他的書中寫道：「他們穿得和我們一樣，假裝自己是人類的一份子，也認同我們的法律和道德規範以方便行事。但我們始終都很清楚，即使他們像活人一樣地出現走動交談，他們都還是鬼魅，所有他們的想法和舉動，都和我們正常人的生活不協調又充滿歪邪。」

鳴謝

首先，我必須感謝每一位研究者，以及本書中每一位提供親身靈異現象經驗談和照片的人。如果要我把這些人的名字列出來，恐怕會遺漏某個人，因此我只能深深感謝每一位對這本真實可信的書有貢獻的人。

接下來我必須感謝我的經紀人艾格妮斯·柏內保（Agnes Birnbaum），她一直是我的堅強後盾，同時她讓我再次享受到與親切有用的「Visible Ink」工作人員──馬帝·寇諾斯（Marty Connors）、羅傑·甄尼克（Roger Janecke）和克麗斯妲·蓋諾（Christa Gainor）──合作的獨特經驗。

最後，我欠我最好的朋友、未知事件的研究伙伴以及人生伴侶雪莉·韓森·史泰格（Sherry Hansen Steiger）一個很大的人情，因為她耐心忍受我長時間伏案工作，並勇敢地跟我一起到那些鬧鬼的地方旅行，調查真正的幽靈和不得安息的靈魂。

國家圖書館出版品預行編目資料

世界不思議鬼影檔案／布萊德・史泰格著；楊瑞賓譯.
——初版.——臺中市　　：好讀，2006[民 95]
面：　　公分，——（發現文明；24）

ISBN 986-178-008-4（平裝）

297　　　　　　　　　　95006195

好讀出版

發現文明 24

世界不思議鬼影檔案 REAL GHOSTS, RESTLESS SPIRITS

作　　者／布萊德・史泰格（Brad Steiger）
譯　　者／楊瑞賓
總 編 輯／鄧茵茵
文字編輯／林碧瑩
美術編輯／賴怡君
發 行 所／好讀出版有限公司
台中市 407 西屯區何厝里 19 鄰大有街 13 號
TEL:04-23157795　FAX:04-23144188
http://howdo.morningstar.com.tw
（如對本書編輯或內容有意見，請來電或上網告訴我們）
法律顧問／甘龍強律師
印製／知文企業（股）公司 TEL:04-23581803

總經銷／知己圖書股份有限公司
http://www.morningstar.com.tw
e-mail:service@morningstar.com.tw
郵政劃撥：15060393 知己圖書股份有限公司
台北公司：台北市 106 羅斯福路二段 95 號 4 樓之 3
TEL:02-23672044　FAX:02-23635741
台中公司：台中市 407 工業區 30 路 1 號
TEL:04-23595820　FAX:04-23597123
（如有破損或裝訂錯誤，請寄回知己圖書台中公司更換）

初版／西元 2006 年 5 月 15 日
定價：280 元

讀者回函

只要寄回本回函，就能不定時收到晨星出版集團最新電子報及相關優惠活動訊息
因此有電子信箱的讀者，千萬別吝於寫上你的信箱地址

書名：世界不思議鬼影檔案

姓名：＿＿＿＿＿＿＿性別：□男□女　生日：＿＿年＿＿月＿＿日

教育程度：＿＿＿＿＿＿＿＿＿＿＿

職業：□學生　□教師　□一般職員　□企業主管
　　　□家庭主婦　□自由業　□醫護　□軍警　□其他＿＿＿＿＿＿＿＿

電子郵件信箱（e-mail）：＿＿＿＿＿＿＿＿＿　電話：＿＿＿＿＿＿

聯絡地址：□□□＿＿＿＿＿＿＿＿＿＿＿＿＿＿＿＿＿＿＿

你怎麼發現這本書的？

□書店　□網路書店（哪一個？）＿＿＿＿＿＿＿□朋友推薦　□學校選書
□報章雜誌報導　□其他＿＿＿＿＿＿＿＿＿＿＿＿＿＿＿＿

買這本書的原因是：＿＿＿＿＿＿＿＿＿＿＿＿＿＿＿＿＿＿

□內容題材深得我心　□價格便宜　□封面與內頁設計很優　□其他＿＿＿＿＿

你對這本書還有其他意見嗎？請通通告訴我們：

＿＿＿＿＿＿＿＿＿＿＿＿＿＿＿＿＿＿＿＿＿＿＿＿＿＿

＿＿＿＿＿＿＿＿＿＿＿＿＿＿＿＿＿＿＿＿＿＿＿＿＿＿

你買過幾本好讀的書？（不包括現在這一本）

□沒買過　□1～5本　□6～10本　□11～20本　□太多了，請叫我好讀忠
實讀者

你希望能如何得到更多好讀的出版訊息？

□常寄電子報　□網站常常更新　□常在報章雜誌上看到好讀新書消息
□我有更棒的想法＿＿＿＿＿＿＿＿＿＿＿＿＿＿＿＿＿＿

你希望好讀未來能出版什麼樣的書？請盡可能詳述：

＿＿＿＿＿＿＿＿＿＿＿＿＿＿＿＿＿＿＿＿＿＿＿＿＿＿

＿＿＿＿＿＿＿＿＿＿＿＿＿＿＿＿＿＿＿＿＿＿＿＿＿＿

我們確實接收到你對好讀的心意了，再次感謝你抽空填寫這份回函
請有空時上網或來信與我們交換意見，好讀出版有限公司編輯部同仁感謝你！
好讀的部落格：http://howdo.morningstar.com.tw/

請填妥後對折黏貼，直接投郵即可，無須貼郵票。

好讀出版有限公司　編輯部收

407 台中市西屯區何厝里大有街 13 號

電話：04-23157795-6　傳眞：04-23144188

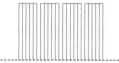

------ 沿虛線對折 ------

購買好讀出版書籍的方法：

一、先請你上晨星網路書店 http://www.morningstar.com.tw 檢索書目或
　　直接在網上購買

二、以郵政劃撥購書：帳號 15060393　戶名：知己圖書股份有限公司
　　並在通信欄中註明你想買的書名與數量

三、大量訂購者可直接以客服專線洽詢，有專人爲您服務：
　　客服專線：04-23595819 轉 232　傳眞：04-23597123

四、客服信箱：service@morningstar.com.tw